新时代新理念职业教育教材·新能源汽车系列
职业教育“岗课赛证”融通系列教材
校企合作开发教材

新能源汽车驱动电机及控制系统检修

（配任务工单）

主　编　苏宇锋　刘鑫爽
　　　　阳　亮　翟　毅
副主编　耿黄政　黄　茜
　　　　杨玲玲　陈元浪

刮开涂层，使用微信扫码，即可获取本书配套教学资源。
注意：本书使用“一书一码”版权保护技术，该二维码仅可扫描并绑定一次。

北京交通大学出版社
·北京·

内容简介

本书为校企合作共同编写的教材。在编写过程中，编者与上汽通用五菱汽车股份有限公司的相关人员一起，通过对大量新能源汽车售后服务企业进行调研、实践，深入了解企业岗位对新能源汽车技术服务技能人才能力的要求，收集了大量新能源汽车驱动电机系统的典型案例，根据企业对技能人才的能力要求将典型案例有机融入教材。本书在编写过程中，遵循岗课赛证融合的原则，将“1+X”证书、技能大赛的考核内容纳入其中。

本书共分为5个项目，内容涉及新能源汽车驱动电机及控制系统的检修基础、新能源汽车驱动电机的结构与检修、新能源汽车电机驱动系统传感器的检修、新能源汽车电机控制系统的检修、新能源汽车驱动电机冷却系统及其检修。本书适合作为高等职业教育新能源汽车技术专业教材，也适合作为企业技术服务人员培训教材。

图书在版编目（CIP）数据

新能源汽车驱动电机及控制系统检修：配任务工单 / 苏宇锋等主编. —北京：北京交通大学出版社，2024.5

ISBN 978-7-5121-5039-3

Ⅰ.①新… Ⅱ.①苏… Ⅲ.①新能源-汽车-驱动机构-控制系统-车辆修理 Ⅳ.①U469.703

中国国家版本馆 CIP 数据核字（2023）第124053号

新能源汽车驱动电机及控制系统检修

XINNENGYUAN QICHE QUDONG DIANJI JI KONGZHI XITONG JIANXIU

责任编辑：严慧明

出版发行：北京交通大学出版社　　电话：010-51686414　　http://www.bjtup.com.cn

地　　址：北京市海淀区高梁桥斜街44号　　邮编：100044

印 刷 者：艺堂印刷（天津）有限公司

经　　销：全国新华书店

开　　本：185 mm×260 mm　　印张：12.5　　字数：274千字

版 印 次：2024年5月第1版　　2024年5月第1次印刷

定　　价：39.00元

本书如有质量问题，请向北京交通大学出版社质监组反映。对您的意见和批评，我们表示欢迎和感谢。

投诉电话：010-51686043，51686008；传真：010-62225406；E-mail：press@bjtup.edu.cn。

前 言

近年来，我国的新能源汽车产业高速发展，为我国2030年前碳达峰碳中和作出了巨大贡献，是国家重点发展和大力扶持的产业。新能源汽车产业的高速发展，带动新能源汽车服务行业发展迅猛，技术服务人才缺口巨大。为培养更多新能源汽车技术服务人才，编者特针对高等职业教育新能源汽车技术专业编写了本书。

本书为校企合作共同编写的教材。在编写过程中，编者与上汽通用五菱汽车股份有限公司的相关人员一起，通过对大量新能源汽车售后服务企业进行调研、实践，深入了解企业岗位对新能源汽车技术服务技能人才能力的要求，收集了大量的新能源汽车驱动电机系统的典型案例，根据企业对技能人才的能力要求，把典型案例有机融入教材。

本书的编写遵循岗课赛证融合原则。编者团队详细分析了“1+X”智能新能源汽车职业技能（中级）考核内容和新能源汽车技能竞赛的考点，对需要考核的驱动电机系统部分的理论知识、操作技能内容进行详尽的介绍，重点内容均配备了视频讲解。

本书的编写采用“项目导向，任务驱动”模式。本书从新能源汽车售后技术服务岗位实际工作出发，针对高等职业院校学生特点，以实用、够用为原则，采用“项目导向，任务驱动”模式，力求教材从内容到形式上都能体现“理实一体、工学结合”，真正培养读者在拥有良好的个人素养的同时，具备分析、解决新能源汽车驱动电机及控制系统常见故障的能力，为高职院校的专科与本科的衔接打下坚实基础。

柳州铁道职业技术学院的苏宇锋负责项目1的编写，刘鑫爽负责项目2的编写，翟毅负责项目4的编写，阳亮和黄茜负责项目5的编写，杨玲玲和陈元浪负责项目3的编写。另外，上汽通用五菱汽车股份有限公司的耿黄政、柳州赛克科技发展有限公司覃振杰、柳州赛克瑞浦动力电池系统有限公司王栋栋也参与了本书的编写。由于编者的水平有限，书中难免有错误的地方，敬请读者批评指正！

本书在编写过程中，得到了上汽通用五菱汽车股份有限公司和北京运华科技发展有限公司的大力支持，在此表示感谢！读者可登录智慧职教平台搜索“新能源汽车驱动电机及控制系统检修”查看在线课程。

编　者

2024 年 3 月

扫码下载

教学资源

目录

项目1 新能源汽车驱动电机及控制系统的检修基础

任务1.1 新能源汽车高压电气系统认知

任务目标

※知识目标

- 了解新能源汽车高压电气系统的组成和架构；
- 掌握新能源汽车高压电气系统各部件的作用。

※技能目标

- 能认识、辨别新能源汽车上的各种高压电气部件；
- 能说出各高压电气部件的作用和它们之间的连接关系。

※素质目标

- 树立规范操作、注意安全的意识；
- 培养良好的职业习惯；
- 了解我国“双碳”目标的基本知识及新能源汽车与“双碳”目标间的关系。

任务导入

案例1.1 一个刚到新能源汽车维修服务站实习的技工，与师傅一起打开前机舱对一辆某品牌的新能源汽车进行检查，发现前机舱内除了蓄电池、储液罐和保险盒外，只有一个电气部件，为此心里充满疑惑。图1-1-1为打开的新能源汽车前机舱。

现请您根据所学的知识，为这个新技工解开心中疑惑。

图1-1-1 某新能源汽车前机舱

知识准备

1.1.1 新能源汽车高压电气系统的组成和架构

新能源汽车高压电气系统主要包括动力电池供电系统、动力电池充配电系统、电机驱动系统和空调系统等。其中动力电池供电系统包括动力电池模组和动力电池管理系统（battery management system，BMS）；动力电池充配电系统包括车载充电机、快慢充电口、高压配电箱、DC/DC 转换器、DC/AC 转换器及 DC/AC 插座等；电机驱动系统包括电机控制器和驱动电机；新能源汽车的冷、暖空调系统都采用高压电源供电，它的高压部件包括电动压缩机和 PTC 暖风装置。按照高压系统的集成化程度，新能源汽车高压电气系统可以分为分体式高压电气系统和整体式高压电气系统两种。

1. 分体式高压电气系统

分体式高压电气系统是指整车所有的高压部件单独安装，没有集成在一起。这种高压电气系统的高压部件最多，高压电气系统的控制模块也是独立的，系统之间的信息通过 CAN 网络通信。图 1-1-2 为某新能源汽车的分体式高压电气系统，该车型采用驱动电机后置后驱的方式，所以驱动电机和电机控制器都安装在后桥。

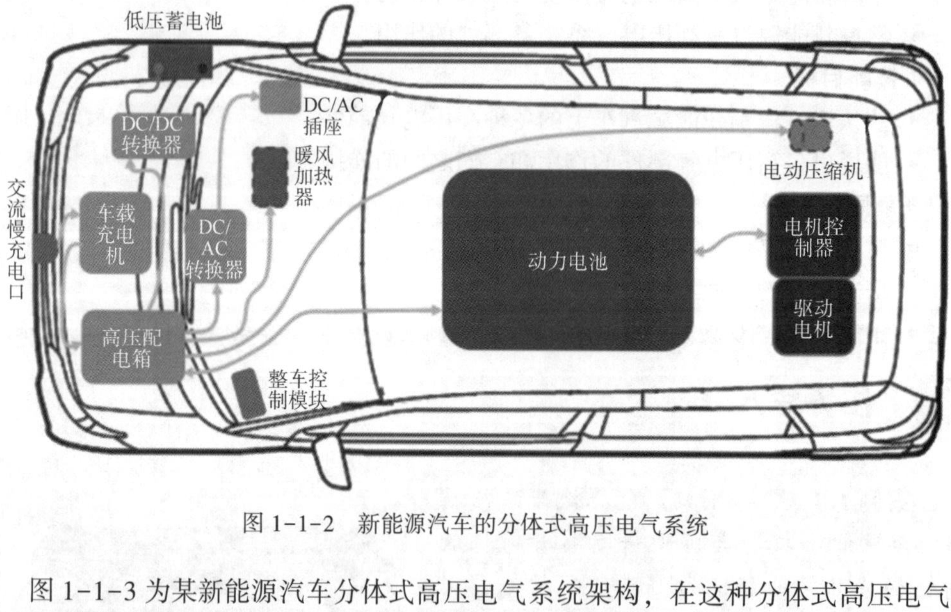

图 1-1-2 新能源汽车的分体式高压电气系统

图 1-1-3 为某新能源汽车分体式高压电气系统架构，在这种分体式高压电气系统中，高压分配箱是一个关键的部件，它起到了连接各个高压部件的桥梁作用。

2. 整体式高压电气系统

整体式高压电气系统是指整车部分的高压部件集成在一起。不同车型的集成程度也不尽相同。在一些集成程度高的车型中，会将电机控制器、车载充电机、DC/DC转换器和高压配电箱集成在一起，而对于一些集成程度没有那么高的车型，就只集成了其中的部分高压电气部件。图 1-1-4 为部分高压电气部件集成的车型，该车型的充配电系统集成了除动力电池、电机控制器和电机外的其他 3 个高压电气部件。

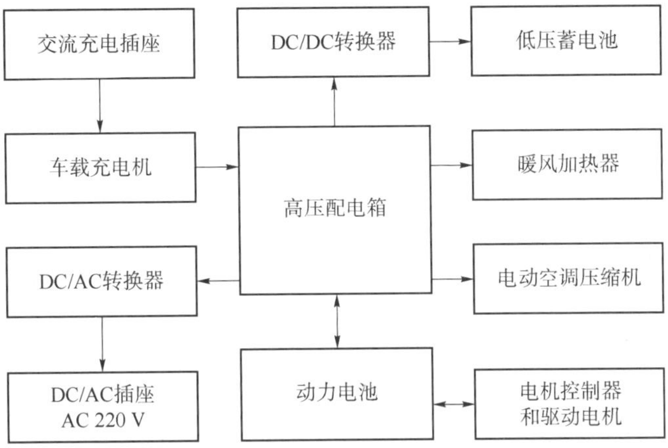

高压电气
系统架构讲解

图 1-1-3 某新能源汽车分体式高压电气系统架构

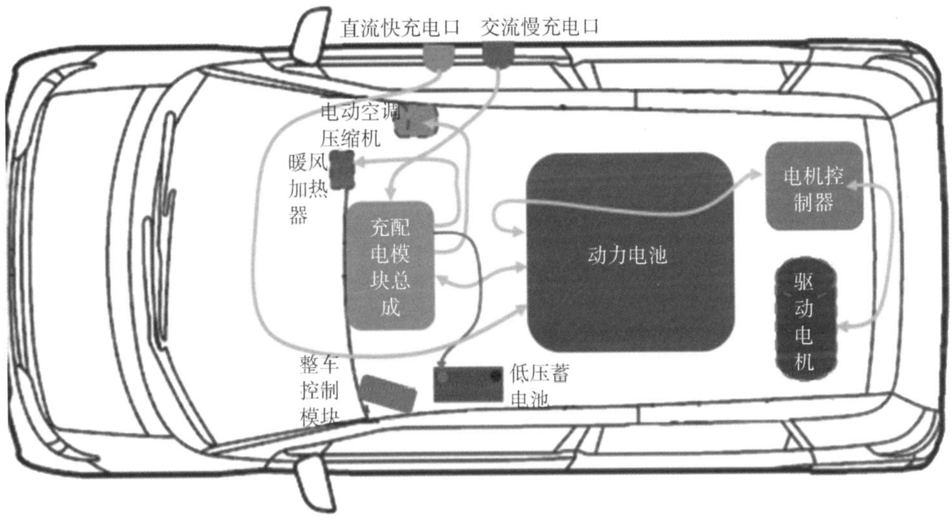

图 1-1-4 部分集成的高压电气系统

1.1.2 高压电气系统部件的作用

在如图 1-1-3 所示的高压电气系统中，动力电池负责为其他高压部件提供电能。它通过高压配电箱给暖风加热器和电动空调压缩机供电，给电机控制器提供高压直流电。电机控制器负责将动力电池提供的高压直流电转换为高压三相交流电为驱动电机供电，这样驱动电机就可以驱动车辆运行了。此外，动力电池的高压直流电还通过 DC/AC 转换器转换成 220 V 高压三相交流电给 DC/AC 插座供电。动力电池还需要为 DC/DC 转换器提供电源，再由 DC/DC 转换器转换成 14 V 低压直流电给低压蓄电池充电，并为车身低压电气系统供电。

外部的交流供电设备通过交流充电插座、车载充电机和高压配电箱给动力电池充电。配备了直流快充的车辆，输入的直流电也经过高压配电箱给动力电池充电。新能源汽车在制动或滑行时，驱动电机变为发电机，产生的电能通过电机控制器整流成直流电，通过高压配电箱后为动力电池充电，实现能量回馈。

知识小结

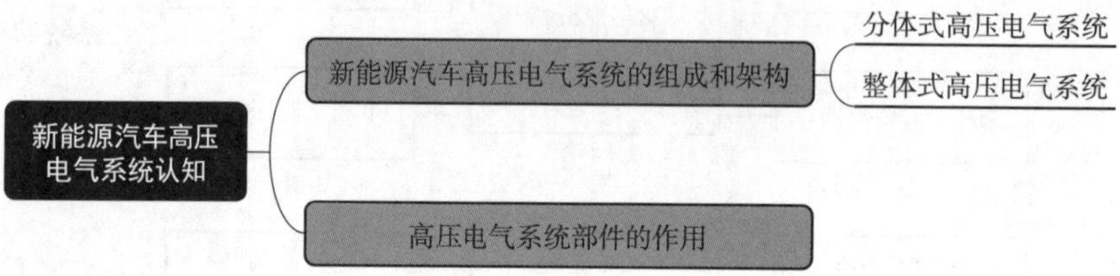

任务实施

1. 实施准备

实施本任务应准备的材料见表 1-1-1。

表 1-1-1　任务实施材料

序号	名称
1	新能源汽车整车
2	绝缘手套
3	绝缘鞋或绝缘靴
4	安全帽
5	护目镜
6	高压警示牌

2. 实施任务

打开前机舱后可以看到该车的高压电气系统总成。图 1-1-5 即为该车型的高压电气系统总成。

表 1-1-2 为该车辆在高压电控制总成上的各个高压电气系统的连接端口。从各连接端口所连接的电气部件也可以看出来，该车型采用的是高集成程度的高压电气系统，它是将整车的双向交流逆变式电机控制器（VTOG）、车载充电器（OBC）、高压配电箱和 DC/DC 转换器这 4 个高压电控装置合为一体，又称“高压四合一”控制器。

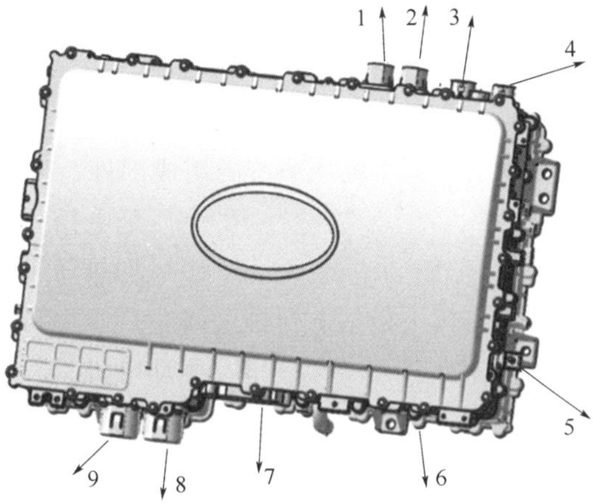

图 1-1-5 集成式高压电气系统总成

表 1-1-2 电控总成高压电气系统连接端口

序号	部件
1	动力电池负极母线
2	动力电池正极母线
3	PTC 高压输出插口
4	低压线束插口
5	直流电输出插口
6	直流电输入插口
7	驱动电机三相输出插口
8	交流输入 L1、N 相插口
9	交流输入 L2、L3 相插口

课后练习

一、判断题

1. 高压配电箱是一个起到连接各个高压电气部件的桥梁作用的高压部件。 （ ）

2. 从新能源汽车的高压电气系统架构可以看出，电机控制器也是一个整流器。 （ ）

3. 驱动电机在新能源汽车上只起到驱动车辆运行的作用。 （ ）

4. 新能源汽车的电动空调压缩机与传统燃油汽车的压缩机是一样的，作用都是对气态的制冷剂进行压缩。 （ ）

5. 车载充电机为车上 12 V 的蓄电池进行充电。（　　）

6. 新能源汽车的高压电气系统有分体式和集成式两种。（　　）

二、不定项选择题

1. 下列哪些部件属于新能源汽车高压系统的组成部件？（　　）

A. 动力电池　　B. 高压配电箱
C. 电动空调压缩机　　D. 暖风加热器

2. 新能源汽车电机驱动系统不包括下列哪个部件？（　　）

A. 高压配电箱　　B. 驱动电机
C. 车载充电机　　D. 电机控制器

3. 下列高压部件中，哪些部件可以为动力电池充电？（　　）

A. DC/DC 转换器　　B. 驱动电机
C. 车载充电机　　D. 电动压缩机

4. 下列高压部件中，为车身低压电气系统提供电源的是（　　）。

A. DC/DC 转换器　　B. DC/AC 转换器
C. AC/DC 转换器　　D. AC/AC 转换器

学习笔记

任务工单

1. 仔细观察下图，在各高压部件的连线上用箭头标明能量的传输方向。

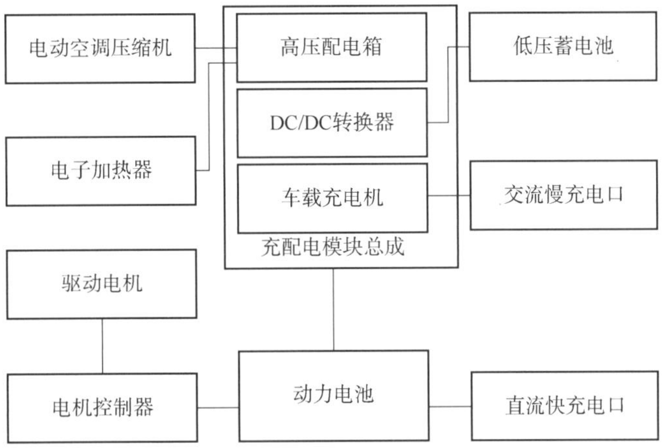

2. 在实训车辆上找到相应信息，填写到下表中。

品牌		电机型号	
车型		电机功率	
车辆识别码		动力电池标称容量	
制造年月		动力电池标称电压	

3. 在实训车辆上找到以下部件，完成新能源汽车高压电气系统部件认知，如实训用车辆采用集成式高压电气部件，请在备注说明集成的部件。

序号	元器件名称	安装位置	作用	备注
1	驱动电机			
2	电机控制器			
3	高压配电箱			
4	DC/DC 转换器			
5	车载充电机			
6	动力电池			
7	交流慢充电接口			
8	直流快充电接口			
9	电动空调压缩机			
10	PTC 暖风装置			

任务 1.2 新能源汽车高压防护的认知和高压下电〔赛证〕

任务目标

※知识目标

- 认识新能源汽车触电机理；
- 掌握新能源汽车高压电气系统的高压防护措施；
- 了解新能源汽车维修作业的防护用品及其作用。

※技能目标

- 掌握新能源汽车高压电气系统维修前的防护操作；
- 能够执行新能源汽车高压电气系统下电操作；
- 掌握新能源汽车高压互锁装置的基本原理，能对其电路进行检测。

※素质目标

- 树立人身安全第一、生命至上的理念；
- 培养规范、严谨的工作作风。

任务导入

案例 1.2 某一新能源汽车在停车后重新上高压时，驾驶员发现车辆仪表上的 READY 灯不亮，整车故障指示灯点亮（如图 1-2-1 中箭头指示处），车辆无法行走。

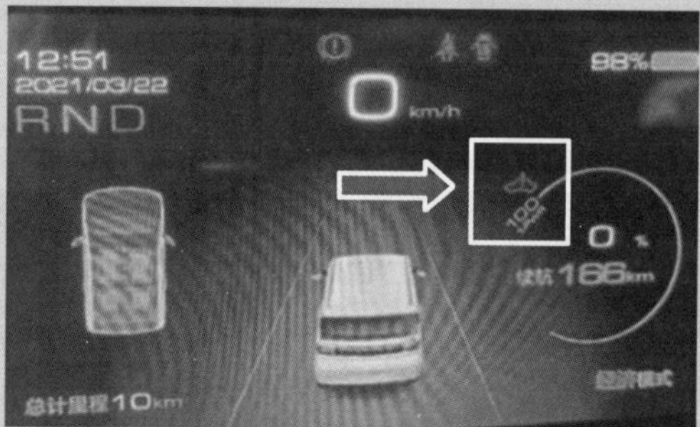

图 1-2-1 整车故障指示灯点亮

技术人员用故障诊断仪检查后，读到的故障码见表 1-2-1。

故障诊断仪的使用

表 1-2-1 高压互锁故障码

ECU 名称	故障码	故障码描述	故障码状态
BMS	P148400	高压互锁故障	当前
VCU	B104A00	电池包告警级别——电池下电请求	当前

为了确保安全，在检修前应注意该车上的高压防护标识和高压防护相关的措施，同时需要对车辆整车高压下电，做好检修前的高压防护措施。在完成检修前防护后，还需要对上述故障进行检修，您能完成这个任务吗?

知识准备

1.2.1 新能源汽车触电原理

当前的新能源汽车的驱动电机系统的电压一般都超过人体触电的安全电压，所以在维修过程中如果触电，会对人身安全构成威胁。在新能源汽车维修中，触电的原理如图1-2-2所示。由图1-2-2可见，造成人体触电的条件是人体同时接触到了高压电系统的正负极，人体与高压电系统构成了回路，造成电流流过人体。

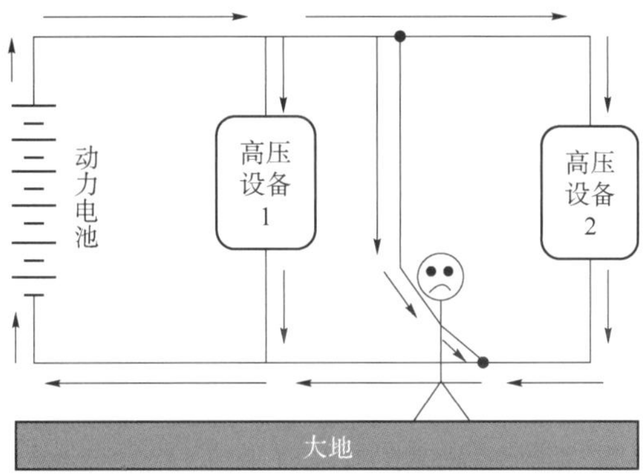

图1-2-2 新能源汽车维修触电原理

心肺复苏急救流程

在维修过程中，如果出现了如图1-2-3所示的情况，即维修人员只接触高压电气系统单极，因人体没有与高压电气系统形成回路，所以不会造成触电事故。虽然这种情况不会导致人体触电，但在新能源汽车的维修过程中也要注意避免，以免造成人身伤害。

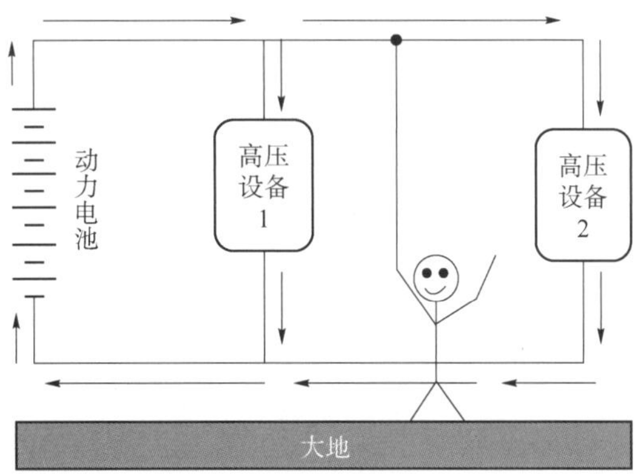

图1-2-3 人体接触高压电气系统单极

1.2.2 电压等级的划分和应用

新能源汽车使用两个电气系统，一个电气系统采用 12 V 的低压，用于车身电气系统，属于低压电气系统；另一个系统采用 100~800 V 的高压，用于电动动力总成，属于高压电气系统。与传统燃油车辆相比，新能源汽车中几百伏的高压对车载电气系统提出了更高的安全要求。

一方面，如果人体直接接触带电电气部件，可能会造成严重的人身伤害甚至可能致死；另一方面，电气系统中存储大量能量，如果未释放出去，在发生短路故障或交通事故时，可能会对车辆设备造成严重损害。高压电与低压电在新能源汽车电气系统中的分级和应用见表 1-2-2。

表 1-2-2 新能源汽车高、低压分级和应用

电压分级	低压电气系统：无颜色标记	高压电气系统：橙色电缆
电压范围	直流电压：<60 V	直流电压：>60 V
	交流电压：<30 V	交流电压：>30 V
应用 范围	辅助电气系统 照明灯光 控制单元 音频设备	用于驱动车辆的电气系统 动力电池 电机控制器、驱动电机 电压转换器

1.2.3 新能源汽车的高压防护措施

对新能源汽车上的高压电气系统进行维修时一定要注意人身安全。为了避免高压电气系统带来的危险，新能源汽车一般都会采取多种高压防护措施，常用的措施包括：通过颜色、警告标志或警示语进行警告；防止意外接触带电高压部件；监控高压电气系统的绝缘电阻；使用高低压互锁机构监测；使用维修开关保护；当安全气囊展开时关闭高压电气系统；采用等电位保护。

1. 通过颜色、警告标志或警示语进行警告

为了防止高电压电击，在新能源汽车维修过程中应该始终严格遵循所有警告和维修安全要求，包括各种警告标志、警示语等。高压电气系统通过高压电缆向其组件和模块提供高压的直流电，在高压部件上都会有相应的警告。图 1-2-4 为新能源汽车采用的颜色警告和图标警告。在新能源汽车上，带高压电的线缆通过橙色线束胶带或橙色线盖识别。

职业习惯养成：在未做好防护的情况下，请勿接触车上任何橙色部件！

新能源汽车上的所有高压部件都标有一个带高电压符号的高压警示标签，图 1-2-5 为常见的高压警示标志。不遵守此操作说明可能会导致严重人身伤亡。

图 1-2-4　颜色警告和图标警告

因此，按照相关标准，连接到高于 60 V 直流电或 30 V 交流电的所有部件必须按照法规要求明确标上高压警示标志。

图 1-2-5　高压警示标志

2. 防止意外接触带电高压部件

在新能源汽车中，防止意外接触带电高压部件的保护措施主要有防止直接触电、防止间接触电和高低压电气系统隔离 3 种。

1）防止直接触电

直接触电是人体因直接接触到带电体或因人体过分地接近带电体而发生的触电现象，属于正常状态下的触电。防止直接触电的措施一般包括为有源器件设计绝缘层、罩子、镀层或包壳等。有源器件包括外导体、中性导体、触点等。

2）防止间接触电

间接触电是指正常情况下不带电的物体由于绝缘装置损坏，致使外壳或金属构架带电，人体触及意外带电设备发生的触电现象，是非正常状态下的触电。为了防止因接触车身或外部导电部件而引起的危险，新能源汽车的车身部件（包括设备的紧固/固定元件、保护接地导体和导电部件等）仅在发生故障时携带电压，并且能在发生故障时采取措施切断电源。新能源汽车通过监测高压部件是否漏电来防止间接触电。

3）高低压电气系统隔离

电气隔离是指使一条电路中的电荷不能流至另一条电路。换句话说，不能通过连接两条电路而使电流流动。在新能源汽车中，电气隔离一般是指高压电或低压电的隔离，即为了安全，车上的高压电与低压电之间没有任何直接连接。图 1-2-6 为新能源汽车高、低压电气系统基本原理，从图中可以看到，低压电气系统采用单线制，整个低压电气系统的负极都连接到车身上，单线制可使汽车的线束简化，节省导线；高压电气系统则采用双线制，高压电气系统的正、负极与低压电气系统、车身隔离，形成独立回路。

由此可见，当需要对电气系统进行测量时，在低压电气系统中，可以直接把车身当作测量时的一个点，在高压电气系统中则不可以。

高压互锁的工作原理和检修方法

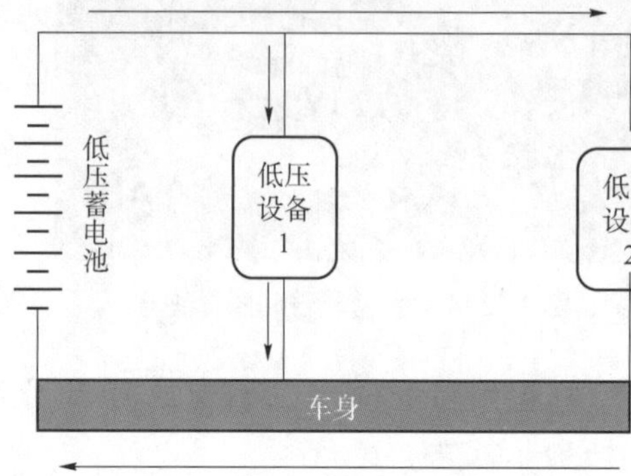

（a）低压电气系统

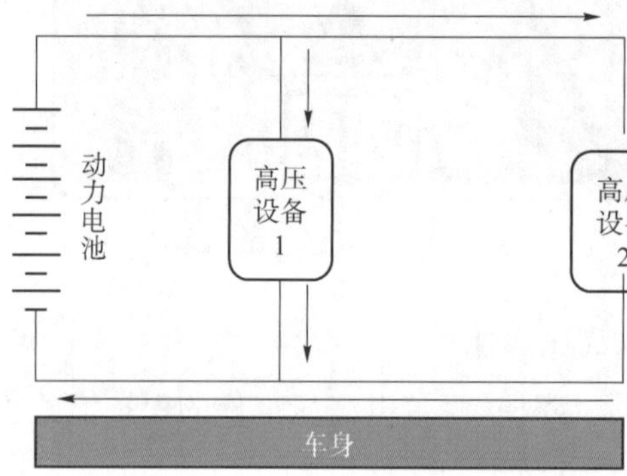

（b）高压电气系统

图 1-2-6　新能源汽车高、低压电气系统基本原理

3. 监控高压电气系统的绝缘电阻

"1+X"证书考核内容、技能大赛考点

在新能源汽车中，采用绝缘监控模块对高压电气系统是否存在漏电情况进行监测，监测方法是通过监测高压部件对车身的电阻值来判断车辆是否存在绝缘故障。图 1-2-7 为绝缘监测系统对车辆绝缘性能进行监测的基本原理图。绝缘监测系统采用低频信号注入法进行监测，图 1-2-7 中 R_1 和 R_2 分别是新能源汽车的正极绝缘电阻和负极绝缘电阻，GND 为新能源汽车系统车身搭铁。虚线框内为绝缘监测系统的主体电路，包括电容 C、电阻 R_3、R_4 及低频信号发生器 GEN。其中，电容起通交流隔直流的作用。低频信号发生器 GEN 产生一个电压不断变化的交变信号，通过绝缘阻抗 R_1 和 R_2 接地。当动力电池的正极或负极对地阻抗过小时，流过电阻 R_3 的电流就会变大，通过对采集电阻 R_3 上的分压，可以计算得出对地绝缘阻抗的大小。

需要强调的是，国内的标准法规中都有详细的新能源汽车绝缘阻抗测量方法介绍及相关规范说明，标准中对于绝缘性能评估有一个评判关键指标——绝缘强度。在《电动汽车安全要求》（GB 18384—2020）中规定了直流电和交流电的绝缘强度要求，

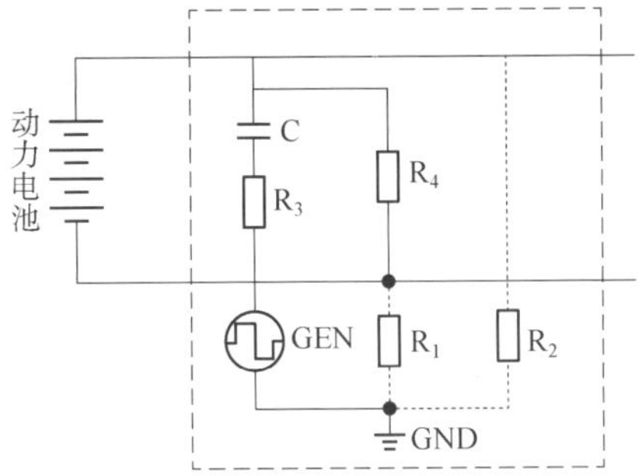

图 1-2-7　绝缘监测原理图

绝缘监测原理讲解

如图 1-2-8 所示，在最大工作电压下，直流电路绝缘电阻不小于 100 Ω/V；交流电路中绝缘电阻不小于 500 Ω/V。

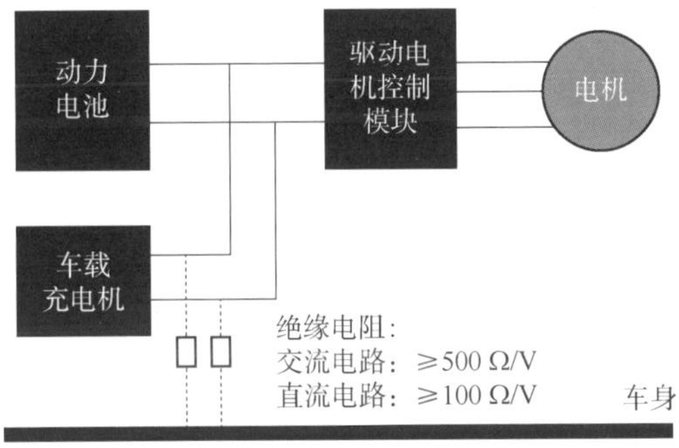

图 1-2-8　绝缘电阻值标准

4. 使用高低压互锁机构监测

"1+X"证书考核内容、技能大赛考点

新能源汽车上的高低压互锁机构也叫高压互锁，它通过低压信号来检查高压导线及其连接器的电气完整性。高压互锁的作用有以下 6 个方面。

(1) 整车在高压上电前确保整个高压电气系统的完整性，使高压在一个封闭的环境下工作，提高高压电气系统的安全性。

(2) 在整车运行过程中，当高压电气系统回路断开或完整性受到破坏时，可以启动安全防护程序，同时对故障进行警示。

(3) 防止带电插拔高压连接器给高压端子造成拉弧损坏或产生电弧伤人。

(4) 动力电池管理模块在检测到高压互锁信号断开之后，会判别不同情况并能断开相应的高压继电器以切断高压输出。

(5) 对于部分新能源汽车，在行驶中互锁回路断开时会维持当前行驶状态，但停止时关闭动力电池高压继电器控制，以切断高电压。

(6) 在停车状态，高压互锁回路断开时，立即关闭动力电池高压继电器控制，以切断高电压。

新能源汽车的高压互锁回路一般会有 2 个。一个由电池管理模块（BMU）监测，用于监测动力电池部分的高压电气系统的完整性。当 BMU 通过高压互锁回路监测到异常时，会通过 CAN 网络将信息传输给整车控制器（vehicle controller unit，VCU），VCU 再指令 BMU 控制高压下电。图 1-2-9 为由 BMU 监测的动力电池部分高压互锁电路原理。

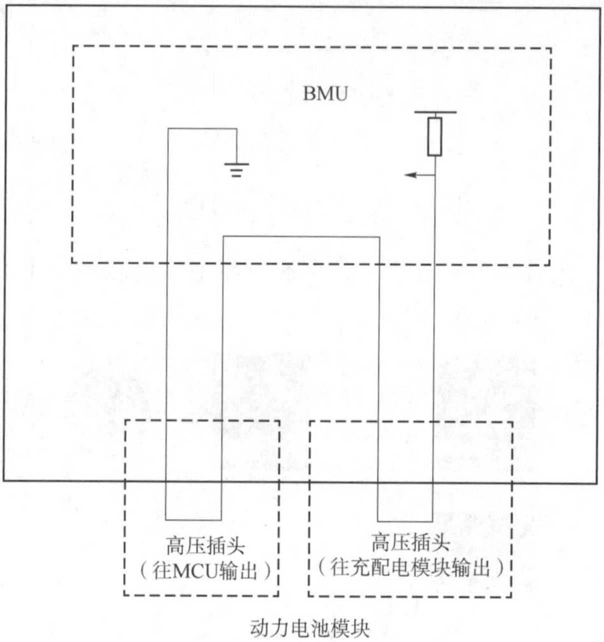

图 1-2-9　动力电池部分高压互锁电路原理

另一个高压互锁电路由整车控制模块监测，用于监测动力电池以外的高压电气系统的完整性。在这部分电路中，用于监测高压电气系统完整性的监测器有 2 种。图 1-2-10 中圈出部分为高压插接器的高压互锁监测器。这种监测器的端子在高压插头内，用于监测高压插接器连接是否安装到位。

另一种高压互锁监测器是开盖安全开关，图 1-2-11 为开盖安全开关，它被安装于高压部件内，用于监测高压部件的盒盖是否被打开。

图 1-2-10　高压互锁监测器

图 1-2-11　开盖安全开关

图 1-2-12 为由整车控制模块监测的高压互锁电路原理，整车控制模块输出一个 5 V 或小于 12 V 的直流电压信号，用于监测车辆的高压部件（图中的模块 1、模块 2 和模块 3），该低压信号从整车控制模块出来后从模块 1 的低压插头进入高压部件（模块 1）内，经过该高压部件的高压插头再从低压插头出来，进入模块 2 后再到模块 3，最终回到整车控制模块内形成回路。由图 1-2-12 可见，整车控制模块和多个模块形成串联电路。在这个电路中，当高压互锁电路所有模块的盖子不被打开，高压线束连接良好时，整车控制模块监测到一个 0 V 的低电位信号；当某一高压部件的低压或高压连接断开时，整车控制模块监测到 5 V 或小于 12 V 的高电位信号。

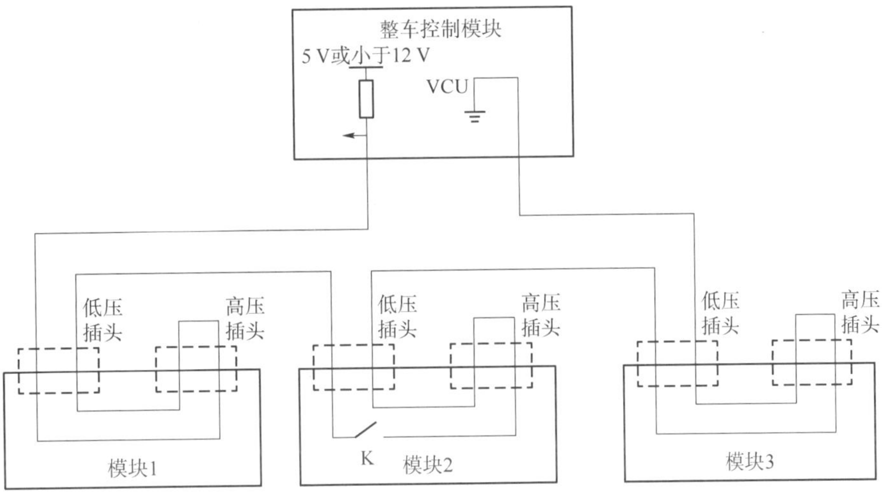

图 1-2-12　由整车控制模块监测的高压互锁电路原理

在图 1-2-12 中，K 为该监测电路中的开盖安全开关，开盖安全开关和其他模块串联，这样使所有的高压监测器都串联成一个回路，统一由整车控制模块监测。

新能源汽车的高压互锁电路的基本原理是一致的，但不同车型对高压互锁的监测信号可能会有所不同。在部分新能源汽车上，使用占空比信号对高压电气系统的完整性进行监测。图 1-2-13 为某新能源汽车的高压互锁占空比信号。使用占空比信号的高压互锁具有更强的监测功能，不但能监测高压互锁是否断开，还能监测是否存在对电源和搭铁短路的情况。

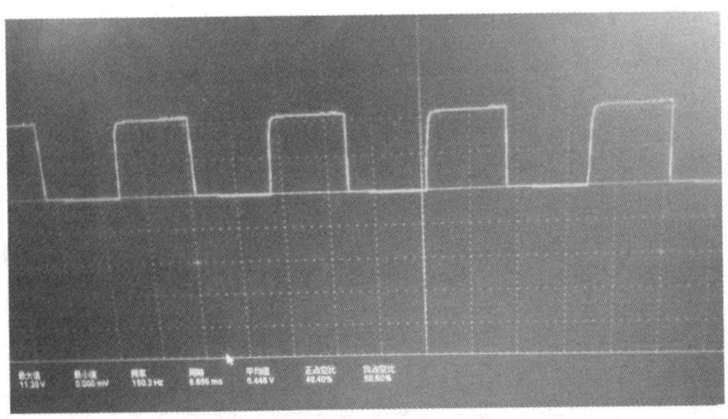

图 1-2-13　某新能源汽车的高压互锁占空比信号

5. 使用维修开关保护

"1+X"证书考核内容、技能大赛考点

为了确保技术人员安全，部分新能源汽车上安装有维修开关，图 1-2-14 为安装在车上的维修开关。维修开关一般安装在动力电池上，它的作用是用来接通或断开动力电池内部的高压线路的机械连接。维修开关串联在动力电池高压电路中，拆除维修开关后，动力电池内部的高压电路处于断开状态。因维修开关被直接串联在动力电池的高压电路中，在接通和断开时可能会产生电弧，所以在拆装时都应该戴好绝缘手套、护目镜等防护设备。

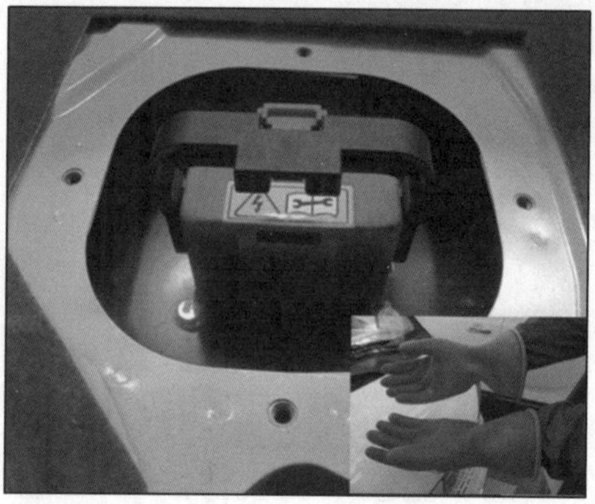

图 1-2-14　维修开关

6. 当安全气囊展开时关闭高压电气系统

当新能源汽车发生碰撞且安全气囊已打开时，由安全系统（安全气囊系统）发送一个信号给高压控制系统，高压控制系统会迅速控制动力电池下电，关闭高压系统。值得注意的是，新能源汽车一般都会有故障保护功能，即为保障人身和车辆安全，具备过压、过流、过热、短路防护，在出现以上故障时高压电气系统也会采取断电保护。图 1-2-15为动力电池内部的高压熔断器，在高压过流时可通过熔断熔断器切断动力电池的高压输出。

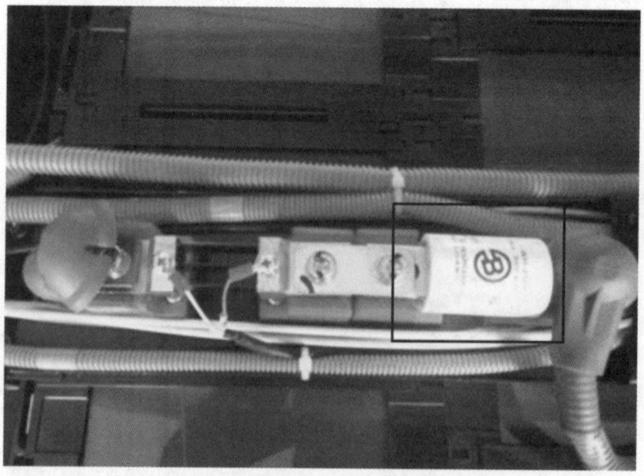

图 1-2-15　高压熔断器

7. 采用等电位保护

“1+X”证书考核内容

等电位保护是指将B级电压电气设备的外漏可导电部分连接到电平台以保持电位均衡，即将高压部件外壳通过车身或导线连接为同等电位。图1-2-16为没有采用等电位线保护时人体触电的机理。当车辆出现漏电故障时，假设第一个故障是电源正极对壳体短路，第二个故障是电源负极对壳体短路，如果此时维修人员一只手接触到了第一个壳体，另一只手接触到了第二个壳体，那么人体会流过相当大的电流，这将导致严重的后果甚至危及生命。虽然这是发生概率很低的故障，但万一发生，就可能会造成致命伤害。

图1-2-17为安装了等电位线的车辆对人体保护的机理，漏电的高压部件上安装有等电位线，当高压部件出现上述二次故障时，因等电位线的存在，会导致高压部件上游的高压熔断器迅速烧断，从而切断动力电池的高压输出，对人体起到了保护作用。

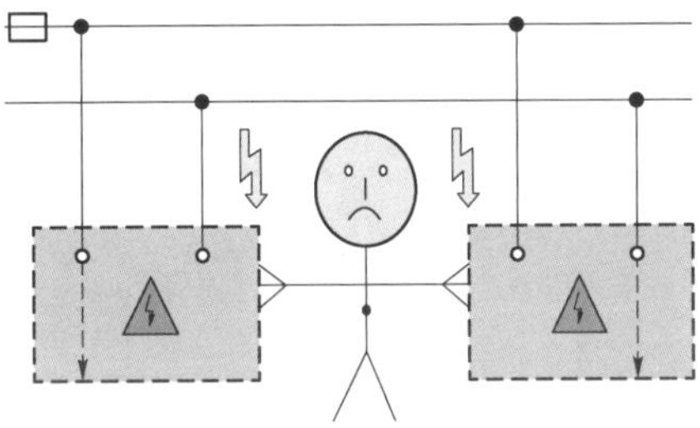

图1-2-16 二次故障触电机理

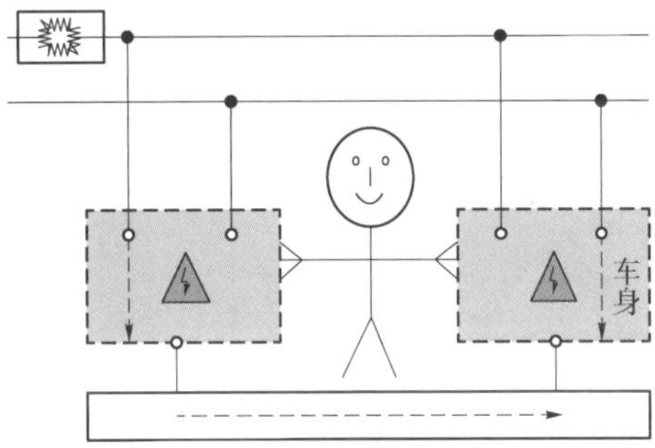

图1-2-17 等电位保护机理

图1-2-18为等电位线对车身的电阻值要求，新能源汽车上的等电位线电阻值要小于0.04 Ω。图1-2-19为等电位线在新能源汽车上的应用实例。

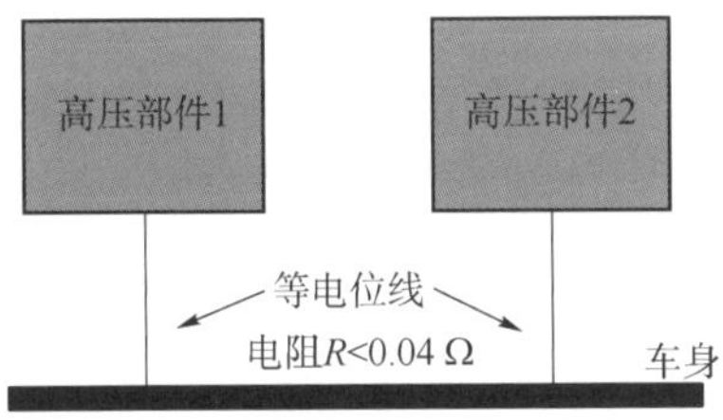

图1-2-18 等电位线的电阻要求

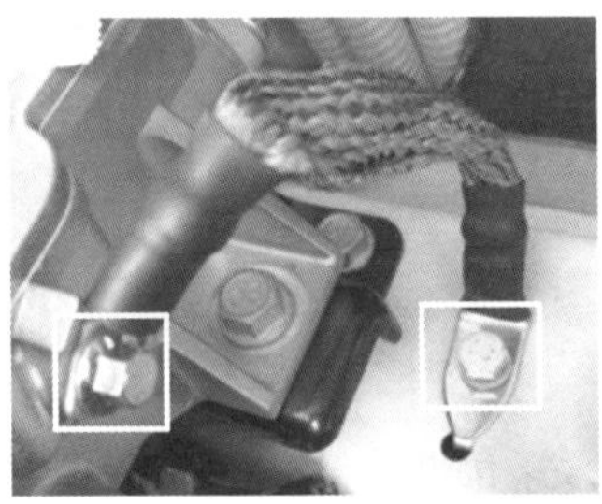

图1-2-19 等电位线在新能源汽车上的应用

1.2.4 高压防护设备的认知

“1+X”证书考核内容

新能源汽车维修常用的高压防护物品见表1-2-3。

表 1-2-3 高压防护物品

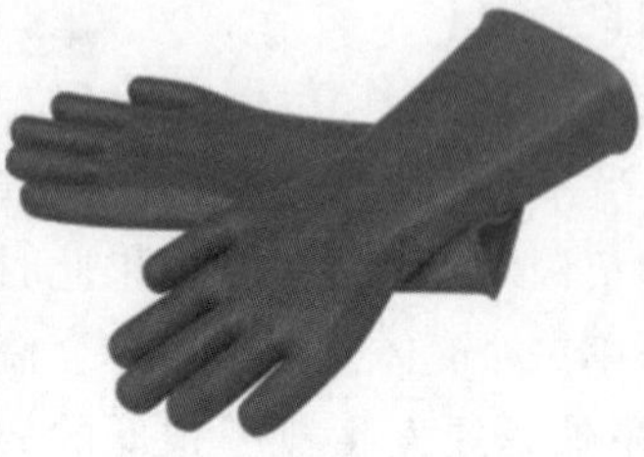 绝缘手套	 绝缘鞋	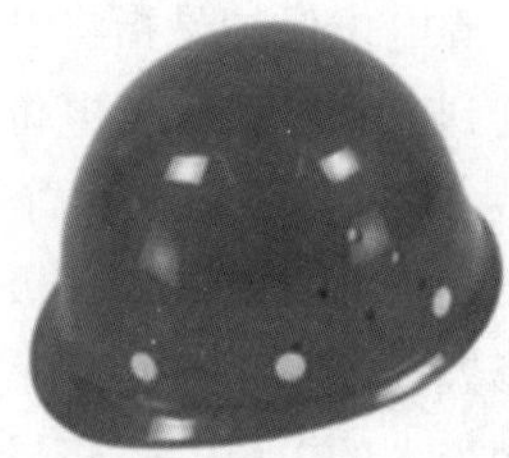 绝缘帽
绝缘手套可以使人的双手与带电体绝缘，防止人手触及带电体。绝缘手套的规格有 12 kV 和 5 kV 两种。对于维修新能源汽车而言，因其电压通常在 800 V 以下，所以，使用 5 kV 的绝缘手套就可以了。 **注意**：使用前要确保手套的气密性	绝缘鞋的作用是使人体与大地绝缘，可用于防止跨步电压触电和接触电击触电。绝缘鞋只能作为辅助安全用具。 **注意**：当未确定户外交流高压部件是否带电或在高压部件带电检查作业时，必须穿戴绝缘鞋进行操作	绝缘帽的作用是当操作人员在交流高压现场作业时，防止高压电通过头部接触导致触电。 因户外高压电大多是裸露的金属导线，所以在裸露高压导线的工作环境下，需要戴绝缘帽来保护人体
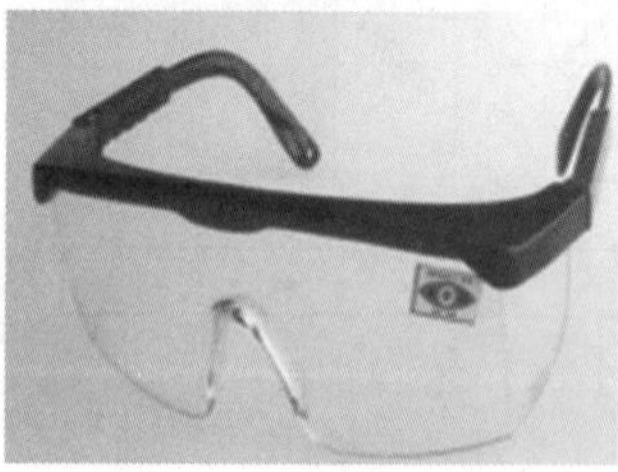 护目镜	 绝缘服	 高压警示牌
护目镜可以避免辐射光、电弧等对眼睛造成伤害	绝缘服的作用是防止人体同时接触 2 个高压部件的外壳而导致触电伤害。 **注意**：穿戴绝缘服时，应该确保绝缘服干燥，且没有破损	在高压电维修作业现场，为了提醒无关人员不要进入现场，在车辆上或维修作业现场，应该悬挂警示标志。必要时需要使用警示隔离带进行隔离

1.2.5 新能源汽车高压下电操作和高压电气系统维修注意事项

1. 新能源汽车高压下电操作

"1+X"证书考核内容、技能大赛考点

在检修新能源汽车之前，应按照以下流程对整车进行高压下电的断电操作。

（1）放置好高压警示牌。

（2）确保点火开关处于"LOCK"状态，钥匙妥善保管。

（3）断开 12 V 蓄电池负极电缆。

(4) 使用验电笔检测车身金属部位是否带电。

(5) 断开维修开关（部分车型可能没有），并将维修开关从车辆上取下。

(6) 如果没有维修开关，拆除与动力电池连接的高压连接器，使用专用封口器封好电池接口（没有专用封口器时可使用绝缘胶布封口）。

高压下电操作流程

(7) 使用万用表确定与电池连接的高压线束正负极之间无电压。

(8) 为了避免系统中的电容带电伤人，在断开维修开关（或断开电池插头）后，等待 5 min 以上。

(9) 使用验电笔或万用表确认高压部件各点的电压值低于 3 V。

2. 新能源汽车高压电气系统维修注意事项

新能源汽车动力系统采用直流高压电源，它的控制逻辑与传统燃油车辆不同，结合前面所述的防护措施，在进行车辆维修过程中要严格遵守以下安全注意事项，避免发生意外事故。

(1) 维修新能源汽车时必须有安全监护人，并穿戴好符合电压要求的绝缘手套，取下服装和身体上的金属物品。

(2) 车辆维修环境必须处于干燥状态，车辆周围与地面禁止有水或其他液体。

(3) 执行高压电气系统相关部件作业前，必须分离辅助蓄电池负极端子，并拆卸高压电源安全插头，等待 5 min 以上，确保高压电容充分放电后才可以操作。

(4) 所有高电压部件都贴着“高电压”预防措施警告标签，高压导线是橙色，接触这些部件时要格外小心。

(5) 明确高压电气系统维修工作人员，维修时防止其他无关工作人员触摸车辆。

(6) 若高压电气系统维修不能在短时间内完成，不维修时需在高压电气系统部件上粘贴“高压危险”标签。

(7) 如果车辆严重受损，导致动力电池变形、破损或裂开，未穿戴绝缘防护装备不能触碰车辆。

(8) 因混合动力系统控制逻辑变化，如对发动机运转部分及周边相关部件进行检测，点火开关禁止处于 READY（或 OK）状态，防止发动机意外起动造成伤害。

(9) 检修混合动力汽车时，虽然点火开关处于 READY 状态时发动机没有运转，但是档杆挂到 D 或 R 位置后车辆能够行驶。如需要挂档，请注意车辆点火开关的状态，并使用三角木和手刹固定车辆，防止车辆意外起步。

(10) 因新能源汽车系统应用了超强磁场的部件，如需要近距离接触新能源汽车驱动电机或发电机，需提前取下随身携带的银行卡、手表、手机等易受磁场影响的物品。

(11) 使用兆欧表检测时必须严格按照维修手册要求进行操作，禁止使用兆欧表对模块正负电源端同时进行检测，避免兆欧表的高电压对模块造成损坏。

(12) 在使用数字式万用表对高压电路的电压进行测量时，要佩戴安全防护设备。

（13）针对新能源汽车的特点，维修人员应该具备特殊工种上岗资格证书，目前应具备的是低压电工作业证书。

1.2.6 高压插接器的插拔方法

"1+X" 证书考核内容、技能大赛考点

为了保证高压电气系统连接牢固可行，防止高压插头脱落造成故障或事故，新能源汽车的高压插接器要求连接牢固可靠，高压插接器有多种锁止固定方式，如螺栓固定、螺纹锁固定、多级锁固定等。其中，采用二级锁或三级锁是比较常见的锁止固定方式。图 1-2-20 为分别采用二级锁和三级锁的高压插接器。

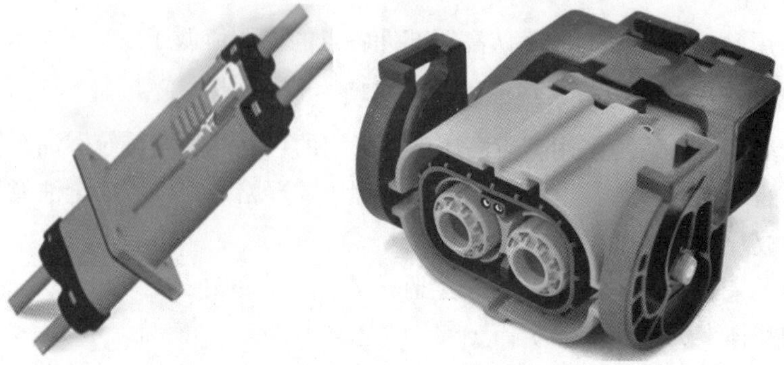

（a）二级锁高压插接器　　（b）三级锁高压插接器

图 1-2-20　高压插接器的锁止固定

如上所述，高压插接器的锁止机构类型较多，在拔下这种插头时，应依次逐个解开锁上装置。在拔下时应注意观察锁止机构，切记不可使用蛮力，否则可能损坏插接器。二级锁相对简单，在这里不作介绍。下面以带拔片式卡扣和按压式卡扣的三级锁为例，介绍两种高压插接器的插拔方法。**注**：以下演示均是在确认整车高压已下电的情况下操作。

1. 拔片式卡扣三级锁

（1）解开一级锁：按图 1-2-21 中的箭头所指方向（向后）拔开锁止片。

图 1-2-21　解开一级锁

高压插接器的插拔演示

（2）解开二级锁：按图 1-2-22 中箭头方向扳动锁止卡扣，在扳动的同时卡扣会带动插接器自动脱开。

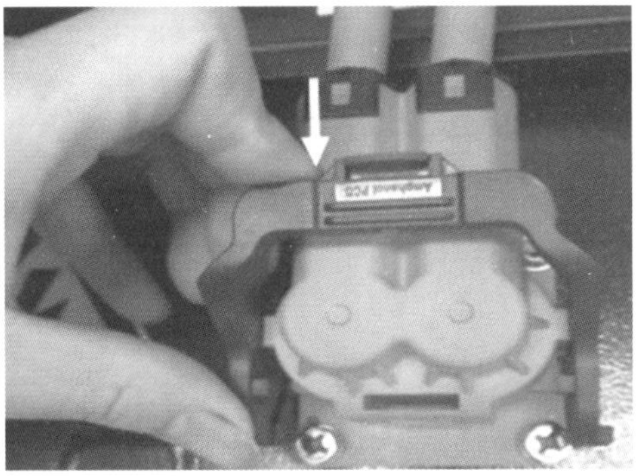

图 1-2-22 解开二级锁

（3）当锁止卡扣扳到图 1-2-23 中所示位置（垂直位置）后停下，这时插接器已自动脱开一部分。

图 1-2-23 解开二级锁停止位置

（4）解开三级锁：按图 1-2-24 中箭头方向按压下面的锁止装置，同时向下按压外部卡扣，取下插头。

图 1-2-24 解开三级锁

2. 按压式卡扣三级锁

（1）解开一级锁：按图 1-2-25 中箭头方向向后推出红色锁止片。

图 1-2-25　解开一级锁

（2）解开二级锁：按图 1-2-26 中箭头方向（向下）按压插接器后部锁止装置，同时向后拉动一定距离，直至插接器停下。

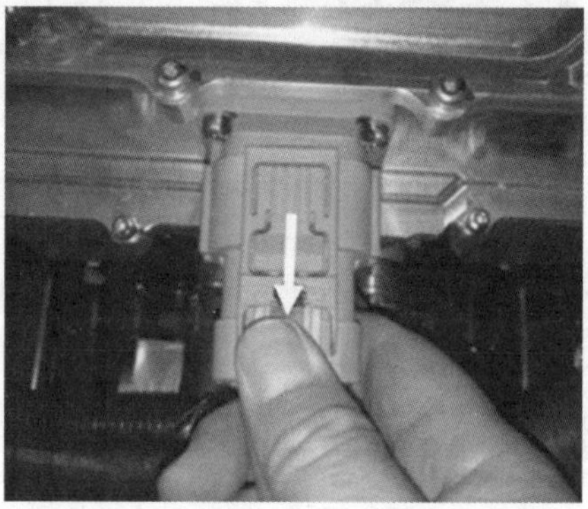

图 1-2-26　解开二级锁

（3）如图 1-2-27 所示，向下按压插接器前部的锁止装置（三级锁），同时将插接器向后拉。

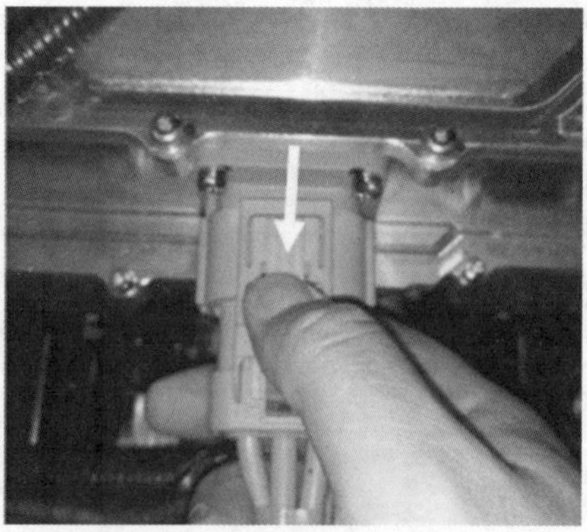

图 1-2-27　解开三级锁

（4）取下插接器。

图 1-2-28　取下插接器

知识小结

- 新能源汽车高压防护的认知和高压下电〔赛证〕
  - 新能源汽车触电原理
  - 电压等级的划分和应用
  - 新能源汽车的高压防护措施
    - 通过颜色、警告标志或警示语进行警告
    - 防止意外接触带电高压部件
    - 监控高压电气系统的绝缘电阻
    - 使用高低压互锁机构监测
    - 使用维修开关保护
    - 当安全气囊展开时关闭高压电气系统
    - 采用等电位保护
  - 高压防护设备的认知
  - 新能源汽车高压下电操作和高压电气系统维修注意事项
    - 新能源汽车高压下电操作
    - 新能源汽车高压电气系统维修注意事项
  - 高压插接器的插拔方法
    - 拔片式卡扣三级锁
    - 按压式卡扣三级锁

任务实施

1. 实施准备

本任务实施应准备的材料见表 1-2-4。

表 1-2-4　任务实施材料

序号	名称
1	新能源汽车整车
2	万用表
3	绝缘手套
4	绝缘鞋或绝缘靴
5	绝缘帽
6	护目镜
7	绝缘服
8	高压警示牌

2. 故障现象分析

"1+X" 证书考核内容、技能大赛考点

在案例 1.2 的故障中，READY 灯没有点亮，说明整车没有上高压电。整车故障指示灯点亮，说明整车控制模块（VCU）监测到了比较严重的故障。在 VCU 监测到比较严重的故障时，会通过 CAN 网络指令 BMS 下高压电，这样就导致了整车无法上高压电；同时，VCU 还会通过 CAN 网络将故障信息传递给仪表控制模块，再由仪表点亮整车故障指示灯。

3. 故障码分析

在这个故障中，储存故障码的模块有两个，分别是 BMS 和 VCU，它们都以代码的形式储存故障码。从它们的状态来看，这个故障是当前故障，不是历史故障。从故障码来看，显然是车辆的高压互锁监测系统故障。从前面所述的高压互锁监测原理可以知道，车辆上的高压互锁有两个回路，分别是 BMS 监测的回路和 VCU 监测的回路。从这两个故障码的描述可以看出，这个高压互锁故障是由 BMS 监测到的，说明这个故障应该在 BMS 监测的回路中。之所以 VCU 也报了故障，是因为 BMS 监测到互锁故障后，将故障信息发给 VCU。VCU 在接收到故障信息后，自己也会储存故障码。如上所述，VCU 会发指令给 BMS，再由 BMS 控制整车下高压电。

对于部分车型，在车辆行驶过程中，当高压监测系统检测到故障时，VCU 不会直接指令 BMS 下高压电，以保证车辆能正常行驶至安全位置停下。在车辆停车后再次上高压电时，才会出现无法上高压电，READY 灯不亮，整车故障指示灯会点亮。

在这里有两种特殊情况是需要引起我们注意的，一种情况是有部分车型在因高压互锁故障导致无法上高压电时，断开蓄电池负极或清除故障码后重新上高压电，也能正常行驶，直到下一次关闭点火开关，再一次上高压电时故障才会再一次出现。另一种情况是，如果这个故障是由于高压互锁回路接触不良导致的，则可能在重新上高压电时，车辆又是正常的，这时读到的故障码状态是"历史"。

作为一个汽车行业的未来工匠，我们要抱着对客户负责的态度，检修车辆要认真负责、精益求精。针对上述的两种特殊情况，我们应该要查明故障原因所在，彻底排除故障。

4. 故障检查方法

1）测量电阻法

新能源汽车高压互锁机构的电路故障可以通过测量电阻的方法来查找。高压互锁回路是一个完整的闭合电路，可以在高压互锁的监测模块线束端（VCU或BMS处）利用万用表电阻档测量高压互锁回路的导通性能，通过具体的电阻值判断高压互锁线路是否正常。正常情况下电阻值应小于1 Ω，如测量值为无穷大，则回路有断路；如电阻值偏大，说明回路存在接触不良情况。针对以上两种情况，都可以采用分段检查电阻值法进一步查找具体的故障部位。

2）两人配合法

高压互锁电路接触不良也会导致整车下高压故障，这种故障捉摸不定，经常是在我们准备对它进行检查时，故障又不一定存在。当我们怀疑高压互锁电路存在接触不良的故障时，可以采用两个人配合测量电阻值的方法进行检查。下面以VCU监测的回路为例，说明它的检查方法。在执行整车高压下电后，拔下整车控制模块VCU插头，找到高压互锁线路的两个端子。其中一人甲将万用表调整至电阻档并把红、黑表笔分别连接到VCU高压互锁的两个端子处，测量其电阻值。甲在车内观察万用表阻值读数的同时，另一个人乙逐个摇晃高压互锁线路经过的每一个高、低压插头，正常情况下，甲读到的电阻值应小于1 Ω。如果乙在摇晃某个插头时，甲读到万用表的数值有变化，则说明这个插头有接触不良。

3）测量电压法

下面以直流电信号的高压互锁回路说明其检查方法。由于互锁信号回路是一个完整的电路，所以当所有相关模块低压和高压线束连接良好时，互锁信号回路端子的电压应该是0 V低电位；当某一高压部件的低压或高压连接断开时，互锁信号回路端子的电压应该是5 V或小于12 V的高电位。这样就可以通过万用表的电压档来检查互锁回路的完整性。将点火开关打开至ON档，用万用表电压档逐点检测高压互锁回路，当检测的某一点的两端出现有电压差时，则说明这一点存在断路或接触不良，图1-2-29为用万用表电压档检测高压互锁回路有断路的情况。

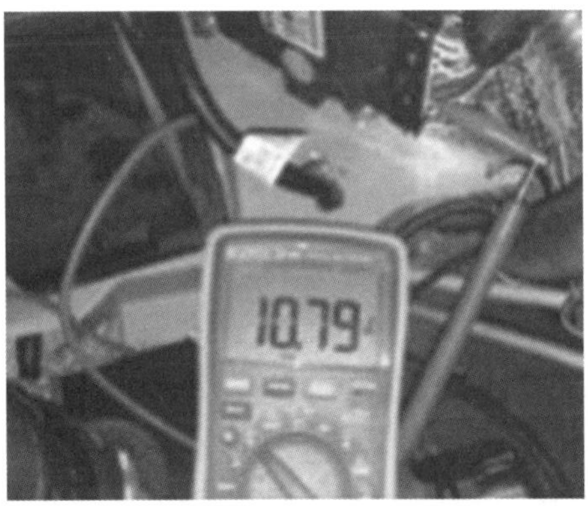

图1-2-29 高压互锁回路有断路时检测到的电压

课后练习

一、不定项选择题

1. 以下属于高压防护用具的是（　　）。

A. 绝缘鞋　　B. 绝缘帽　　C. 绝缘手套　　D. 眼镜

2. 高压互锁系统的安全控制策略包括（　　）。

A. 切断高压　　B. 故障报警　　C. 降功率运行　　D. 保留行驶功能

3. 新能源汽车的高压电缆的颜色是（　　）。

A. 红色　　B. 蓝色　　C. 橙色　　D. 黑色

4. 高压电车辆应急救援时，主要面对的危险是（　　）。

A. 高压　　B. 腐蚀　　C. 火灾　　D. 噪声

5. 直流电的国标绝缘电阻值是（　　）。

A. ≥36 Ω/V　　B. ≥100 Ω/V　　C. ≥300 Ω/V　　D. ≥500 Ω/V

二、判断题

1. 当各个高压互锁回路都能导通时，证明插件连接可靠、高压器件盒盖无开启。（　　）

2. 新能源汽车必须设计合理的高压回路安全监控系统，这是根据新能源汽车安全需要进行的。（　　）

3. 因为每次检修新能源汽车前都进行高压下电，所以作业前可以不设置安全隔离警示。（　　）

4. 只要电压低于 36 V，就属于安全电压。（　　）

5. 新能源汽车的高压电元件都是橙色的。（　　）

学习笔记

任务工单

一、作业前检查

"1+X"证书考核内容、
技能大赛考点

完成以下作业内容。

图例	作业内容
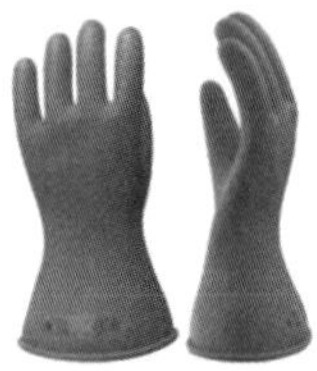	外观检查：□良好 □破裂 绝缘级别： 级 气密性检查：□良好 □漏气 最高使用电压：DC V
	外观检查：□良好 □破裂 验证电压：______kV
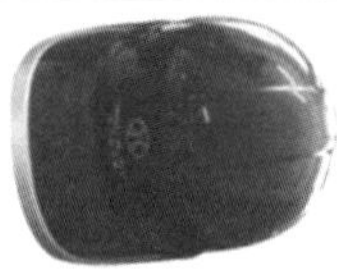	外观检查：□良好 □破裂
	外观检查：□良好 □破裂

二、执行整车高压下电流程

"1+X"证书考核内容、
技能大赛考点

步骤	作业内容	是否完成	备注
1	放置好高压警示牌	□完成，□未完成	
2	确保点火开关处于"LOCK"状态，妥善保管钥匙	□完成，□未完成	
3	断开12 V蓄电池负极电缆	□完成，□未完成	
4	使用验电笔，检测车身金属部位是否带电	□完成，□未完成	
5	断开维修开关，并将维修开关从车辆上拔出	□完成，□未完成	没有维修开关的车型跳过
6	拆除与动力电池连接的高压连接器，使用专用封口器带封好电池接口	□完成，□未完成	没有专用封口器可用绝缘胶布
7	使用万用表确定与电池连接的高压线束正负极之间无电压	□完成，□未完成	
8	断开维修开关（或断开电池插头），等待5 min以上	□完成，□未完成	
9	使用验电笔或万用表确认高压部件各点的电压值应低于3 V	□完成，□未完成	

三、高压互锁检测

"1+X" 证书考核内容、技能大赛考点

1. 高压互锁回路电压值与电阻值测量

序号	检测内容	检测条件	检测部位	测量值	是否正常
1	高压互锁回路的电压值	高压互锁回路正常，点火开关ON档	高压互锁电路任一点		□是，□否
		拔下任一个带高压互锁监测器的高压插头，点火开关ON档	高压互锁回路断点的前后处		□是，□否
2	高压互锁的电阻值	整车下高压，断开VCU的插头	VCU插头处的高压互锁回路之间		□是，□否
		整车下高压，断开VCU的插头（两人配合法）	VCU插头处的高压互锁回路之间		□是，□否

2. 高压互锁回路波形测量（针对监测信号为占空比信号的高压互锁装置）

"1+X" 证书考核内容、技能大赛考点

将示波器连接到高压互锁回路中的易于连接处，点火开关打开到ON档，测量高压互锁监测信号的波形并把它画下来。

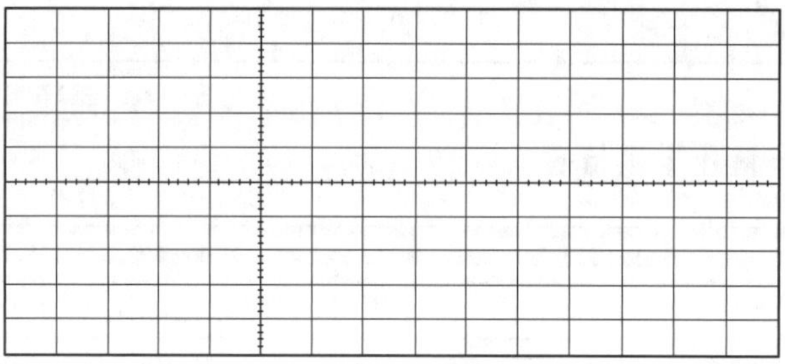

注：在实际操作时，可以通过断开高压互锁电路后，测量断点的前后波形变化进行对比。

任务1.3 电机驱动系统功能认知

任务目标

※知识目标

- 了解新能源汽车电机驱动系统的功能；
- 掌握电机驱动系统的组成部件及各部件的作用。

※技能目标

- 能指出新能源汽车电机驱动系统各部件的安装位置；
- 认识能量回馈指示灯及其点亮机理。

※素质目标

- 培养主动积极、认真负责的工作态度；
- 培养良好的职业习惯。

任务导入

案例1.3 一辆新能源汽车在行车过程中，仪表上一指示灯不时亮起，图1-3-1为指示灯形状。为此，该车车主特意到服务站询问维修技师，维修技师说它是车辆电机驱动系统的能量回馈指示灯。针对这个指示灯点亮的机理，您能为该车主提供更为详细的答案吗？

图1-3-1 能量回馈指示灯

知识准备

1.3.1 概述

电机驱动系统是新能源汽车三大核心部件之一，是车辆行驶的主要执行机构，其特性决定了车辆的主要性能指标，直接影响车辆动力性、经济性和用户驾乘感受。

1.3.2 电机驱动系统的功能

1. 将电能转化为机械能

电机驱动系统的主要作用是将动力电池的电能转化为机械能，产生驱动转矩，驱动车辆行驶，此功能如图 1-3-2 所示。另外，为了实现车辆的前进、后退、改变车速、停车等功能，驱动电机必须能实现正转、反转、改变转速和停机。

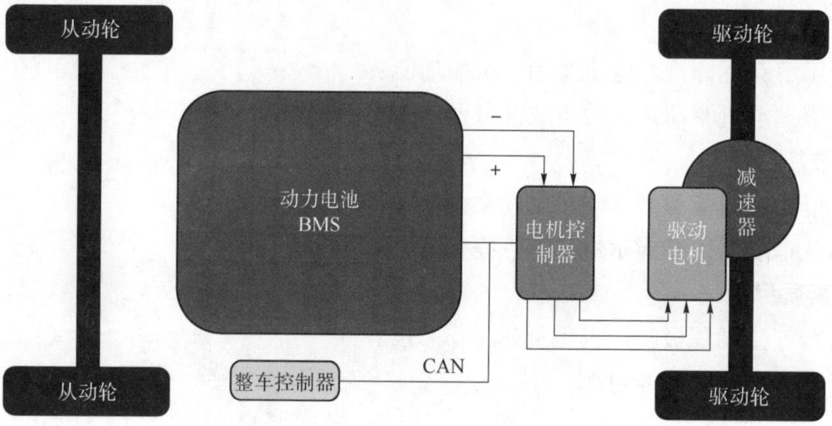

图 1-3-2　电机驱动系统驱动车辆

2. 将动能转化为电能

如图 1-3-3 所示，当车辆制动或者滑行时，车轮反拖驱动电机转动，此时驱动电机转换成发电机进行发电并将电能储存到动力电池中，进行能量回收，以此适当延长电动车的续航里程。需要注意的是，当驱动电机为发电模式时，会产生一定的电制动力，通过传动系统作用于驱动轮，对整车产生制动作用。

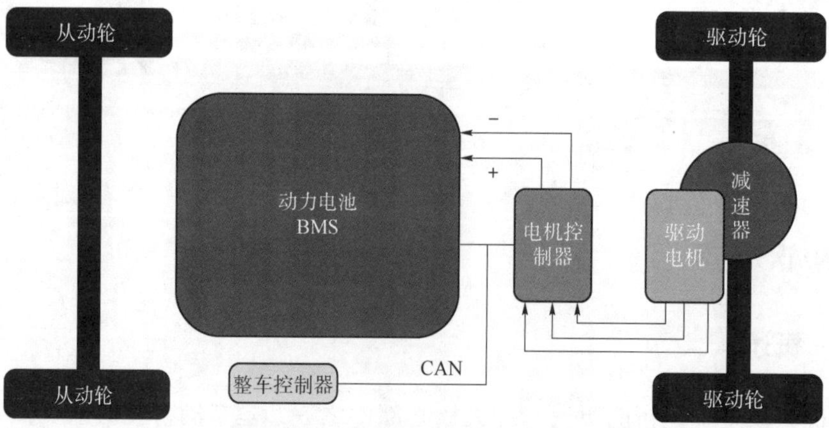

图 1-3-3　电机驱动系统的能量回收

1.3.3　电机驱动系统的组成和作用

1. 电机驱动系统的组成

电机驱动系统一般由驱动电机、电机控制器（MCU）、整车控制模块（VCU）、电机温度传感器、电机位置传感器（旋变传感器）、加速踏板位置传感器、制动踏板行程传感器、制动开关、档位开关等组成。其中，加速踏板行程传感器、制动踏板行程传感器、制动开关、档位开关等将驾驶员的意图输入到整车控制模块中，整车控制模块经过计算后把驾驶意图转化为驱动电机的转矩、转速和转向指令信号，再将此信号经网络传输到电机控制器，电机控制器接收到以上信号后，负责对驱动电机进行控制，图1-3-4为电机驱动系统的组成图。

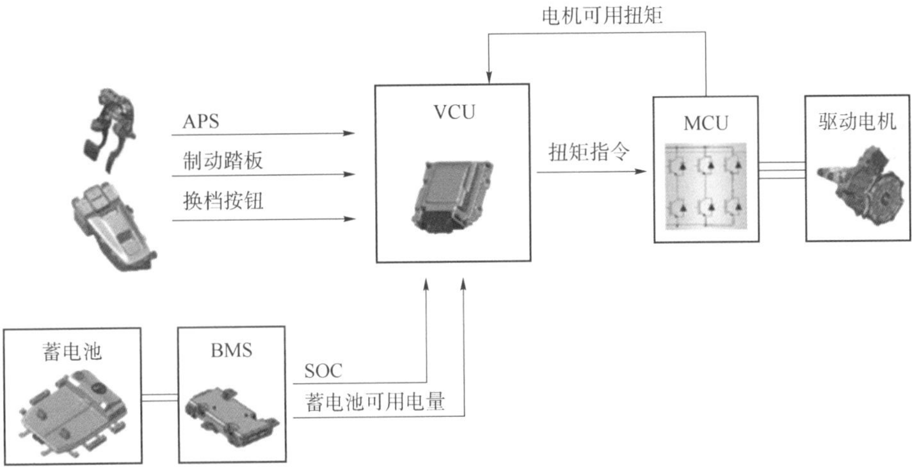

图1-3-4　电机驱动系统的组成

2. 各主要部件的作用

1）整车控制模块（VCU）

整车控制模块也叫整车控制器，是新能源汽车的管理中心。它通过对整车能源状态进行监控，协调车辆的动力输出和其他高压附件的工作，最大限度地优化能量利用效率。主要功能包括以下几项。

（1）通过采集加速、制动、档位等人机交互信息，综合车速及关键部件（驱动电机及动力电池等）状态为电机控制系统提供驾驶员对车辆的需求扭矩和制动扭矩信息。

（2）以驾驶员驱动扭矩需求和动力系统的实际状态为基础，对汽车驱动系统进行优化管理，从而使驾驶员获得最优的驾驶感受。

（3）通过综合分析比较各个部件的实时信息，对零部件的故障状态和车辆的故障状态进行有效的识别和处理。

（4）实现对冷却系统、空调系统、加热系统、仪表和其他整车电气附件的管理控制，以满足最优化的能量利用和整车需求。

图1-3-5为新能源汽车的整车控制系统信号传输的基本原理，输入整车控制模

块的信号有 3 种，第一种是车辆各种开关输入的开关信号，第二种是传感器输入的信号，包括模拟信号和频率（数字）信号。整车控制模块在接收到这些信号后，结合第三种信号（从 CAN 网络传输来的车辆状态信息），再通过 CAN 网络将指令发送到相关模块，以控制其他系统工作。在实车的整车控制系统中，还有一部分电气部件是直接由整车控制模块控制的，如冷却风扇、水泵等。

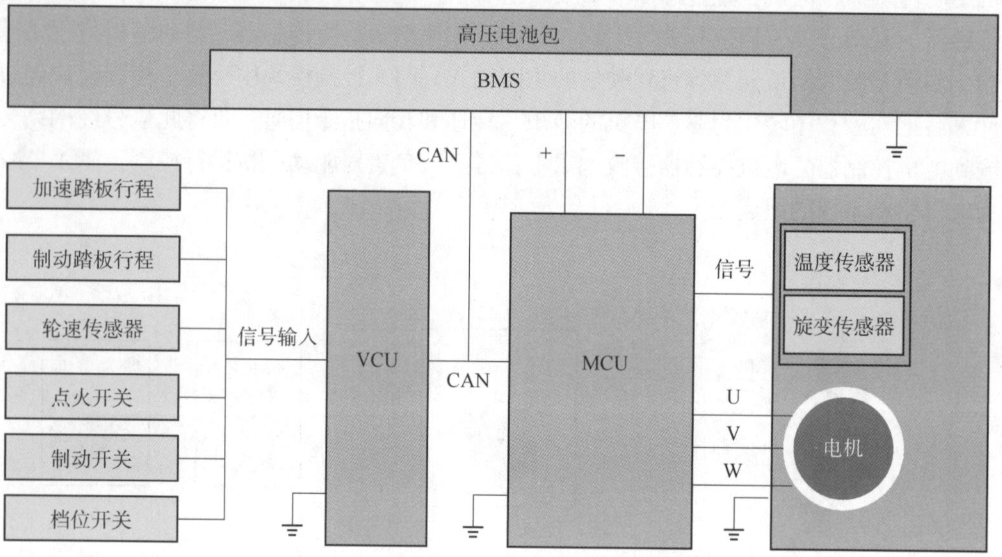

图 1-3-5　整车控制系统信号传输的基本原理

2）电机控制器（MCU）

电机控制器的一个功能是在接收到整车控制器的指令信息后，控制驱动电机工作。如图 1-3-5 所示，电机控制器负责将动力电池输出的直流电转化为驱动电机所需的三相（U、V、W）交流电，通过控制驱动电机来控制车辆的起动、运行、进退、速度、爬坡力度等行驶状态。电机控制器的另一个功能是在车辆制动或滑行时，驱动电机转变为发电机，电机控制器会转变为整流器，将驱动电机输出的交流电转变成直流电，为动力电池充电，实现能量回馈功能。

电机控制器还有一个重要功能，就是监测和通信。实时对驱动电机进行状态和故障检测，保护电机驱动系统和整车安全可靠运行。电机控制器对所有的输入信号进行监测和处理，并将电机控制系统运行状态的信息通过 CAN 网络发送给整车控制模块。电机控制器内含故障诊断系统，当系统诊断出异常时，它将会激活一个错误代码，发送给整车控制模块，同时也会存储该故障码和数据。

3）驱动电机

驱动电动机的作用是将动力电池输出的电能转化为机械能，通过传动装置或直接驱动车轮，使车辆实现前进、后退、变速和停机。另外，在车辆滑行或制动时，驱动电机会转变为发电机，为动力电池回馈能量。

4）输入信号

新能源汽车电机驱动系统的输入信号有两个部分。一部分包括档位开关、加速踏板传感（APS）和制动开关等直接输入 VCU 的信号，它们主要反映的是驾驶员的意图。另一部分是其他系统（如动力电池管理系统）通过 CAN 网络传输来的各种信息。

5）反馈信号

新能源汽车电机驱动系统的反馈信号主要包括电机位置传感器、电机温度传感器和 MCU 温度传感器等传感器输入的信号。它们主要反馈电机控制系统在工作时电机控制器和驱动电机的状态信息。

知识小结

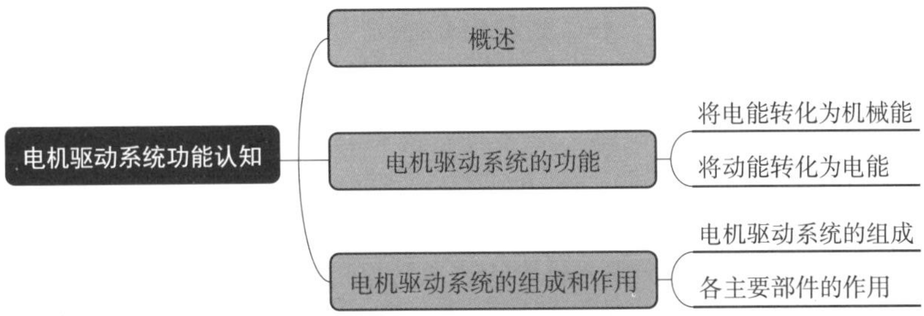

任务实施

1. 实施准备

本任务实施应准备的材料见表 1-3-1。

表 1-3-1　任务实施材料

序号	名称
1	新能源汽车整车
2	万用表
3	绝缘手套
4	绝缘鞋或绝缘靴
5	绝缘帽
6	护目镜
7	绝缘服
8	高压警示牌

2. 案例任务分析

在案例 1.3 中，能量回馈指示灯点亮，说明车辆正在滑行或制动且系统能量回收正常，这时驱动电机转变为发电机，电机控制器转变成整流器，在对动力电池进行充电。这是新能源汽车的优点之一，通过驱动电机实现能量回馈，延长车辆的续航里程。要实现能量回馈功能，除了要满足车辆正在制动或滑行的条件外，还要满足动力电池 SOC（荷电状态）不能过高、制动系统没有故障、车速较高等条件。

3. 电机驱动系统部件认知

电机驱动系统部件安装位置和作用认知：请根据表 1-3-2 提示信息，在实车上找到电机驱动系统主要部件的位置，了解电机控制系统主要部件的作用。

表 1-3-2 作业实施内容

部件	安装位置	作用
 加速和制动踏板	安装于汽车仪表台左侧下方，左边为制动踏板，右边为加速踏板	为整车控制器提供驾驶员踩下这两个踏板的深度和速度信号。VCU 根据这两个信号来控制驱动电机的转速和输出扭矩
 换档旋钮或开关	一般安装于中控台的前方，但有部分车型的位置可能会不同，如安装在仪表台上	用于为整车控制器输入档位信息，主要作为控制驱动电机前进、后退或停止的依据
 整车控制器	一般安装在汽车的车辆前舱内，但也有些车型安装于仪表台内	请参考“1.3.3 电机驱动系统的组成和作用”所述内容
 电机控制器	为了缩短电能传输路线，一般安装在驱动桥电机上方	同上
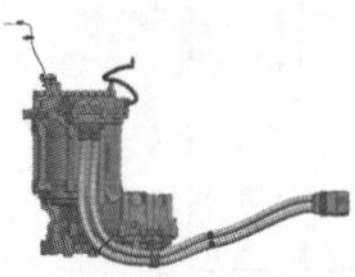 驱动电机	安装于汽车的驱动桥上，有的驱动电机安装在前桥上，有的安装在后桥上	同上
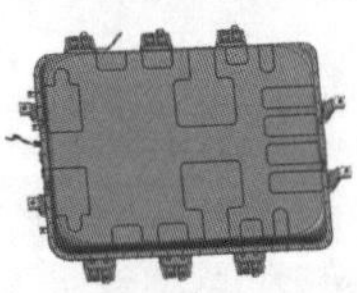 动力电池	一般安装在底盘，也有些混动车型安装在行李箱或驾驶室内	动力电池是新能源汽车的高压电能储存的部件

续表

部件	安装位置	作用
 动力电池管理模块（BMU）	动力电池管理模块一般安装在动力电池包内	BMU 的作用主要是在采集电池参数后对电池进行管理，并对荷电状态（SOC）、健康状态（SOH）等进行评估

注意： 在部分新能源汽车中，电机控制器会跟其他高压部件集成，集成的部件通常包括车载充电机、DC/DC 转换器、高压配电箱等。不同的车型，集成的程度也不相同。

课后练习

一、不定项选择题

1. 新能源汽车使用最多的驱动电机是（　　）。

A. 直流电机　B. 感应异步电机　C. 永磁同步电机　D. 开关磁阻电机

2. 属于新能源汽车高压电气系统的部件是（　　）。

A. 电机控制器　B. 仪表　C. 灯光　D. 电动车窗

3. 一般来说，新能源汽车驱动电机的功能有（　　）。

A. 驱动功能　B. 电机制动功能

B. 发电的功能　D. 1/2/3/4/5 档换档功能

4. 新能源汽车驱动电机的高压线通常有（　　）。

A. 两根　B. 三根　C. 四根　D. 六根

5. 下面不属于 VCU 的功能的是（　　）。

A. 接收信号　B. 处理信号

C. 将信号发送给其他模块　D. 估算 SOC

二、判断题

1. 电机控制器控制电机正向驱动、反向驱动、正转发电。（　　）

2. 电机是将机械能转化为电能的设备。（　　）

3. 新能源汽车保留了传统燃油汽车的加速踏板、制动踏板和各种操纵手柄等，因此它需要离合器。（　　）

4. 整车控制模块直接控制驱动电机工作。（　　）

5. 整车控制模块只接收加速踏板的信号就可以控制电机工作了。（　　）

任务工单

在实车上找到下列各零部件。

作业内容

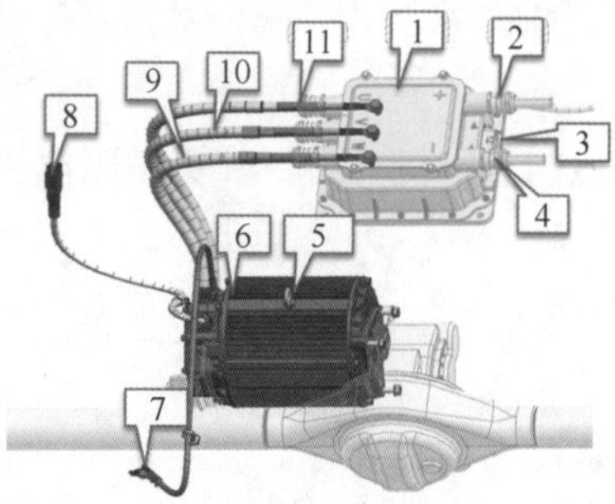

序号	名称	作用
1		将高压直流电转化为三相交流电，并对电机的转向、转速和扭矩等进行控制
2		直流高压电输入+
3		电机控制器的电源、信号输入输出
4		直流高压电输入-
5		吊装电机用
6		略
7		在电机漏电时起等电位保护作用
8		电机位置传感器和温度传感器的输出接口
9		电机控制器 MCU 调制后的三相交流电输入电机，或电机回收能量时三相交流电反向输入 MCU
10		
11		

任务 1.4　新能源汽车驱动电机分类〔赛证〕

任务目标

※知识目标

- 了解新能源汽车对驱动电机的要求；
- 掌握新能源汽车驱动电机的类型；
- 掌握常用新能源汽车驱动电机的基本结构与特点。

※技能目标

- 能指出各种驱动电机的外观特征；
- 能根据驱动电机的外观特征辨别其类型。

※素质目标

- 培养善于观察的能力和深入分析问题的习惯；
- 培养民族自尊心、自信心和自豪感。

任务导入

案例 1.4　现有新能源汽车售后服务站的一名学徒工，跟随服务站技师学习新能源汽车维修技术，现在进行新能源汽车驱动电机的学习，当前的师傅安排的任务是了解新能源汽车驱动电机的常见类型及其优缺点。如果你是该学徒工，你能快速地完成这个任务吗?

知识准备

1.4.1　新能源汽车对驱动电机的要求

1. 体积小、功率密度大

新能源汽车驱动电机安装的空间往往都比较有限，如图 1-4-1 所示。因此，小体积的驱动电机对于整车有限的空间有利，可以使电机更好地布置到车上。同时，较大的功率密度可以使电机在输出同样功率的情况下体积和重量更小，所以，在新能源汽车上，高功率密度的电机如永磁同步电机就得到了比较多的应用。

2. 效率高、高效区广、质量小

目前，续航里程不长还是新能源汽车的一个短板，而提升续航里程的其中一个有效方法就是提升驱动电机的效率和扩大其高效率运行区域，保证每一度电都能发挥最大的用处。另外，在电机驱动系统中，减轻电机质量，也能间接降低整车的功耗，实现续航里程提升。

图 1-4-1　驱动电机安装的有限空间

3. 安全性与舒适度

基于汽车乘客的体验，新能源汽车驱动电机还应该具有较好的安全性和舒适度。安全性可以理解成驱动电机的可靠性，即驱动电机在恶劣环境下能否正常工作。舒适性，即驱动电机在运行时是否会使乘客产生体验上的不适，这里的主要指标是驱动电机运行时的振动和噪声情况，都应该在符合相关的标准要求。

此外，新能源汽车的驱动电机还应该具有成本低、高电压、高可靠性和高转速的特点。

1.4.2　驱动电机的分类

"1+X" 证书考核内容

随着技术的发展，新能源汽车的电机技术已经比较成熟。值得骄傲的是，我国的电机技术在短短的几十年里，已经由落后水平发展到目前在世界上处于领先地位。驱动电机产品的种类、形式也越来越丰富。下面按照电机电源供给形式，对新能源汽车常用的驱动电机进行分类。

1. 直流电机

直流电机是输出或输入为直流电的旋转电机，它是能实现直流电能和机械能互相转换的电机。直流电机在工作中需要用电刷作为转子的导电元件，而电刷比较容易磨损，所以在使用中要定期进行维护。同时，直流电机的功率密度不大，使其在新能源汽车上得不到广泛应用。图 1-4-2 为直流串励式电机，这类电机往往应用在一些低速的电动车上，如电动观光车、园区通勤车、电动警车等。

2. 无刷直流电机

无刷直流电机（brushless direct current motor ，BLDCM）是一种不使用机械结构

换向电刷而直接使用电子换向器的新型直流电机。图 1-4-3 为无刷直流电机，它的工作建立在电子技术发展的基础上，依赖于电机控制器实现电流的换向才能正常工作。

图 1-4-2 直流串励式电机

图 1-4-3 无刷直流电机

3. 交流异步电机

交流异步电机，又称感应电动机，即转子置于旋转磁场中，在旋转磁场的作用下，获得一个转动力矩，因而转子转动。图 1-4-4 为交流异步电机。因其工作时转子和定子的旋转磁场转速不同，所以也称为交流异步电机。这种电机在新能源汽车上有一定的应用。

图 1-4-4 交流异步电机

4. 永磁同步电机

永磁同步电机是指转子转速与定子旋转磁场的转速同步的电机，如图 1-4-5 所示。电机的转子为永磁体，转子永磁体的 N 极、S 极随着定子绕组的旋转磁场的转动而旋转。磁场产生磁通量，电枢完成电能与机械能的转换。这种电机具有结构简单、功率密度大、技术成熟等优点，因而在新能源汽车上得到广泛应用。

5. 开关磁阻电机

开关磁阻电机是20世纪80年代初随着电力电子、计算机和控制理论的迅速发展而发展起来的一种新型调速驱动电机，它利用磁阻最小的原理工作，具有结构简单、运行可靠、成本低、效率高等突出优点，其外形特点如图1-4-6所示。

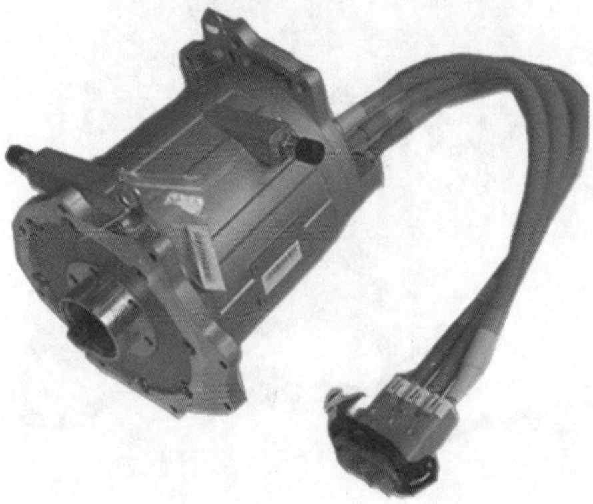

图1-4-5　永磁同步电机

图1-4-6　开关磁阻电机

1.4.3　不同类型驱动电机的对比

不同类型驱动电机性能对比见表1-4-1。

表1-4-1　驱动电机性能对比

驱动电机类型	优点	缺点
直流电机	技术较为成熟，控制方式简单容易，调速性能优良	机械结构复杂，维护成本高，易造成高频电磁干扰
无刷直流电机	高效率、长寿命、低噪声、高转速、无换向火花、运行可靠	控制系统比较复杂，励磁不能控制，电流损耗大，噪声较大
交流异步电机	成本低，工艺简单、运行可靠、耐用、维修方便，能忍受大幅度的工作温度变化	电机的质量和体积都比较大
永磁同步电机	具有较高的功率密度，较高的转矩密度	成本较高，高温下会产生磁性衰退
开关磁阻电机	结构简单坚固，可靠性高，质量轻，成本低，效率高，温升低，易于维修，具有较好的调速可控性	控制系统的设计相对复杂，电机本身发出的噪声及振动较大

知识小结

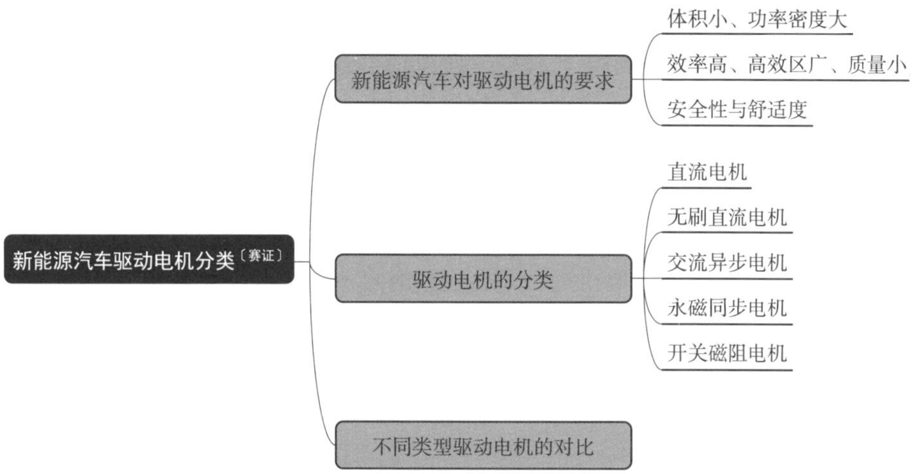

任务实施

实施本任务应准备的材料见表 1-4-2。

表 1-4-2　任务实验材料

序号	名称
1	直流电机
2	无刷直流电机
3	交流异步电机
4	永磁同步电机
5	开关磁阻电机

新能源汽车经常采用的驱动电机有直流电机、交流异步电机、永磁同步电机和开关磁阻电机，请通过观察实训用的电机外观特点，判断电机的类型和冷却方式等。

(1) 观察电机外壳是否有冷却液或冷却油的进出口，如果两者都没有，则该电机为风冷电机。

(2) 观察电机的高压导线数量，新能源汽车电机驱动系统用直流电机的话，一般有 4 根高压线，其中 2 根为励磁线圈的正、负极，另外 2 根为转子电源。交流异步电机和永磁同步电机都有 3 根高压电源线。开关磁阻电机一般都会有 3 根以上的高压电源线。

(3) 观察实训用的电机是否安装有电机位置传感器和电机温度传感器。为了使电机控制器更好地实现对电机的控制，一般来说，作为新能源汽车的驱动电机，都会安装有电机位置传感器。温度传感器则用来监测电机的温度，防止温度过高。

课后练习

一、判断题

1. 永磁同步电机的功率密度比较低，所以得不到广泛应用。 （ ）
2. 直流电机因为技术成熟，易于控制，所以在新能源汽车上得到广泛使用。 （ ）
3. 交流异步电机又可称为交流感应电机。 （ ）
4. 交流异步电机中的异步指的是转子和定子的旋转磁场转速不同。 （ ）
5. 一般来说，永磁同步电机的功率密度相对直流电机来说比较大。 （ ）

二、简答题

1. 新能源汽车对驱动电机有哪些性能要求？
2. 交流异步电机有哪些优缺点？

学习笔记

任务工单

仔细观察实训用电机的外观特点，完成下列作业内容。

电机	电机类型	外观特点
	□直流电机 □无刷直流电机 □永磁同步电机 □交流异步电机 □开关磁阻电机	冷却方式： □风冷　□水冷　□油冷 高压电源线数量： □>3　□<3　□=3 是否有传感器： □有　□无 写出传感器的类型：
	□直流电机 □无刷直流电机 □永磁同步电机 □交流异步电机 □开关磁阻电机	冷却方式： □风冷　□水冷　□油冷 高压电源线数量： □>3　□<3　□=3 是否有传感器： □有　□无 写出传感器的类型：
	□直流电机 □无刷直流电机 □永磁同步电机 □交流异步电机 □开关磁阻电机	冷却方式： □风冷　□水冷　□油冷 高压电源线数量： □>3　□<3　□=3 是否有传感器： □有　□无 写出传感器的类型：
	□直流电机 □无刷直流电机 □永磁同步电机 □交流异步电机 □开关磁阻电机	冷却方式： □风冷　□水冷　□油冷 高压电源线数量： □>3　□<3　□=3 是否有传感器： □有　□无 写出传感器的类型：
	□直流电机 □无刷直流电机 □永磁同步电机 □交流异步电机 □开关磁阻电机	冷却方式： □风冷　□水冷　□油冷 高压电源线数量： □>3　□<3　□=3 是否有传感器： □有　□无 写出传感器的类型：

任务 1.5　电驱动能量传动系统和布置形式认知

任务目标

※知识目标

- 了解新能源汽车电驱动能量传动系统的类型；
- 掌握新能源汽车各种能量传动系统的传动线路。

※技能目标

- 能说出常用新能源汽车电驱动能量传动系统的特点。

※素质目标

- 培养严谨、认真的工作态度；
- 强化安全意识。

任务导入

案例 1.5　目前，新能源汽车电驱动能量传动系统较为复杂，但总体上可分为混合动力汽车和纯电动汽车能量传动系统。下面，让我们来认识电驱动能量传动系统。

知识准备

1.5.1　混合动力汽车的能量传动系统

1. 串联式混合动力汽车的能量传动系统

串联式混合动力汽车的发电机与汽车行驶没有直接关系，系统从外界获取能量的途径主要有：由燃料化学能转换来的能量、由电网充入蓄电池的能量、回收的制动及减速能量。系统消耗的能量除了驱动车轮的动力能量外，还有电动机自身的损耗、电池充放电过程中的损耗、发电机的损耗等。能量传动系统的目标是使发动机在最佳效率区和排放区工作，并尽量减少系统本身损耗，以实现最高的能量转换效率。

2. 并联式混合动力汽车的能量传动系统

并联式混合动力汽车主要有 2 种基本工作模式，分别是内燃机辅助混合动力模式和电机辅助混合动力模式。

1）内燃机辅助混合动力模式

该模式主要利用电池、电动机系统来驱动车辆，仅当以较高的巡航速度行驶、爬坡和急加速时才能使内燃机起动。这种控制模式的优点是：大多数情况下车辆都是用电池的电能来工作的，车辆的排放和燃油的消耗减少，同时可以取消起动电机，利用车辆的运动产生的功能来起动内燃机。这种策略的缺点是内燃机在每次关机后重新起动时，由于内燃机和催化转换装置的温度达到正常温度需要一定的时间，这段时间内发动机的效率降低，尾气排放量增加。

2）电机辅助混合动力模式

该模式主要利用内燃机来驱动车辆，电机仅在两种状态下使用：一种是瞬间加速和爬坡需要峰值功率时，这样可使内燃机工作在最高效率区间，以减少排放和燃油消耗；另一种是在车辆减速制动时，电机被用来回收车辆的动能（再生制动）对电池进行充电。该模式的主要缺点是，车辆不具备输出电动模式，以及在行驶过程中若经常加速，电池的电能消耗到最低限度，则会失去“电机辅助”能力，驾驶员会感到车辆的功率有所降低，图 1-5-1 为电机辅助混合动力模式。

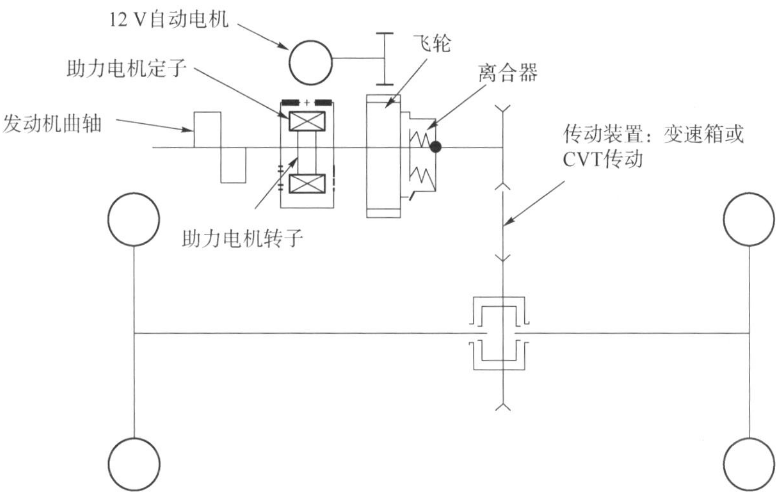

图 1-5-1　电机辅助混合动力模式

1.5.2　纯电动汽车的能量传动系统

纯电动汽车驱动系统的布置形式目前主要有 4 种基本典型结构，即传统的驱动方式、电机-驱动桥组合式驱动方式、电机-驱动桥整体式驱动方式、轮毂电机分散式驱动方式。

1. 传统驱动系统布置形式

图 1-5-2 为传统驱动系统布置形式，该驱动系统仍然采用类似内燃机汽车的驱动系统布置方式，包括离合器、差速器、传动轴和驱动桥等总成，只是将内燃机换成电机，属于改造型电动汽车。这种布置方式可以提高纯电动汽车的起动转矩，增加低速时纯电动汽车的后备功率。传统驱动系统布置形式有电机前置-驱动桥前置（F-F）、电机前置-驱动桥后置（F-R）等驱动模式。但是，这种驱动系统布置

形式结构复杂、效率低，不能充分发挥驱动电机的性能。在此基础上，图 1-5-3 为一种简化的传统驱动系统布置形式，采用固定速比减速器，去掉离合器，这种驱动系统布置形式可减少机械传动装置的质量，缩小其体积，提高了传动效率。目前，较多车型采用了这种布置形式。

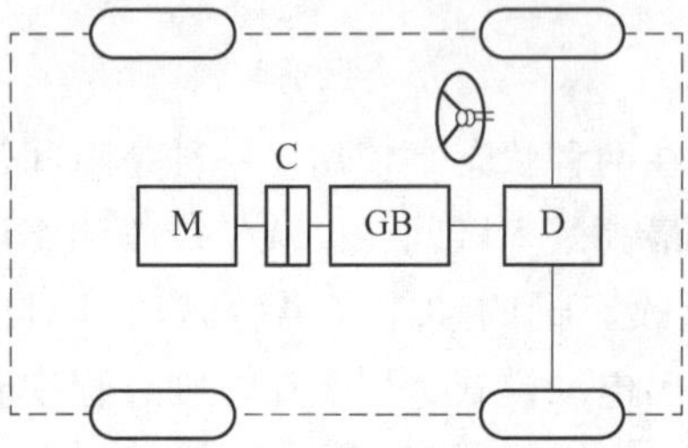

C—离合器；D—差速器；GB—变速器；M—电机。

图 1-5-2　传统驱动系统布置形式

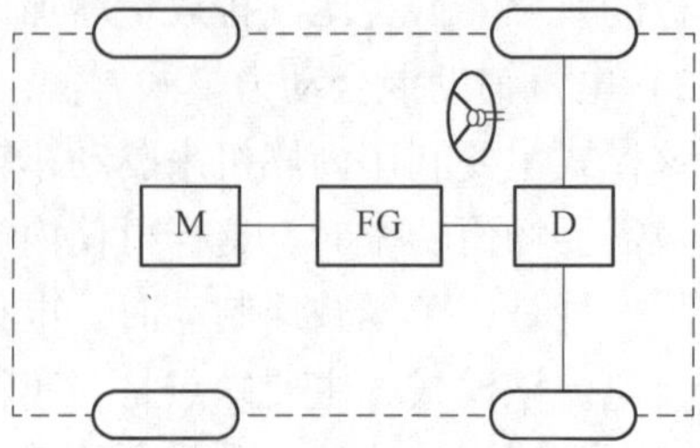

M—电机；FG—固定速比减速器；D—差速器。

图 1-5-3　简化的传统驱动系统布置形式

简化的传统驱动系统布置形式由于采用了调速电机，其变速器可相应简化，档位数一般有 2 个就够了，倒档也可利用驱动电机的正反转来实现。驱动桥内的机械式差速器使得汽车在转弯时左右车轮以不同的转速行驶。这种模式主要用于早期的纯电动汽车，省去了较多的设计，也适于对原有汽车的改造。

2. 电机-驱动桥组合式驱动系统布置形式

这种驱动系统布置形式即在驱动电机端盖的输出轴处加装减速齿轮和差速器等，电机、固定速比减速器和差速器的轴互相平行，一起组合成一个驱动整体。它通过固定速比的减速器来放大驱动电机的输出转矩，但没有可选的变速档位，也就省掉了离合器。这种布置形式的机械传动机构紧凑，传动效率较高，便于安装。但这种布置形式对驱动电机的调速要求较高。按传统汽车的驱动模式来说，可以有驱动电机前置-驱动桥前置［F-F，见图 1-5-4（a）］或驱动电机后置-驱动桥后置［R-R，见图 1-5-4（b）］两种方式。这种驱动系统布置形式具有良好的通用性和互换性，便于在现有的汽车底盘上安装、使用，维修也较方便。图 1-5-5 为某合资品牌纯电动汽车电机驱动系统，即采用此形式。

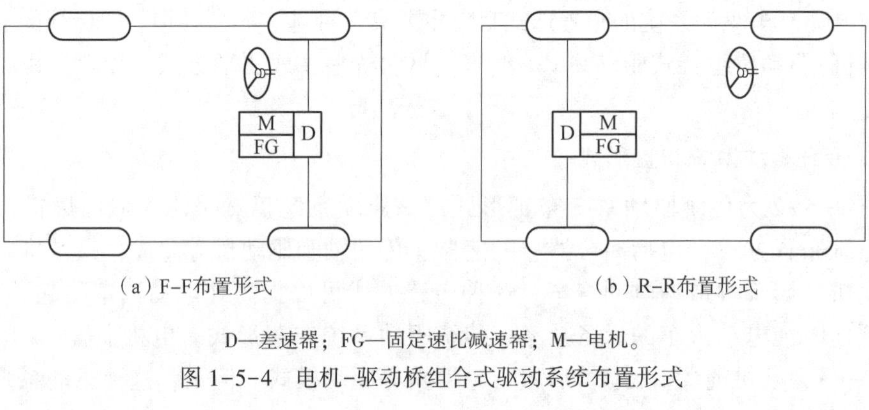

（a）F-F布置形式　　（b）R-R布置形式

D—差速器；FG—固定速比减速器；M—电机。

图 1-5-4　电机-驱动桥组合式驱动系统布置形式

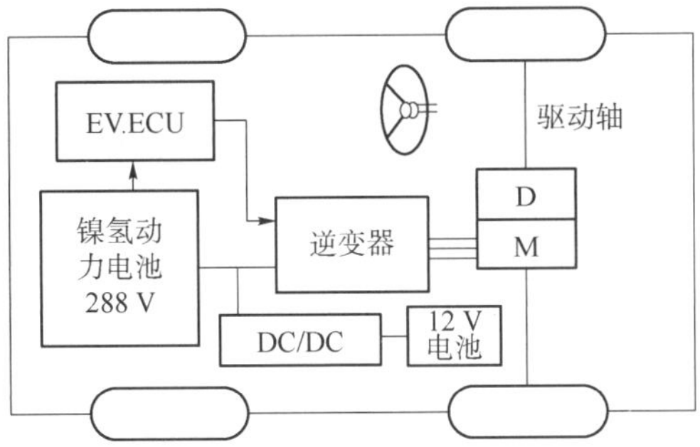

图 1-5-5　国产某合资品牌纯电动汽车电机驱动系统

3. 电机-驱动桥整体式驱动系统布置形式

这种驱动系统布置形式与发动机横向前置-前轮驱动的内燃机汽车的布置方式类似，将电机、固定速比减速器和差速器集成为一个整体，两根半轴连接驱动车轮。电机-驱动桥整体式驱动系统布置形式有同轴式（见图 1-5-6）和双联式（见图 1-5-7）两种。

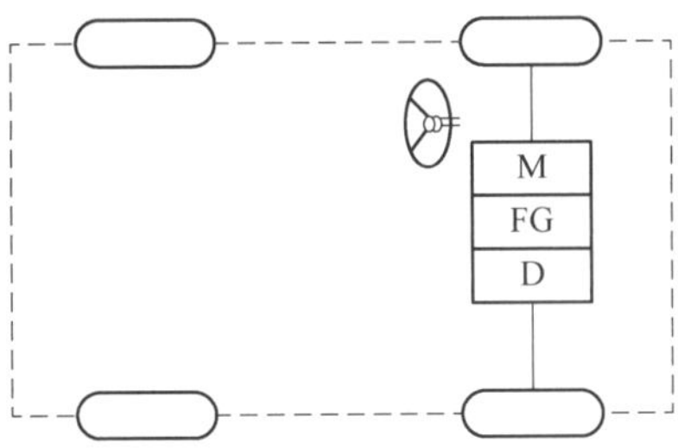

图 1-5-6　同轴式电机-驱动桥整体式驱动系统

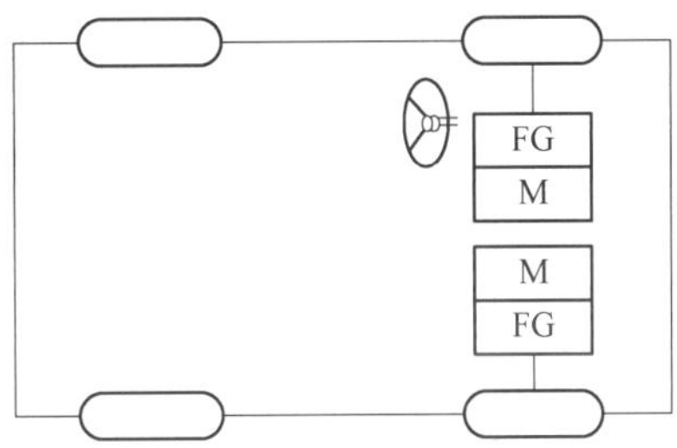

图 1-5-7　双联式电机-驱动桥整体式驱动系统

和内燃机汽车一样，电机-驱动桥整体式驱动系统在汽车上的布局也有电机前置-驱动桥前置（F-F）和电机后置-驱动桥后置（R-R）两种驱动模式。这种电机-驱动桥构成的机电一体化整体式驱动系统，具有结构更紧凑、传动效率高、质量小、体积小、安装方便的特点，并具有良好的通用性和互换性，在小型新能源汽车上应用最普遍。

4. 轮毂电机分散式驱动系统布置形式

此种布置形式下，轮毂电机被直接装在汽车车轮里，主要有外转子和内转子两种结构，图 1-5-8 为外转子和内转子两种轮毂电机的应用。

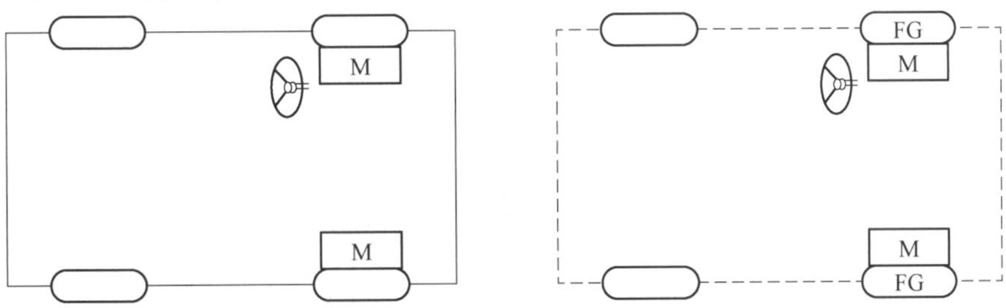

（a）外转子式轮毂电机　　（b）内转子式轮毂电机

图 1-5-8　轮毂电机

图 1-5-9 为内定子外转子电动轮，内定子外转子轮毂电机分散驱动式驱动系统布置形式采用低速内定子外转子电机，其外转子直接安装在车轮的轮缘上，可完全去掉变速装置，驱动电机转速和车轮转速相等，车轮转速和车速控制完全取决于驱动电机的转速控制。由于不通过机械减速，通常要求驱动电机为低速大转矩电机。低速内定子外转子电机结构简单，无需齿轮变速传动机构，但其体积大、质量大、成本高。

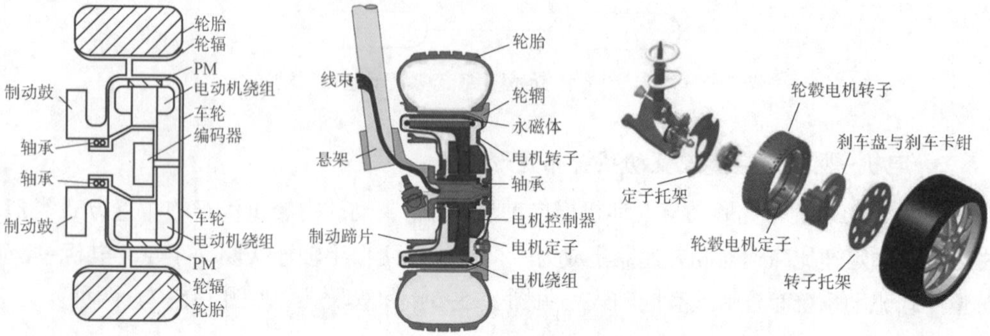

图 1-5-9　内定子外转子电动轮

图 1-5-10 为内转子外定子电动轮，内转子外定子轮毂电机分散驱动式驱动系统布置形式一般采用高速内转子外定子电机，其转子作为输出轴与固定减速比的行星齿轮变速器的太阳轮相连，而车轮轮毂通常与其齿圈连接，它能提供较大的减速比，以放大其输出转矩。驱动电机装在车轮内，形成轮毂电机，可进一步缩短从驱动电机到驱动轮的传递路径。采用高速内转子电机（转速约 10 000 r/min），需装固定速比减速器来降低车速，一般采用高减速比行星齿轮减速装置，安装在电机输出轴和车轮轮缘之间，且输入和输出轴可布置在同一条轴线上。高速内转子电机具有体积小、质量小和成本低的优点，但它需要加行星齿轮变速机构。

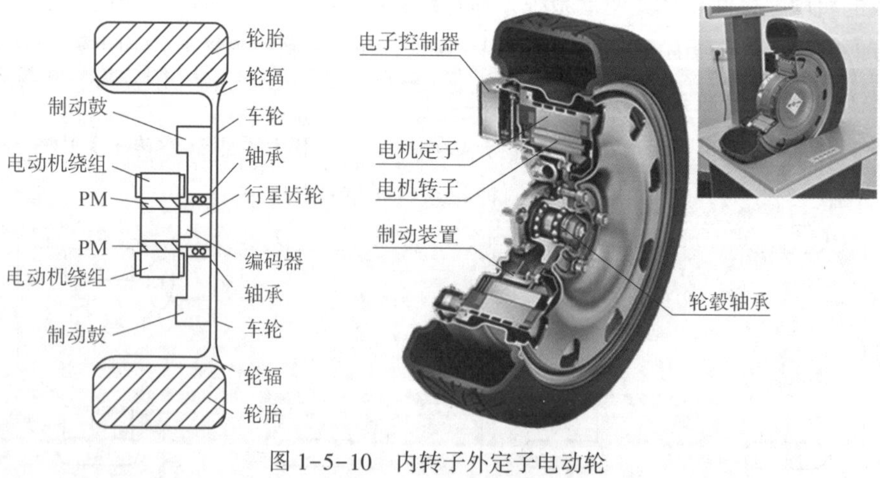

图 1-5-10　内转子外定子电动轮

采用轮毂电机驱动可大大缩短从驱动电机到驱动车轮的传递路径，不仅能腾出大量的有效空间便于总体布局，而且对于前一种内定子外转子电机，也大大提高了对车轮的动态响应控制性能。每台驱动电机的转速可独立调节控制，便于实现电子差速。这样既省去了机械差速器，也有利于提高汽车转弯时的操控性。轮毂电机分散驱动在汽车上的布置方式可以有双前轮驱动、双后轮驱动和4WD（4 wheel drive）前后四轮驱动等模式。轮毂式电机分散驱动方式是未来纯电动汽车驱动系统的发展方向。

知识小结

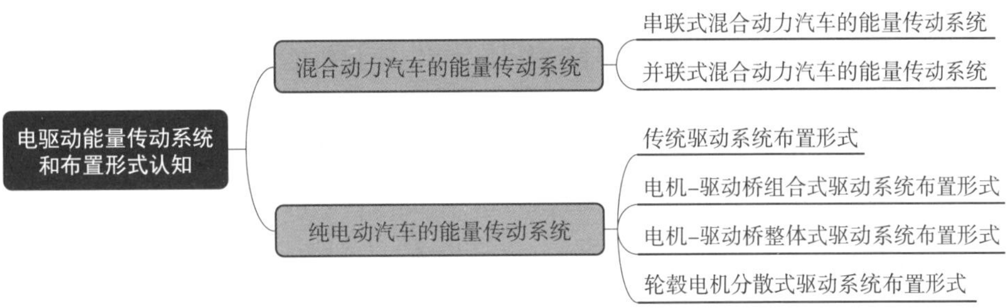

任务实施

实施本任务应准备的材料见表1-5-1。

表1-5-1　任务实施材料

序号	名称
1	混合动力汽车
2	纯电动汽车（后驱）
3	纯电动汽车（前驱）

目前新能源汽车经常采用的驱动方式有前驱、后驱，有混合动力驱动，也有单纯电机驱动，请观察实训用车辆驱动系统主要部件的布置、驱动方式。

课后练习

一、判断题

1. 串联式混合动力，严格来说仍然是电动车。车内只有一套电力驱动系统，包括电机、控制电路、电池。（　　）

2. 串联式混合动力汽车发动机不直接驱动车轮，发动机转速和车轮转速、汽车速度没有直接关系。（　　）

3. 并联式混合动力系统有两套驱动系统：传统的内燃机系统和电机驱动系统。大多是在传统燃油车的基础上增加电机、电池、电控而成，电机与发动机共同驱动车轮。（　　）

4. 混联式混合动力汽车的驱动主要靠电机，发动机为辅助的，电机和发动机都

能单独驱动汽车。(　　)

5. 车轮独立驱动布置形式目前主要有双联式驱动方式、轮毂电机驱动方式。(　　)

6. 并联式混合动力汽车只有发动机辅助这种工作模式。(　　)

二、不定项选择题

1. 串联式电动汽车再生制动模式，给电机提供能量的是（　　）。

A. 发动机　　B. 动力电池

C. 发动机和动力电池　　D. 车辆的动能

2. 并联式混合动力电动汽车低速巡航时，给电机提供能量的是（　　）。

A. 发动机　　B. 动力电池

C. 发动机和动力电池　　D. 起动蓄电池

3. 混联式混合动力电动汽车全速行驶时，给电机提供能量的是（　　）。

A. 发动机　　B. 动力电池

C. 发动机和动力电池　　D. 起动蓄电池

4. 电机-驱动桥整体式驱动系统的优点不包括（　　）。

A. 结构更紧凑　　B. 传动效率高

C. 质量小且体积小　　D. 不需要减速器

5. 电机-驱动桥整体式驱动系统的布置形式不包括（　　）。

A. F-F　　B. F-R　　C. R-R　　D. R-F

学习笔记

任务工单

1. 下图为某新能源汽车的驱动桥，该车型采用的驱动方式是：
□F-F，□F-R，□R-R；□传统驱动系统，□简化驱动系统。

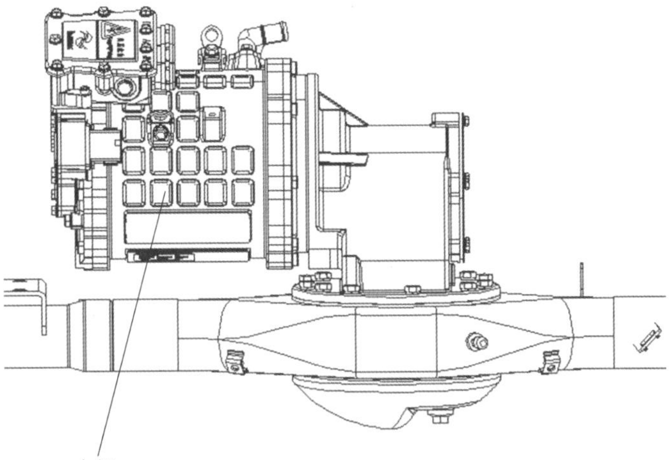

2. 下图为某新能源汽车的驱动桥，该车型采用的驱动方式是：
□F-F，□F-R，□R-R；□传统驱动系统，□简化驱动系统。

1—驱动电机；2—电机控制器。

项目 2 新能源汽车驱动电机的结构与检修

任务 2.1 新能源汽车驱动电机电磁基础

任务目标

※知识目标

- 了解磁极、磁感线、磁通等与磁场相关的基本术语；
- 掌握与驱动电机相关的电磁基础知识。

※技能目标

- 能说出磁极、磁感线、磁通的不同；
- 能说出电机中旋转磁场形成的机理。

※素质目标

- 培养主动认真、理性思考的工作态度；
- 培养严谨、务实的工作作风；
- 提升对我国“双碳”目标的认知和认同感。

知识准备

磁与人类的生产和生活紧密相关。发电机、电机、变压器、电磁阀、继电器、收音机中的扬声器、电视机中的显像管、磁悬浮列车等，都与磁分不开。下面我们学习磁的知识。

2.1.1 磁的基本概念

1. 磁体

物体吸引铁、钴、镍一类物质的性质，称为磁性。具有磁性的物体称为磁体。磁体可分为天然磁体和人造磁体。图 2-1-1 为各种常见磁体。

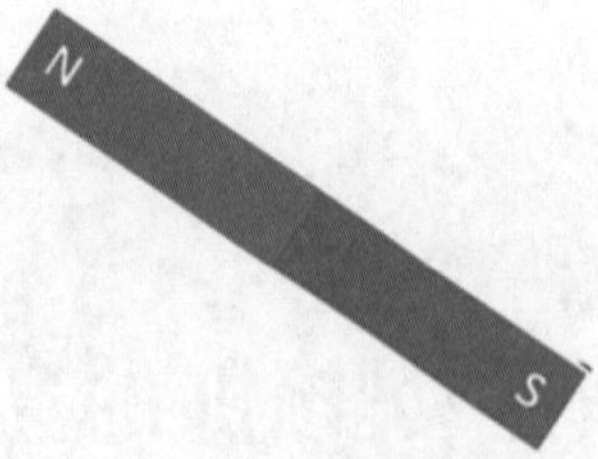

（a）条形磁铁

（b）蹄形磁铁

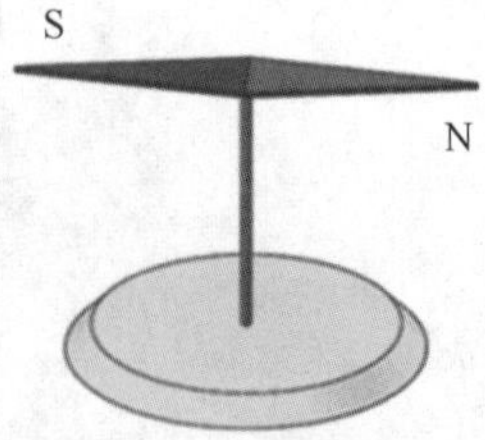

（c）小磁针

图 2-1-1　常见磁体

2. 磁极

磁体上磁性最强的两端称为磁极。任何磁体，无论多小，都有两个磁极，磁极总是成对出现且强度相等，不存在独立的磁极。可以在水平面内自由转动的磁体，静止时总是一个磁极指向南方，另一个磁极指向北方。指向南方的称为南极，记作 S（极），常用蓝色表示；指向北方的称为北极，记作 N（极），常用红色表示。

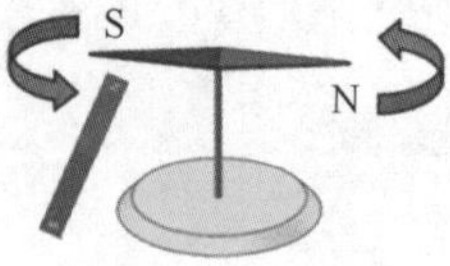

图 2-1-2　磁极

3. 磁场

磁极之间的相互作用力是通过磁极周围的磁场传递的。磁场是磁体周围存在的一种特殊的物质。磁场和电场一样，是物质存在的另一种形式，是客观存在的物质，具有力和能的特征。与电场中用检验电荷去检验电场存在的方法相似，可借磁极之间存在相互作用力的特性，用小磁针来检验某一个磁体周围磁场的存在。

4. 磁感线

磁场是一种特殊的物质，不能被肉眼所看到。人们通过铁屑在磁场的作用下形成的图案，即用一组闭合的曲线来描述这种磁场。这种形象地描绘磁场的曲线，称为磁感线。图 2-1-3、图 2-1-4 分别为条形磁铁、蹄形磁铁磁感线分布。

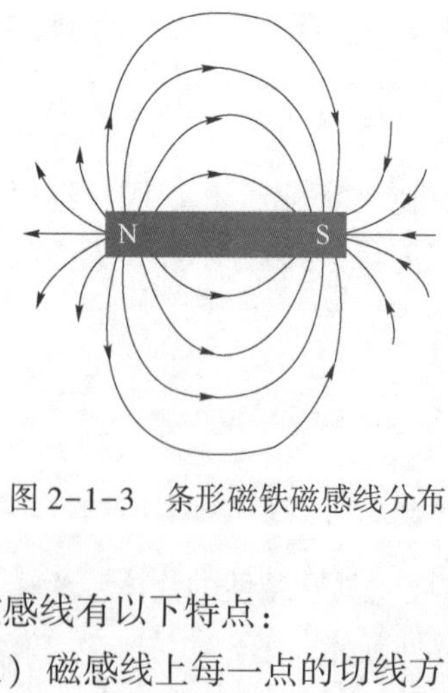

图 2-1-3　条形磁铁磁感线分布

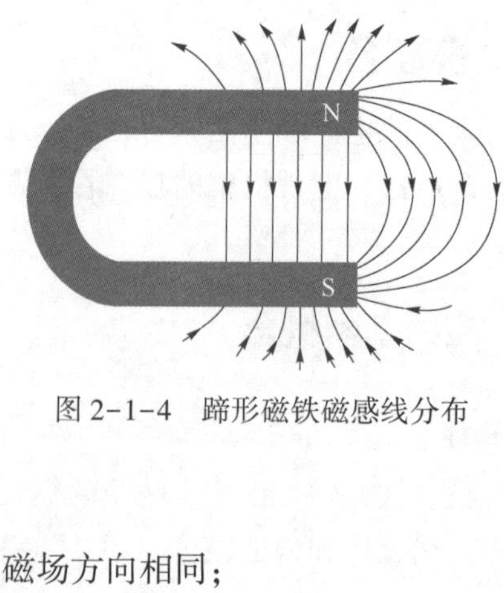

图 2-1-4　蹄形磁铁磁感线分布

磁感线有以下特点：

（1）磁感线上每一点的切线方向与该点磁场方向相同；

（2）磁感线在磁体的外部从 N 极指向 S 极，在磁体的内部从 S 极指向 N 极；

（3）磁感线是闭合的曲线，且任意两条磁感线不相交；

（4）磁感线的疏密表示磁场强弱的程度。

5. 磁感应强度

磁感应强度又叫磁通密度，它是表示磁场内某点磁场强弱的物理量，是表征磁场特性的基本场量。其大小是通过垂直于磁场方向单位面积的磁力线数目表示的，符号为 B。

磁感应强度 B 的单位，在国际单位制中，其单位是特斯拉，简称特，符号 T；在电磁单位制（CGS）中，其单位为高斯，简称高，符号为 Gs（系非法定计量单位）。两者的关系为 $1T=10^4Gs$。

6. 磁通

在磁场中，穿过一任意面积的磁力线总量称为该截面的磁通量，简称磁通，符号为 Φ。在均匀磁场中，磁通等于磁感应强度 B 与垂直于磁场方向的面积 S 的乘积，即 $\Phi=BS$，如图 2-1-5 所示。

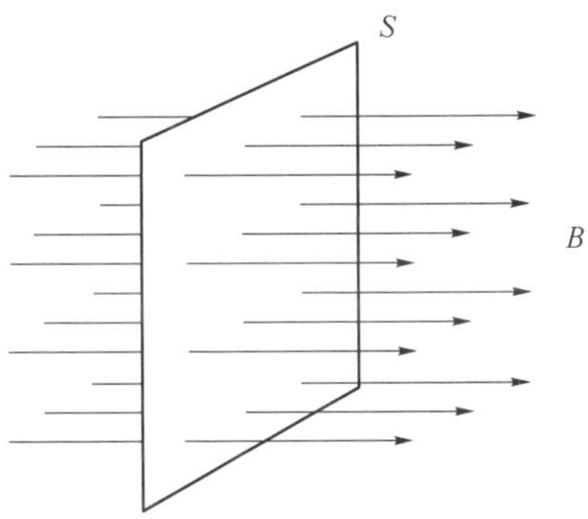

$\Phi=BS$

图 2-1-5　均匀磁场磁通示意图

磁通是一个标量，它的单位在国际单位制中为韦伯，简称韦，符号为 Wb。在电磁单位制中，磁通的单位为麦克斯韦，简称麦，符号为 Mx（系非法定计量单位）。两者的关系为 $1Wb=10^8Mx$。

7. 磁导率

磁导率是表示物质导磁性能的参数，用符号 μ 表示，单位是 H/m。

真空磁导率一般用 μ_0 表示，$\mu_0=4\pi\times10^{-7}H/m$。空气、铜、铝和绝缘材料等非铁磁材料的磁导率和真空磁导率大致相同，而铁、镍、钴等铁磁材料及其合金的磁导率比真空磁导率大很多，为真空磁导率的 $10\sim10^5$ 倍。

将物质的磁导率与真空磁导率的比值定义为相对磁导率，用符号 μ_r 表示，则非铁磁材料的磁导率可以表示为 $\mu=\mu_r\mu_0$。

相对磁导率是一个无量纲的参数。非铁磁材料的相对磁导率接近于 1，而铁磁材料的磁导率远远大于 1，电机和变压器中所使用的铁磁材料的相对磁导率一般为 2 000~80 000。

2.1.2 磁路

磁通所通过的路径称为磁路。用来产生磁通的电流叫励磁电流。根据励磁电流的特质不同，磁路又分为直流磁路和交流磁路。

在电机和变压器中，常将线圈套装在铁芯上。图 2-1-6 为直流电机中的磁路。当线圈内有电流流过时，线圈周围（包括铁芯内外）形成磁场。由于铁芯的导磁性能比空气好得多，因此，大部分磁通从铁芯内部通过，称为主磁通，相应的路径为主磁路；少量的磁通经过部分铁芯和空气而闭合，这部分磁通为漏磁通，漏磁通经过的路径称为漏磁路。图 2-1-7 为变压器中的主磁通和漏磁通。

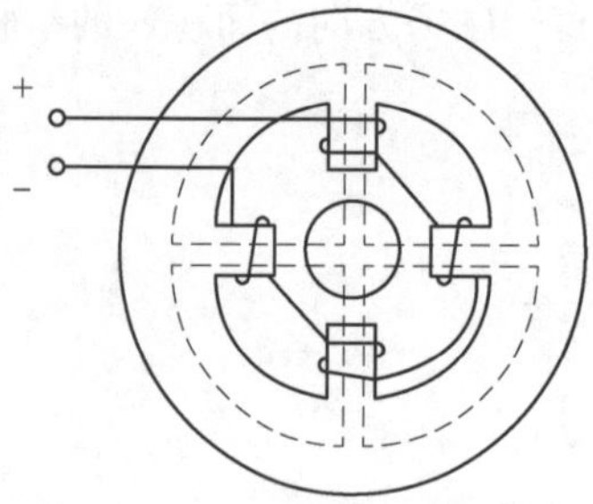

图 2-1-6 直流电机中的磁路

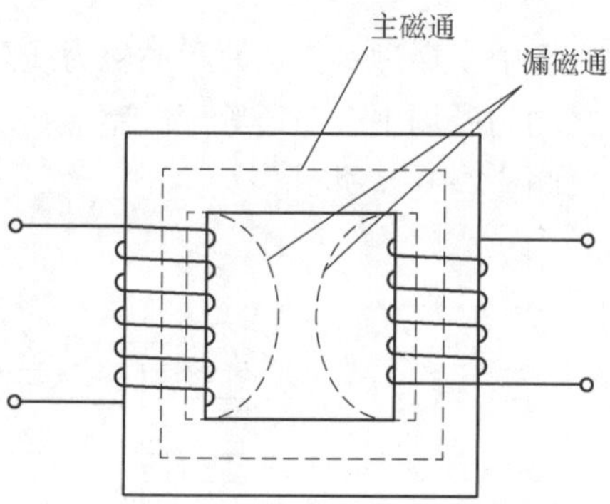

图 2-1-7 变压器中的主磁通和漏磁通

2.1.3 旋转磁场

旋转磁场：磁感应矢量在空间以固定频率旋转的一种磁场，是电能和转动机械能之间相互转换的基本条件。

1. 旋转磁场的产生

图 2-1-8 为感应电机的基本原理图，在蹄形磁铁的两极间放置一个闭合导体，当转动蹄形磁铁时，磁铁所形成的磁场开始旋转，此时旋转磁场与闭合导体之间产生相对运动，闭合导体切割磁力线而在其内部产生感应电动势和感应电流。感应电流又使导体受到一个电磁力的作用，于是导体就沿磁铁的旋转方向转动起来，这就是交流异步电机的基本原理。欲使交流异步电机旋转，必须有旋转的磁场和闭合的转子绕组。

下面讨论交流感应电机中产生磁场的原理。图 2-1-9 为三相对称绕组星形接法，三相定子绕组 U_1U_2、V_1V_2、W_1W_2 在空间按相互差 120°的规律对称排列，并采用星形连接方式与三相电源相连。如果在三相定子绕组中通入三相交流电，在其中就会产生旋转磁场。图 2-1-10 为三相对称电流波形。

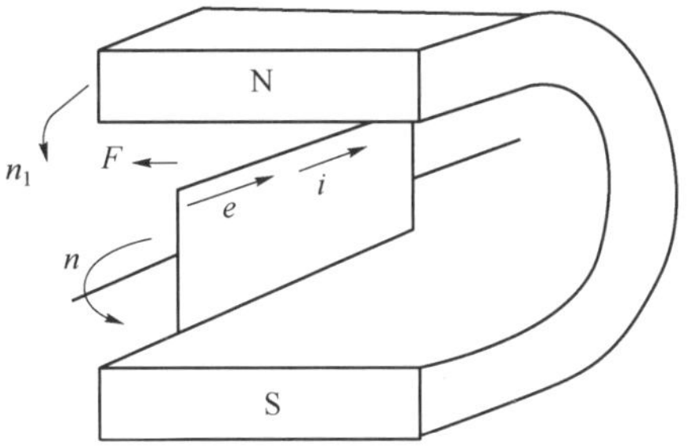

图 2-1-8 感应电机的基本原理图

旋转磁场的产生原理

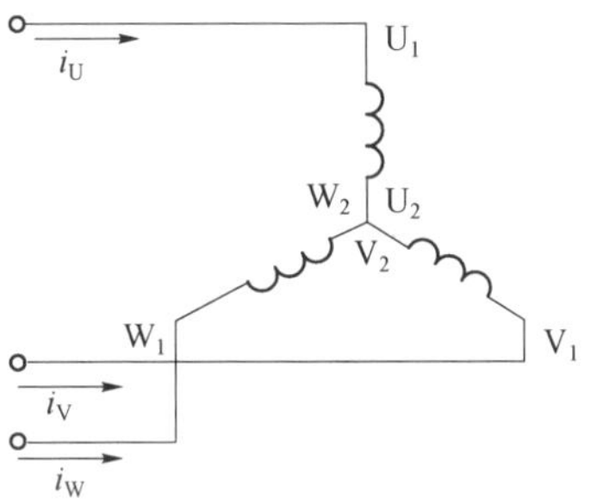

图 2-1-9 三相对称绕组星形接法

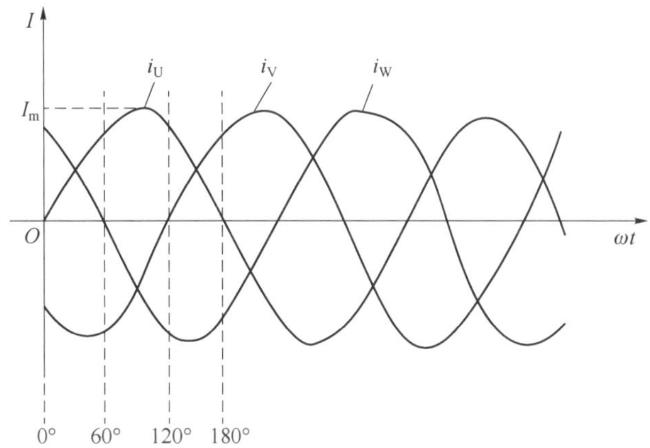

图 2-1-10 三相对称电流波形

图 2-1-11 为三相交流感应电机定子磁场的产生原理。如图 2-1-11（a）所示，当电流相位 $\omega t=0$ 时，U_1U_2绕组中无电流；V_1V_2绕组中的电流从 V_2流入、V_1流出，为负；W_1W_2绕组中的电流从 W_1流入、W_2流出，为正。由右手螺旋定则可得，此时合成磁场的方向向下。

如图 2-1-11（b）所示，当电流相位 $\omega t=\frac{\pi}{3}$时，U_1U_2绕组中的电流从 U_1流入、U_2流出，为正；V_1V_2绕组中的电流从 V_2流入、V_1流出，为负；W_1W_2绕组中无电流。由右手螺旋定则可得，此时合成磁场的方向顺时针旋转了 60°。

如图 2-1-11（c）所示，当电流相位 $\omega t=\frac{2\pi}{3}$时，U_1U_2绕组中的电流从 U_1流入、U_2流出，为正；V_1V_2绕组中无电流；W_1W_2绕组中的电流从 W_2流入、W_1流出，为负。由右手螺旋定则可得，此时合成磁场的方向顺时针旋转了 120°。

2. 旋转磁场的转向

只要将接入三相交流电源的三相绕组中的任意两相对调，就能改变旋转磁场的转向，从而改变电机的旋转方向，如图 2-1-12 所示。

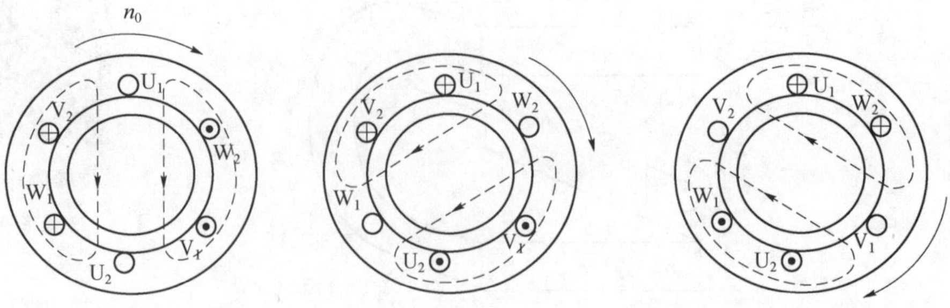

（a）$\omega t=0$　（b）$\omega t=\frac{\pi}{3}$　（c）$\omega t=\frac{2\pi}{3}$

图 2-1-11　三相交流感应电机定子磁场的产生原理

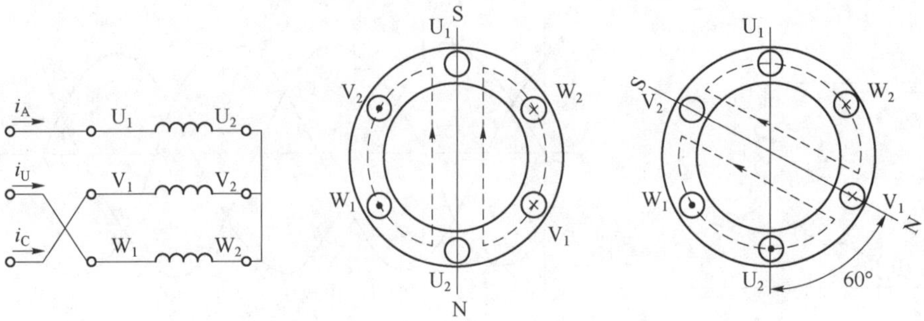

（a）　（b）　（c）

图 2-1-12　改变相序可改变旋转磁场的方向

知识小结

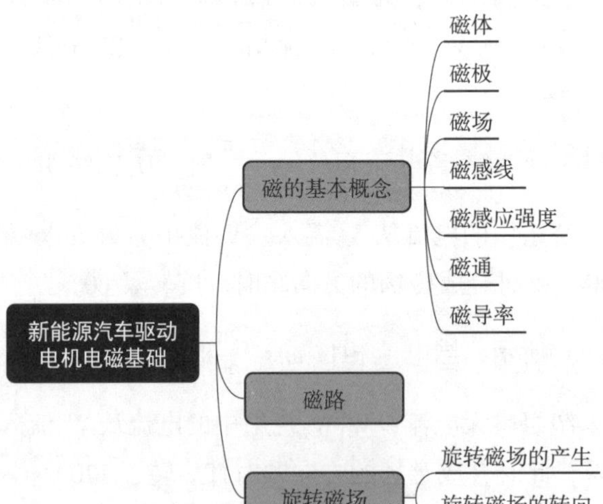

课后练习

一、单项选择题

1. 磁体上磁性最强的两端称为（　　）。

A. 磁极　　B. 磁通　　C. 磁路　　D. 磁阻

2. 人们通过铁屑在磁场的作用下形成的图案，即用一组闭合的曲线来描述这种磁场。这种形象地描绘磁场的曲线，称为（　　）。

A. 磁导率　　B. 磁阻　　C. 磁感线　　D. 磁通

3. 磁极之间的相互作用力是通过磁极周围的（　　）传递的。

A. 磁路　　B. 磁场　　C. 磁通　　D. 磁极

4. 磁通所通过的路径称为（　　）。

A. 磁路　　B. 磁通　　C. 磁场　　D. 磁感

二、判断题

1. 在均匀磁场中，磁通等于磁感应强度 B 与垂直于磁场方向的面积 S 的乘积。（　　）

2. 磁场不是磁体周围存在的一种特殊的物质。（　　）

3. 将物质磁导率与真空磁导率的比值定义为相对磁导率，用符号 μ_r 表示。（　　）

4. 在磁场中，穿过一任意面积的磁力线总量称为该截面的磁通量，简称磁通，符号为 Φ。（　　）

5. 物体有吸引铁、钴、镍一类物质的性质称为磁性。（　　）

6. 只要在电机定子的三相绕组中通入电流，就会产生旋转磁场。（　　）

学习笔记

任务 2.2 直流驱动电机的结构与检修〔赛证〕

任务目标

※知识目标

- 了解驱动电机的作用；
- 掌握常用的各种驱动电机的优劣势。

※技能目标

- 能说出直流驱动电机的结构及各部分作用；
- 能对直流驱动电机故障进行分析和检修。

※素质目标

- 培养善于观察、深入分析问题的能力；
- 树立规范操作、注重细节的工作习惯。

任务导入

案例 2.1 一辆新能源汽车在机场跑道上接客人，驾驶员起动汽车后踩加速踏板无法运行车辆，多次重复后仍然无法行驶车辆，最后直至电机冒烟，车辆被拖走。该车的驱动电机是直流驱动电机，请你针对该电机的结构和原理特点，运用合理的方法对这个故障进行诊断，分析故障发生的原因并排除。

知识准备

直流驱动电机的结构和工作原理

2.2.1 直流驱动电机的结构

直流驱动电机主要由机座、转子（电枢）、励磁绕组、换向器、电刷、端盖、风扇、接线盒等组成。图 2-2-1 为直流驱动电机的结构，其中静止部分叫作定子，转动部分叫作转子或电枢。

1. 定子

定子是由机座、主磁极、励磁绕组、端盖和电刷等组成。定子的作用是在其励磁绕组通电后产生励磁。

1）机座

机座用来固定主磁极、电刷架和端盖等部件，起支撑、保护作用，与主磁极铁芯、磁轭、电枢铁芯一起构成电机的磁路，磁通通过整个磁路的情形如图 2-2-2 中的点画线所示。机座一般用铸铁、铸钢或钢板制成。

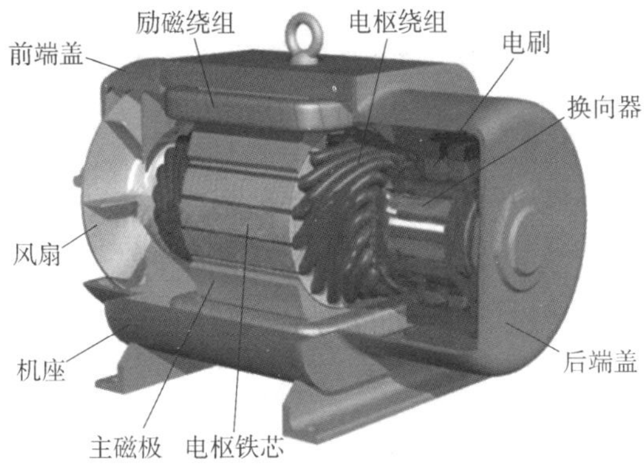

图 2-2-1 直流驱动电机的结构

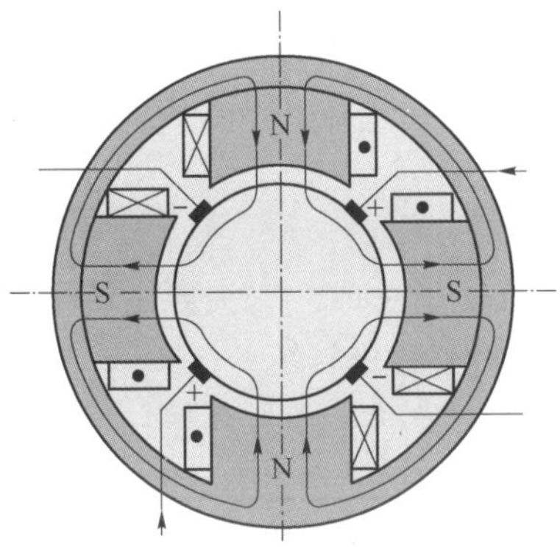

图 2-2-2 磁通通过整个磁路的情形

2）主磁极和换向磁极

主磁极的作用是产生气隙磁场。图 2-2-3 为直流驱动电机的定子绕组。定子的主磁极由铁芯和励磁绕组两部分组成。铁芯一般用 0.5~1.5 mm 厚的硅钢板冲片叠压铆紧而成，分为极身和极掌两部分，上面套励磁绕组的部分称为极身，下面扩宽的部分称为极掌。极掌宽于极身，既可以用于调整气隙磁场的分布，又便于固定励磁绕组。励磁绕组用绝缘铜线绕制而成，套在主铁芯上。整个主磁极用螺钉固定在机座上。在一些功率比较大的直流驱动电机中，为了减少换向器在换向时产生的电弧，改善换向情况，保护换向器，在两个主磁极间会设置一个换向磁极。

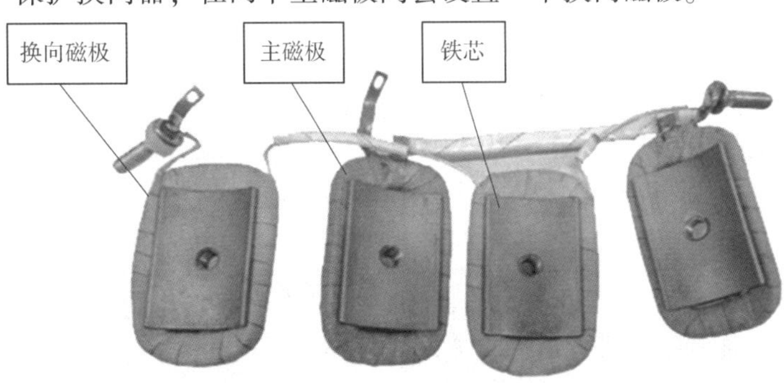

图 2-2-3 直流驱动电机的定子绕组

3）电刷装置

图 2-2-4 为直流驱动电机的电刷装置。直流驱动电机的电刷装置用来引入或引出转子的直流电压和直流电流，它由电刷架、电刷、压紧弹簧和铜丝辫等组成。电刷有正负两种，正电刷与电机壳体是绝缘的，而负电刷一般直接连接到电机壳体上。

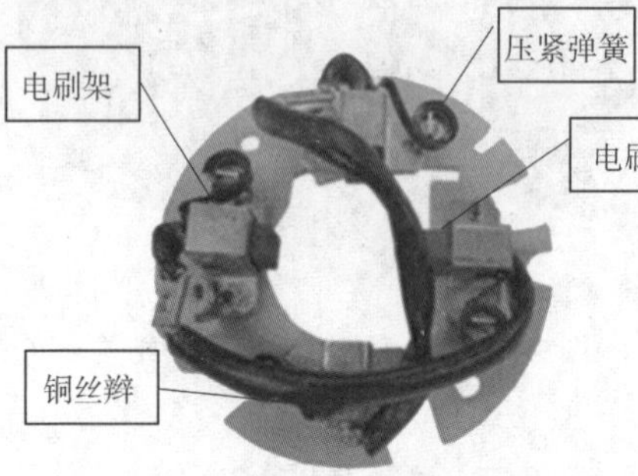

图 2-2-4　直流驱动电机的电刷装置

2. 转子（电枢）

图 2-2-5 为直流驱动电机转子总成，它主要由转子铁芯和转子绕组、换向器和转子轴等组成。电机通过转子对外输出转矩。

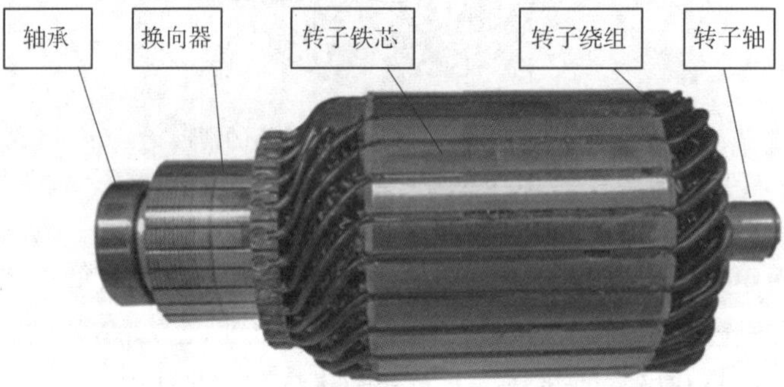

图 2-2-5　直流驱动电机转子总成

1）转子铁芯

转子铁芯的作用有两个：一个是作为主磁路的主要部分，另一个是嵌放转子绕组。

2）转子绕组

直流驱动电机的转子绕组由许多按一定规律排列和连接的线圈组成。转子绕组是直流驱动电机的主要电路部分，是通过磁场和电流感应产生电磁力，实现机电能量转换的关键性部件。由图 2-2-6 可见，转子绕组由多个绕组构成，绕组间通过电刷连接，当转子转动时，电流可在绕组上实现换向。

3）换向器

图 2-2-7 为直流驱动电机的换向器，它也是直流驱动电机的重要部件。在直流驱动电机中，它将电刷上所通过的直流电流转换为绕组内的交变电流。换向器安装在转子轴上，与转轴过盈配合，主要由许多换向片组成，片与片之间用云母绝缘，换向

片数与元件数相等。

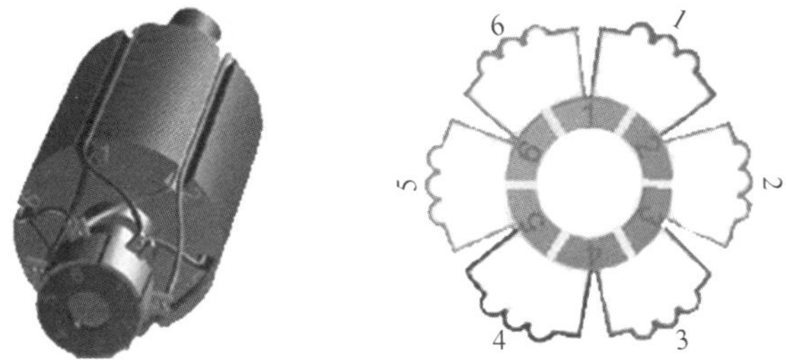

（a）转子绕组在转子上的装配方式　（b）转子绕组与电刷的连接

图 2-2-6　直流驱动电机的转子绕组

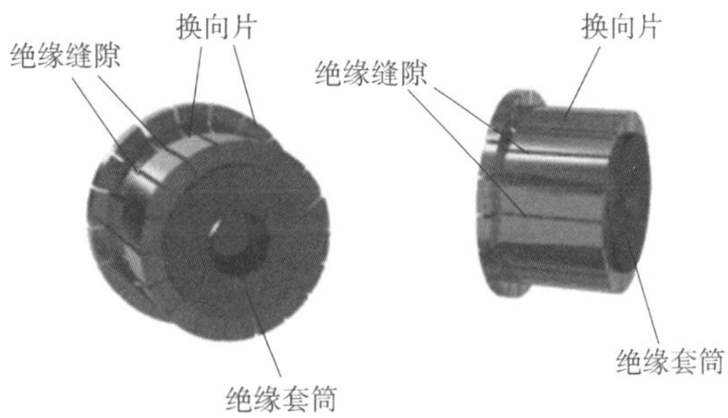

图 2-2-7　直流驱动电机的换向器

2.2.2　直流驱动电机的分类

直流驱动电机按励磁方式的不同，可分为并励式直流驱动电机、串励式直流驱动电机、他励式直流驱动电机和复励式直流驱动电机等。新能源汽车上常用的直流电机有并励式直流驱动电机和串励式直流驱动电机。除了采用电磁励磁外，直流电机还可以采用永久磁铁作为励磁，如汽车上的门窗、雨刷和座椅等的电机，都采用永久磁铁直流电机。

1. 并励式直流驱动电机

图 2-2-8 为并励式直流电机，这种电机的励磁绕组同电枢并联，其励磁绕组称为并励绕组。由于并励绕组承受着电枢两端的全部电压，其值较高。为了减小其铜损失，并励绕组必须具有较大的电阻以减小励磁电流，因此并励绕组的匝数较多用较细的导线绕成。

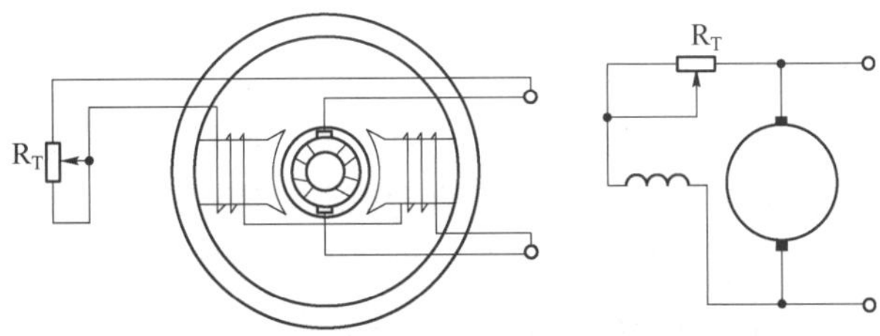

图 2-2-8　并励式直流驱动电机

2. 串励式直流驱动电机

图 2-2-9 为串励式直流驱动电机，这种电机的励磁绕组同电枢绕组串联，其励磁绕组称为串励绕组。为了减小其电压降及铜损失，串励绕组应具有较小的电阻，因此它总是用截面积较大的导线绕成而匝数较小。串励式直流驱动电机在传统汽车的起动机上有大量应用。

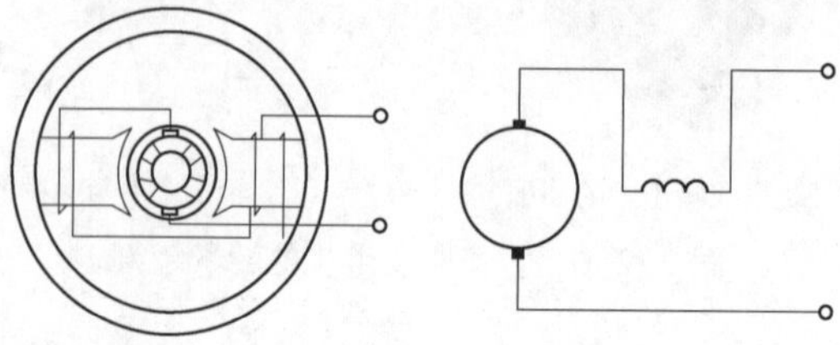

图 2-2-9 串励式直流驱动电机

3. 他励式直流驱动电机

图 2-2-10 为他励式直流驱动电机，其励磁线圈和电枢绕组分开，励磁电流单独提供，与电枢电流无关。

4. 复励式直流驱动电机

图 2-2-11 为复励式直流驱动电机，在这种电机的励磁线圈和电枢绕组电路中，既有串联的电机，又有并联的电机，这种电机有 2 个励磁绕组，一个励磁绕组与电枢绕组串联，另一个励磁绕组与电枢绕组并联。

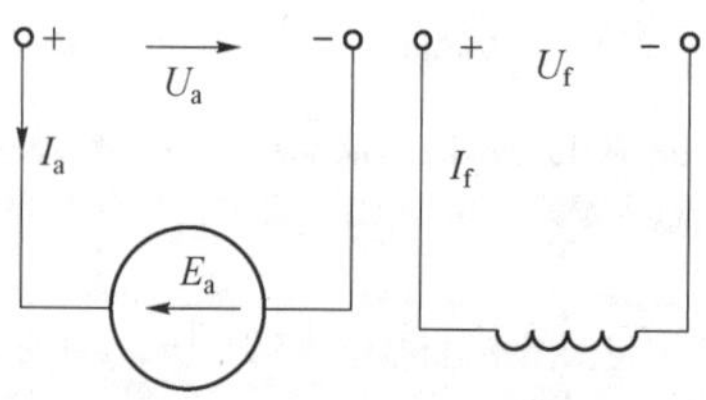

图 2-2-10 他励式直流驱动电机

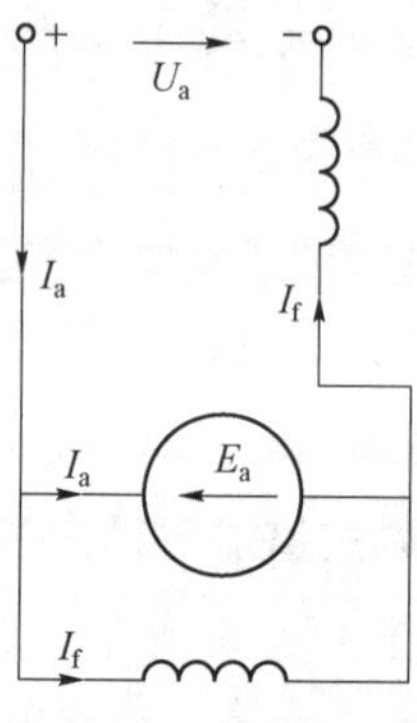

图 2-2-11 复励式直流驱动电机

2.2.3 直流驱动电机的工作原理

这里以永磁式直流驱动电机模型来说明直流驱动电机的工作原理，图 2-2-12 为永磁式直流驱动电机的工作原理图。直流驱动电机中固定有永磁体，电流通过转子上的线圈产生安培力，当转子上的线圈与磁场平行时，再继续转动，受到的磁场方向将改变，此时转子末端的电刷 A、B 跟换向片交替接触，从而使得线圈上的电流方向也改变，产生的洛伦兹力方向不变，所以电机能保持一个方向转动。电磁式直流驱动电机的工作原理和永磁式直流驱动电机是一样的，不同的是产生磁场的方式，在电磁式直流驱动电机中，由励磁绕组提供磁场。

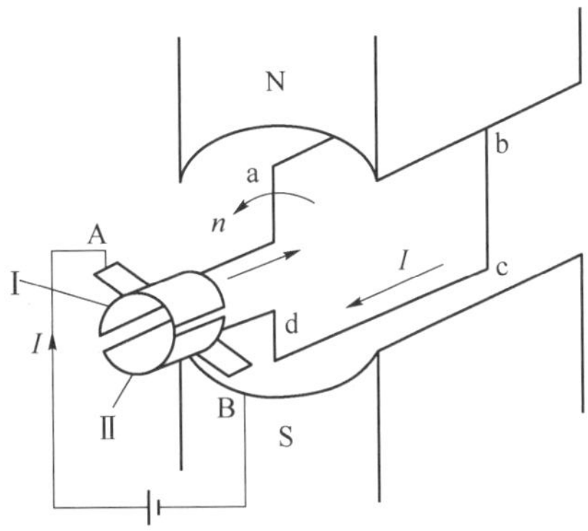

图 2-2-12　永磁式直流驱动电机的工作原理图

2.2.4　直流驱动电机的特点

（1）具有优良的调速特性，调速范围广、调速平滑、方便；

（2）过载能力大，能承受频繁冲击负载，能设计成与负载机械相适应的各种机械特性；

（3）能实现快速起动、制动和逆向运转；

（4）能适应生产过程电气自动化所需要的各种特殊运行要求。

2.2.5　驱动电机动力的输出

驱动电机在对外输出动力时，需要经过减速器和差速器才能把动力传输到驱动轮。减速器是在传动系中起降低转速、增大转矩作用的主要部件，当驱动电机（或发动机）纵置时还具有改变转矩旋转方向的作用。它是依靠齿数少的齿轮带动齿数多的齿轮来实现减速的。图 2-2-13 为新能源汽车减速器总成，电机输出的动力由输入轴进入到减速器内。

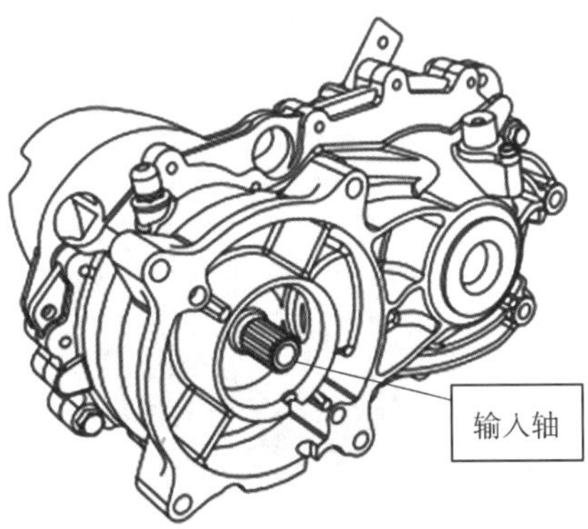

图 2-2-13　新能源汽车减速器总成

新能源汽车主减速器一般采用两级减速的直齿齿轮或直齿齿轮加圆锥齿轮来传递动力。图 2-2-14 为采用二级减速的直齿齿轮减速器，驱动电机输出的动力经两级减速后直接进入差速器。

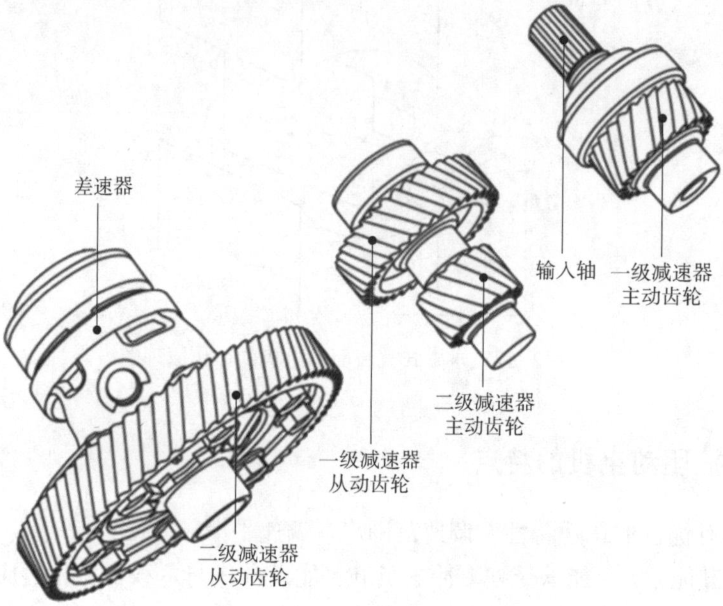

图 2-2-14　新能源汽车减速器和差速器

汽车差速器是一个差速传动机构，用来保证各驱动轮在各种运动条件下的动力传递，通过适时分配驱动桥两侧车轮的转速，避免轮胎与地面间打滑。当汽车转弯行驶时，外侧车轮比内侧车轮所走过的路程长，若汽车在不平路面上直线行驶，两侧车轮走过的曲线长短也不相等。即使路面非常平直，但由于存在轮胎制造尺寸误差、磨损程度不同、承受的载荷不同或充气压力不一样等情况，各个轮胎的滚动半径实际上也不可能相等。若两侧车轮都固定在同一刚性转轴上，两轮角速度相等，那么在车辆行驶时，车轮必然出现边滚动边滑动的现象。图 2-2-15 为新能源汽车减速器，驱动电机的动力经两级减速器传输到差速器外壳，再由差速器内的行星齿轮系统实现左右半轴的转速分配。

图 2-2-15　新能源汽车减速器

知识小结

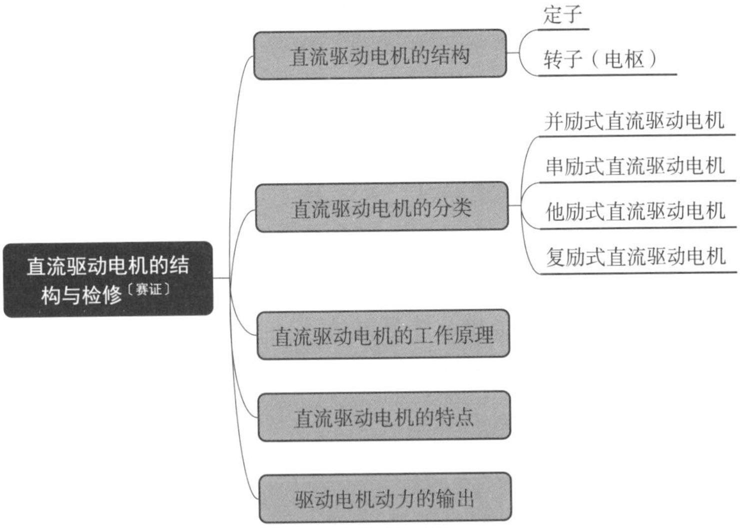

任务实施

“1+X”证书考核内容、技能大赛考点

1. 故障分析

下面，我们对案例 2.1 进行分析。

(1) 故障产生过程：驾驶员反映车辆在机场跑道上拖刹并抱死，驾驶员急踩加速踏板欲驶离跑道未果，多次操作后，发现驱动电机冒烟后，不得不将车辆拖离跑道。

(2) 分析：如图 2-2-16 所示，现场拆卸电机并进行观察、分析，发现电机线圈已烧坏。

图 2-2-16 电机过流烧坏的痕迹

2. 故障原因

在案例 2.1 中，驾驶员踩下加速踏板，驱动电机开始工作，工作电流正常，但车轮抱死、车辆不能动，所以电机的负荷增大，流过电机线圈的电流不断加大，因该车的电机控制器没有过流保护，故导致电机因电流过大而烧坏。

3. 处理方案

该车辆的驱动电机为串励式直流驱动电机，因电机已烧坏，故只能更换电机总成。又因为这个故障的根本原因是车轮抱死导致，所以对该车的制动系统进行检查，发现制动总泵的顶杆与制动活塞间没有间隙。所以，调整（缩短）制动总泵顶杆长度后，经多次试车，车辆恢复正常。

4. 故障总结

在这个故障中，车辆采用的是串励式直流驱动电机，这种电机的一个显著特点是低速扭矩大，电流也大。驾驶员急于离开跑道，所以导致了驱动电机的烧毁。之所以出现这种情况，主要是因为驾驶员操作不当。

5. 串励式直流驱动电机的维护及注意事项

串励式直流驱动电机因为有碳刷，而碳刷在工作中不可避免地会存在磨损情况，所以需要经常对其进行维护，可参考以下方案进行维护。

串励式直流驱动电机的拆装

（1）平时应根据使用环境，定期清除电机外部的污垢，以利于电机散热。

（2）每半年检查电机碳刷的磨损情况，并酌情更换碳刷。

（3）更换碳刷后，应限速行驶，待碳刷与换向器磨损适应后（车辆高速行驶时碳刷处无“吱吱”声），车辆才可正常行驶。

课后练习

一、填空题

1. 电动汽车中经常采用的驱动电机有__________、__________、__________和__________。

2. 直流驱动电机主磁极的作用是产生__________。

3. 直流驱动电机的转子主要由__________和__________、换向器、转子轴和风扇等组成。

二、判断题

1. 在直流驱动电机中，换向器将电刷上所通过的直流电转换为绕组内的交变电。（　　）

2. 为了减小电压降及铜损失，串励绕组应具有较大的电阻。（　　）

3. 电刷装置用来引入或引出直流电压和直流电流，它由电刷架、电刷、压紧弹簧和铜丝辫等组成。（　　）

4. 直流驱动电机的特点是具有优良的调速特性，调速范围广、调速平滑、方便。（　　）

5. 直流驱动电机的典型设计包括定子的永久磁铁，而工作电压则通过电刷提供给转子线圈。（　　）

任务工单 直流驱动电机的结构与检修

1. 拆解并观察直流驱动电机实物，在方框内填写各部分名称。

（1）直流外壳和定子总成认知。

（2）直流驱动电机后端盖和转子总成认知。

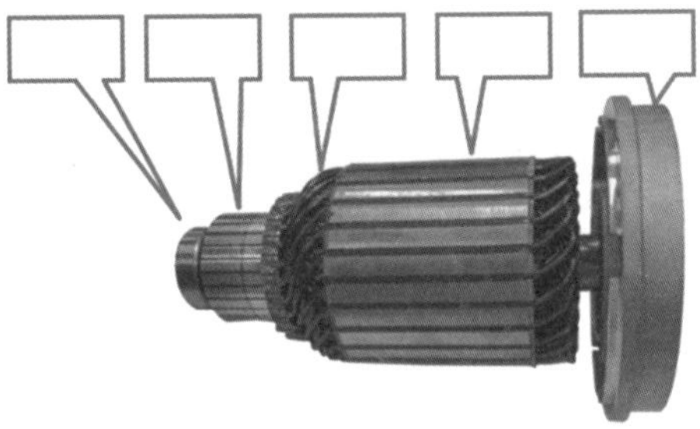

（3）碳刷架总成认知。

（4）定子绕组总成认知。

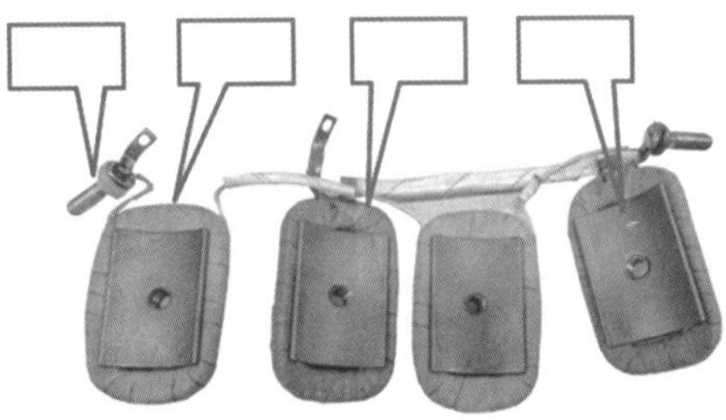

2. 请总结直流驱动电机的工作原理。

____

____

任务 2.3　无刷直流驱动电机的结构与检修〔赛证〕

任务目标

※知识目标

- 了解无刷直流驱动电机的结构组成；
- 掌握无刷直流驱动电机的工作原理。

※技能目标

- 能说出无刷直流驱动电机的结构及各部分作用；
- 能对无刷直流驱动电机故障进行分析和检修。

※素质目标

- 强化分析能力、养成分析习惯；
- 培养扎实认真的工作态度。

任务导入

案例 2.2　一辆纯采用后置后驱的电动货车在行驶过程中，驾驶员听到从车辆后部偶尔传来“咔啦啦”的异响，但因急于拉货，并不在意。一段时间后，驾驶员发现异响出现得越来越频繁，声音也越来越大，且在上坡和加速时特别明显。停车后，车辆高压上电正常，但挂档后只听到后桥位置有“呼呼”响声，车辆无法起步。

请你针对故障现象，结合所学知识分析故障并对故障原因进行排查。

知识准备

无刷直流驱动电机是一种不使用机械机构换向电刷而直接使用电子换向器的新型电机，这种电机在使用中有许多优点，如：能获得更好的扭矩转速特性、高速动态响应、高效率、长寿命、低噪声、高转速、无换向火花、运行可靠和易于维护等。无刷直流驱动电机被广泛用于日常生活用具、汽车工业、航空、消费电子、医学电子和工业自动化等装置和仪表中。

2.3.1　无刷直流驱动电机的基本结构

无刷直流驱动电机有外转子式和内转子式两种，如图 2-3-1 所示。它们主要由多极绕组定子、转子等组成。无论采用外转子式还是内转子式，这种电机转子的关键部件都是永磁体。无刷直流驱动电机采用电力电子逆变器完成直流到交流的转换，即由电子换向取代有刷直流驱动电机的机械换向。由于没有电刷和换向片，电枢电流的换流时刻由专门的位置传感器来检测，控制电路根据转子位置来决定电力电子开关的导通与关断。由此也可见，无刷直流驱动电机的运行必须配备相应的控制器。

无刷直流驱动电机的结构和工作原理

1. 转子

如前所述，无刷直流驱动电机的转子有内转子、外转子两种。内转子式无刷直流驱动电机转子的结构与永磁同步电机类似，是由永磁材料制成的一定极对数的永磁体，但不带鼠笼绕组或其他起动装置，主要有两种结构形式，如图 2-3-2 所示，转子铁芯外表面粘贴瓦片形磁钢，称为凸极式 [见图 2-3-2（a）]；磁钢插入转子铁芯的沟槽中，称为内嵌式或隐极式 [见图 2-3-2（b）]。

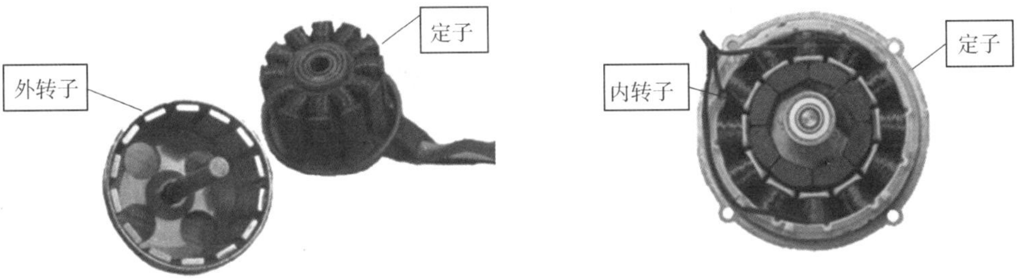

（a）外转子式无刷直流驱动电机　　（b）内转子式无刷直流驱动电机

图 2-3-1　无刷直流驱动电机

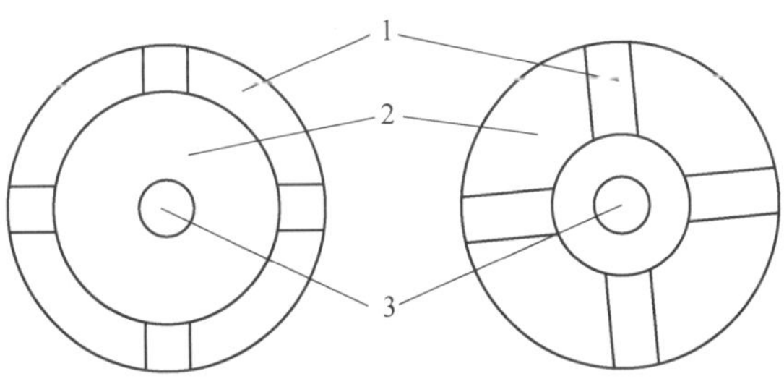

（a）凸极式　　（b）内嵌式或隐极式

1—磁钢；2—转子铁芯；3—转子轴。

图 2-3-2　无刷直流驱动电机的转子结构

外转子式无刷直流驱动电机的转子也是电机的外壳，图 2-3-3 为外转子式无刷直流驱动电机外转子的结构，由图可见，在外转子壳体的内壁上，一定对数的永磁体均匀地分布在圆周上。

2. 定子

定子是电机的电枢。定子铁芯中安放着对称的多相绕组，可接成星形或封闭形（角形），各相绕组分别与电子开关线路中的相应晶体管相连接。图 2-3-4 为定子绕

图 2-3-3　无刷直流驱动电机的外转子

组与电子开关线路连接形式。电子开关线路有桥式和非桥式两种。以三相星形 6 状态的绕组为为例，如图 2-3-4（c）所示，绕组采用星形连接，采用 6 个晶体管控制，所以绕组的通电状态有 6 种。

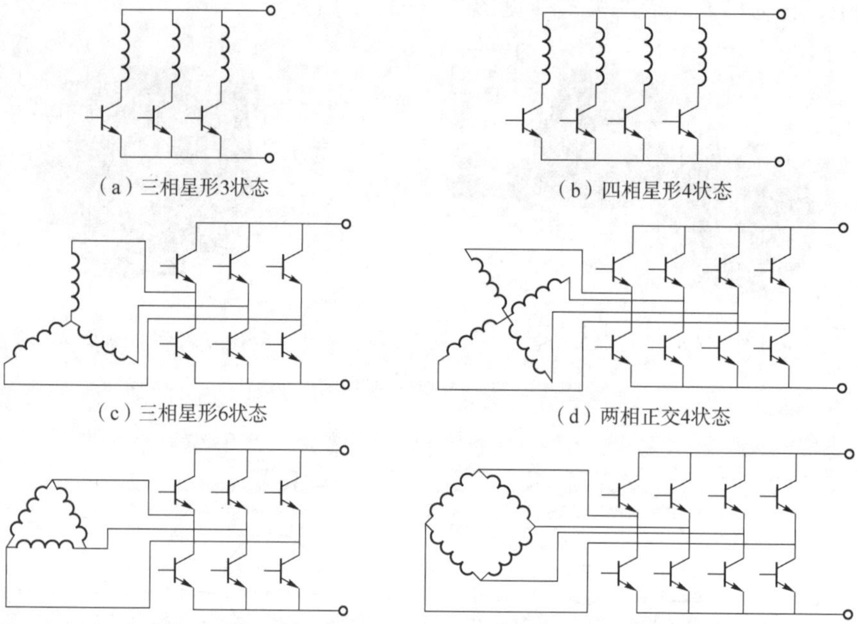

（a）三相星形3状态　（b）四相星形4状态　（c）三相星形6状态　（d）两相正交4状态　（e）三相封闭6状态　（f）四相封闭4状态

图 2-3-4　定子绕组与电子开关线路连接形式

图 2-3-5 为外转子式无刷直流驱动电机的定子，由图可见，电机位置传感器被安装在定子绕组外侧。

3. 电机位置传感器

无刷直流驱动电机电枢电流的换流时刻由专门的位置传感器来检测，电机控制器根据转子位置来决定电力电子开关的导通与关断。目前在无刷直流驱动电机上的电机位置传感器的类型主要有磁电式、光电式和霍尔式等。

1）磁电式电机位置传感器

（1）磁电式电机位置传感器的结构。

磁电式电机位置传感器的结构简单，主要由线圈、永久磁铁、信号轮等组成。

图 2-3-5　外转子式无刷直流驱动电机的定子

图 2-3-6 为磁电式电机位置传感器基本结构图。磁电式电机位置传感器正常工作时无须外接电源，是利用磁电感应产生的电压信号来测量物体转速的一种传感器。在汽车领域，它主要用于测量物体的转速。磁电式电机位置传感器有明显的缺点，主要是低速信号不良、容易受环境影响。但该传感器制造成本低，工作可靠，安装方便，在传统汽车和新能源汽车中都有一定范围的使用。

（2）磁电式电机位置传感器的工作原理。

图 2-3-7 为磁电式电机位置传感器基本原理图。电机转子转动过程中，转盘上的磁极周期性地划过检测线圈，从而在检测线圈附近产生周期性的磁场变化，导致通过线圈的磁通量发生周期性的交替变化，使得线圈两端产生周期性的感应电压。由此可见，这种传感器输出的信号是交流电信号。控制单元根据线圈感应出的电流值和电压脉冲次数计算出电机转子的磁极位置和转速信号，作为电机的控制参考信号。

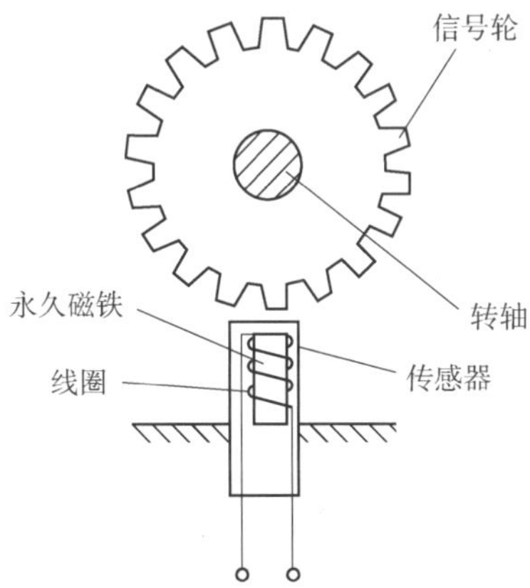

图 2-3-6　磁电式电机位置传感器基本结构图

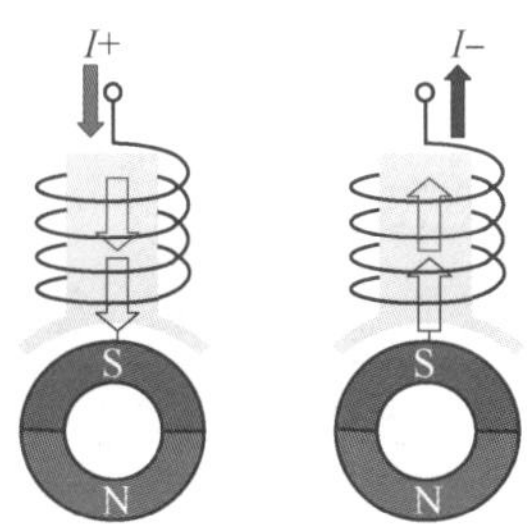

图 2-3-7　磁电式电机位置传感器基本原理图

2）光电式电机位置传感器

光电式电机位置传感器是将光信号转换为电信号的一种器件，其工作原理基于光电效应。光电效应是指光照射在某些物质上时，物质的电子吸收光子的能量而发生了相应的电效应现象。

光电式电机位置传感器是通过将光强度的变化转换成电信号的变化来实现的，当遮光盘在电机的带动下旋转时，发送器（红外发光二极管）发出的光间隙性地被遮挡，导致接收器（光电晶体管）上接收到的光出现明暗变化，从而使得流经接收器的电流出现大小变化。图 2-3-8 为光电式电机位置传感器结构图，它由三部分组成，即发送器、接收器和检测电路。发送器发出的光束被物体阻断或部分反射，接收器最终做出判断。发送器发射光束一般来源于半导体的光源——发光二极管和激光二极管，光束不间断地发射。接收器由光电二极管或光电三极管组成。在接收器前面装有光学元件——透镜或光圈，检测电路在其后面，滤出有效信号和应用信号，实现控制。

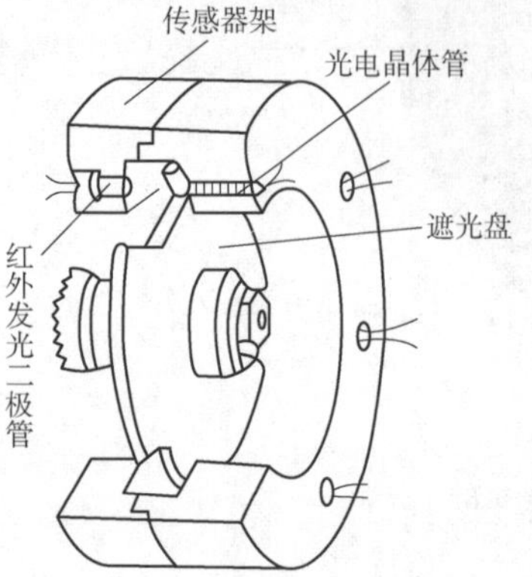

图 2-3-8　光电式电机位置传感器结构图

3）霍尔式电机位置传感器

霍尔式电机位置传感器以霍尔效应为工作基础，因其信号稳定，技术成熟，目前在汽车上的应用非常广泛，其结构原理可参考本书项目 3 中的相关内容。

2.3.2　无刷直流驱动电机的工作原理

1. 无刷直流驱动电机的换向原理

图 2-3-9 为无刷直流驱动电机的换向原理示意图。如图 2-3-9（a）所示，当两个绕组通入正向电流时，根据右手螺旋定则会产生方向指向右的外加磁感应强度（如图中粗箭头方向所示），而中间的转子会尽量使自己内部的磁力线方向与外磁力线方向保持一致，以形成一个最短闭合磁力线回路，这样内转子就会按顺时针方向旋转了。在惯性的作用下，在正向电源断开后，转子还会转过一定的角度。这时，如图 2-3-9（b)所示，如果两个绕组通入反向电流，改变电流方向，转子就会继续沿顺时针方向向前转动。如此，不断地给两个绕组通入方向不同的电流，这个过程实际上就是将直流电变为交流电的过程，这样电机转子就可以持续地旋转了。

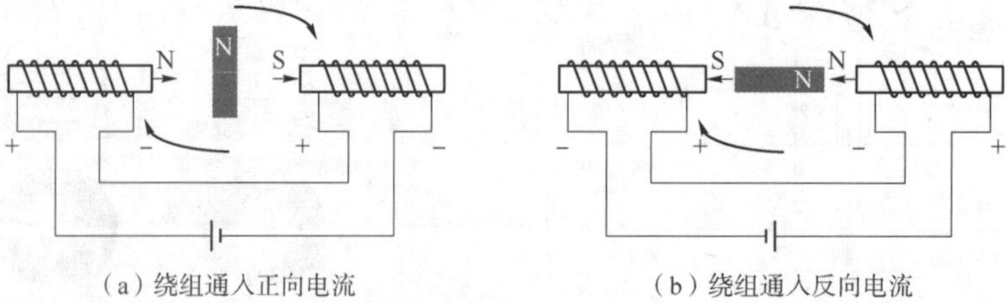

（a）绕组通入正向电流　　（b）绕组通入反向电流

图 2-3-9　无刷直流驱动电机的换向原理示意图

2. 无刷直流驱动电机的工作原理

无刷直流驱动电机要转动，电机控制器要先根据转子位置传感器的输出信号确定电机转子位置，然后通过电子换相线路去驱动电机，使电枢绕组依次通电，从而在定子上产生旋转的磁场，驱动永磁转子转动。图 2-3-10 为无刷直流驱动电机控制电路，可以通过控制电路控制 VT1～VT6 这 6 个开关管的开关顺序，来调整电机线圈的通电顺序，以实现电机的换相，使电机运转起来。

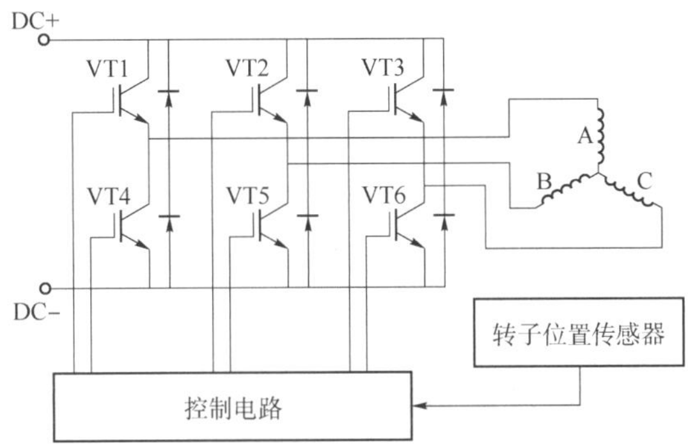

图 2-3-10　无刷直流驱动电机控制电路

在无刷直流驱动电机中，整个电机引出 3 根线 A、B、C。当它们之间两两通电时，有 6 种情况，分别是 AB、AC、BC、BA、CA 和 CB。图 2-3-11 为这 6 种情况下每个通电线圈产生的磁感应强度的方向（短箭头表示）和 2 个线圈的合成磁感应强度的方向（长箭头表示）。由图 2-3-11 可见，电机定子的旋转磁场，实际上是 2 个线圈同时通电后，它们产生的合成磁场在旋转。

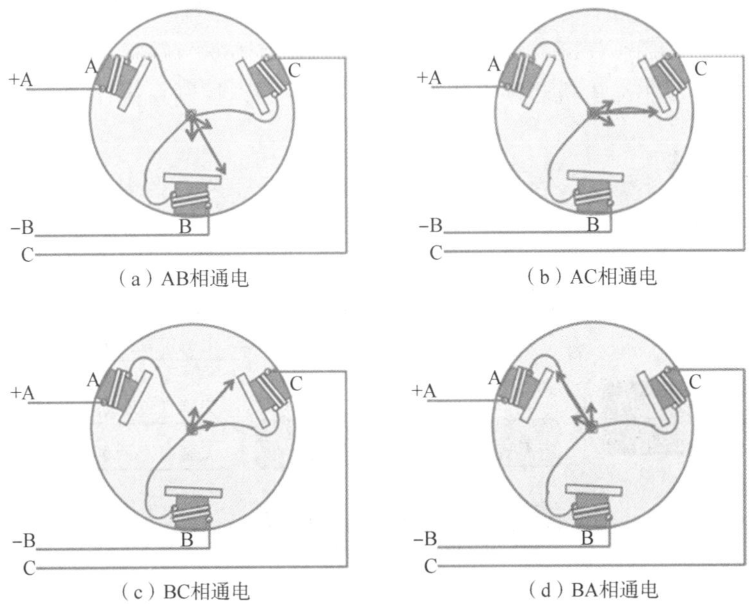

图 2-3-11　合成旋转磁场

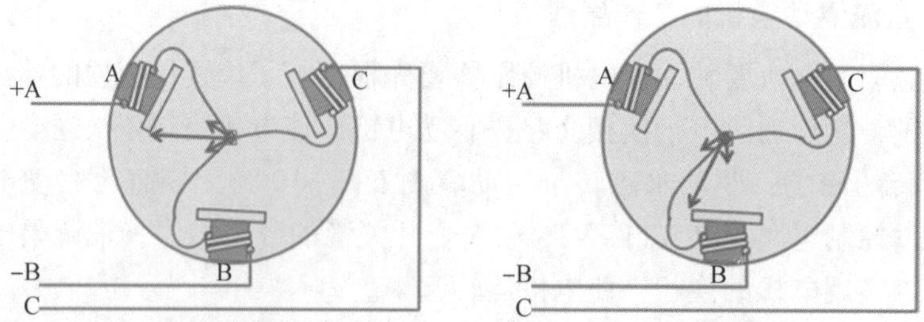

（e）CA相通电　　（f）CB相通电

图 2-3-11　合成旋转磁场（续图）

无刷直流驱动电机依靠改变输入到无刷电机定子线圈上的电流频率和波形，在绕组线圈周围形成一个绕电机几何轴心转动的磁场，这个磁场驱动转子上的永磁磁体转动，电机转子就转起来了。电机的性能和磁体数量、磁体磁通强度、电机输入电压大小等因素有关，更与电机控制器的控制性能有很大关系。

2.3.3　无刷直流驱动电机的特点

无刷直流驱动电机的特点主要有以下 5 点：

（1）无刷直流驱动电机转子采用永磁体，因此转子不需要励磁，但也使得转子的磁场不能控制。

（2）电机的功率因数高、功率密度大、效率高、低速转矩大，在低速时可以达到理论转矩输出，起动转矩可以达到额定转矩的 2 倍。

（3）无换向器和电刷，结构简单牢固，尺寸和质量小，基本能实现免维护。

（4）高速性能良好，转速不受电压与负载变化的影响，转速范围大，转速控制精度高。

（5）无刷直流驱动电机必须采用控制器进行控制，控制系统比较复杂。

知识小结

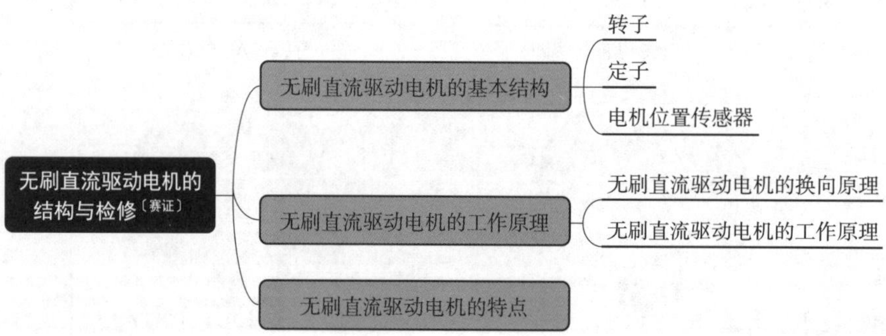

任务实施

"1+X"证书考核内容、技能大赛考点

在案例2.2中，车辆在起步和行驶中后部都发出"咔啦啦"的响声，且后面发展到车辆无法起步行驶。因该车为电动货车，采用的是后置后驱，怀疑是驱动电机的机械部分出现故障，所以将电机驱动总成（电机总成和主减速器总成）拆下进行检查。经检查发现，电机的输出轴和差速器的输入轴花键都已出现严重磨损，图2-3-12为传动花键已严重磨损的电机输出轴。

图2-3-12　电机传动花键磨损

传动花键磨损后，导致驱动电机动力无法输出，产生异响且随着使用时间的延长，花键磨损越来越严重，故障现象越来越明显。在更换驱动电机总成后，故障排除。

注意： 电机传动花键磨损，在电动货车中属于常见故障。

课后练习

一、判断题

1. 无刷直流驱动电机有内转子式和外转子式两种。（　　）
2. 无刷直流驱动电机是一种直流电机，所以通入直流电源就可以工作。（　　）
3. 无刷直流驱动电机定子在工作时产生旋转磁场，所以它的结构和永磁同步电机是一样的。（　　）
4. 无刷直流驱动电机的转子有永磁体。（　　）
5. 无刷直流驱动电机要旋转起来，电机控制器、电机位置传感器都是必不可少的。（　　）
6. 无刷直流驱动电机是一种使用电子换向器的新型电机。（　　）
7. 无刷直流驱动电机采用电子逆变器完成直流到交流的转换。（　　）

二、单项选择题

1. 关于无刷直流驱动电机的转子，以下说法正确的是（　　）。

A. 鼠笼式转子　B. 绕线式转子　C. 永磁体式转子　D. 凸极式转子

2. 电机位置传感器类型不包括（　　）。

A. 旋转变压器　　B. 光电编码器

C. 霍尔式电机位置传感器　　D. 功率变换器

3. 以下关于无刷直流驱动电机的特点，错误的是（　　）。

A. 无换向器和电刷　　B. 转子采用永磁体

C. 不需要励磁　　D. 定子采用永磁体

学习笔记

任务工单

1. 拆解并观察无刷直流驱动电机实物，在方框内填写各部分名称。

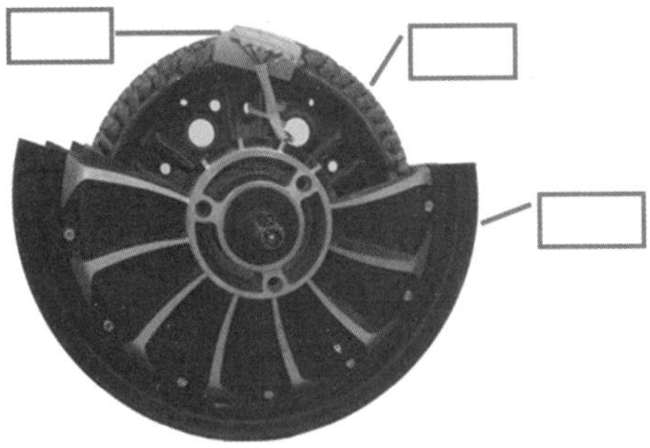

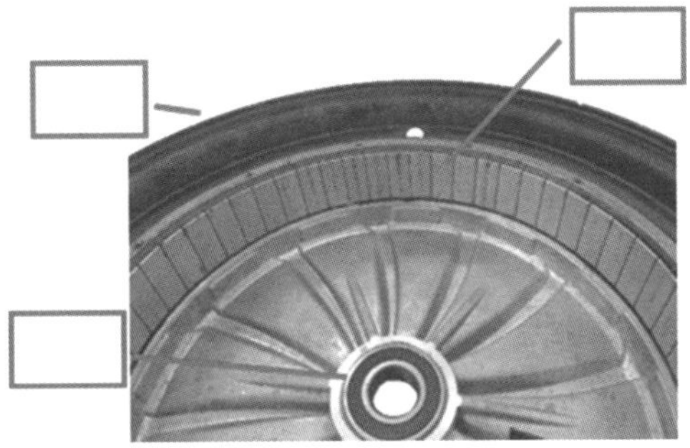

2. 请总结无刷直流驱动电机的工作原理。

任务 2.4 永磁同步电机的结构与检修（赛证）

任务目标

※知识目标

- 了解永磁同步电机的结构；
- 掌握永磁同步电机的工作原理。

※技能目标

- 能说出永磁同步电机的结构及各部分作用；
- 能对永磁同步电机的绝缘性能及绕组电阻进行测量。

※素质目标

- 培养独立思考、自我学习的能力；
- 树立规范操作、注意安全的意识。

任务导入

案例 2.3 一辆新能源汽车在行驶过程中突然发生抛锚，图 2-4-1 为故障发生后仪表灯点亮情况，由图可见，仪表上的绝缘故障指示灯点亮、整车控制系统故障指示灯和动力电池高压切断指示灯点亮。驾驶员关闭点火开关后重新上电，依旧存在同样的故障。技术人员经检查后，发现该车使用的是永磁同步电机，且故障由驱动电机部分引起。请你根据该故障现象，对电机进行检查。

图 2-4-1　故障发生后仪表灯点亮情况

知识准备

2.4.1 永磁同步电机的结构

转子永磁体与定子产生的旋转磁场同步旋转的同步电机称为永磁同步电机，

图 2-4-2 为永磁同步电机整体结构图。永磁同步电机主要由定子、转子、端盖和外壳等各部件组成。一般来说，永磁同步电机在结构上最大的特点是它的定子结构和交流感应电机的结构非常相似，但其转子结构独特，这种电机在转子上安装有高质量的永磁体磁极。

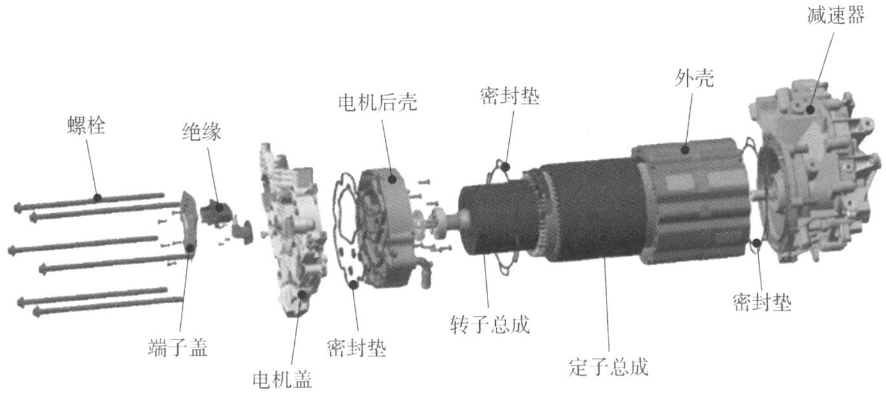

图 2-4-2 永磁同步电机整体结构图

1. 定子

图 2-4-3 为永磁同步电机定子。为了能够产生旋转磁场，需要 3 个相对其中心轴互相错开 120°的绕组，通常这 3 个绕组被安装在电机的定子铁芯上。永磁同步电机定子绕组的主要电气参数、绕组形式与三相异步电机的定子绕组一样，通入交流电源即产生旋转磁场。所以，永磁同步电机的定子主要由铁芯和绕组组成。

1）定子铁芯

定子铁芯是电机磁路的一部分，并在其上方放置定子绕组。图 2-4-4 为永磁同步电机定子铁芯。定子铁芯一般由 0. 35~0. 5 mm 厚、表面具有绝缘层的硅钢片冲制、叠压而成，在铁芯的内圆冲有均匀分布的槽，用以嵌放定子绕组。定子铁芯槽型有半闭口型槽、半开口型槽和开口型槽 3 种。

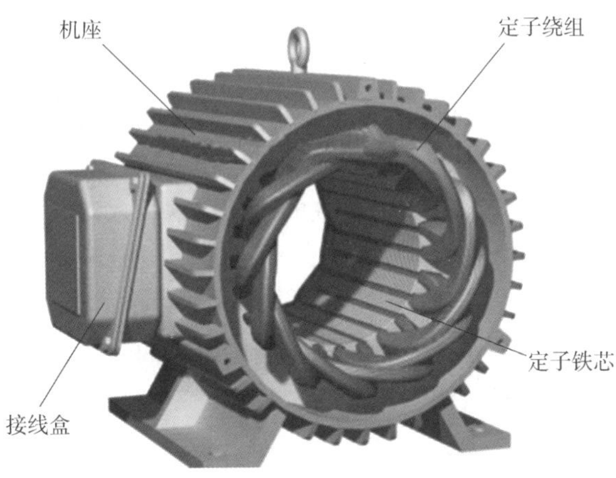

图 2-4-3 永磁同步电机定子

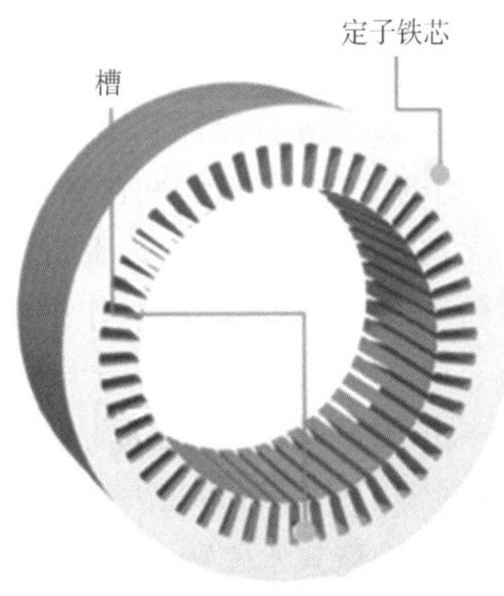

图 2-4-4 永磁同步电机定子铁芯

2）定子绕组

定子绕组内嵌在定子铁芯槽内，它是永磁同步电机的电路部分，接入三相交流电会产生旋转磁场。定子绕组由 3 个在空间互隔 120°、对称排列的结构完全相同的绕组连接而成，三相绕组有星形（Y 形）和三角形（△形）这两种接线方式。图 2-4-5 为采用星形连接的定子绕组，星形连接的特点是三相绕组的线圈在电机内部铰接在一个铰接点上。

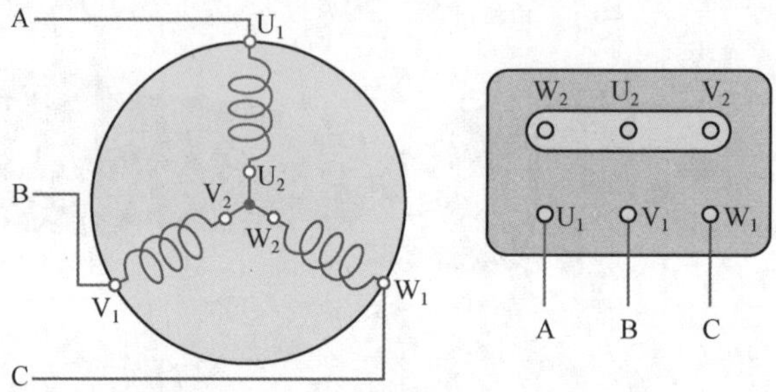

图 2-4-5　采用星形连接的定子绕组

图 2-4-6 为采用三角形连接的定子绕组，三角形连接的特点是三相绕组在电机内部两两铰接在一起，共有 3 个铰接点。

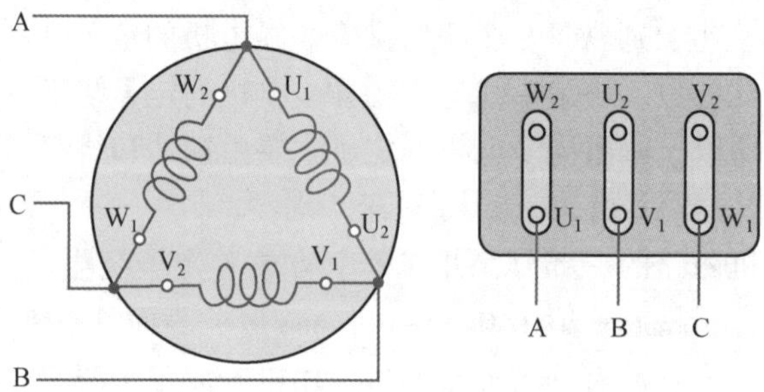

图 2-4-6　采用三角形连接的定子绕组

2. 转子

永磁同步电机转子采用永磁体或电磁体，通过永久磁铁（小型电机）或电磁体（大型电机）在同步电机的转子中产生磁场。图 2-4-7 为永磁同步电机转子示意图，和无刷直流电机类似，永磁同步电机转子上安装有一定对数的永久磁铁。永磁同步电机转子采用径向永久磁铁作磁极，在旋转磁场的作用下，转子跟随旋转磁场同步旋转，旋转磁场的速度取决于电源频率。

由于在转子上安放永久磁铁的位置有很多选择，所以永磁同步电机的转子也会有多种形式，通常分为三大类：内嵌式、表面式及镶嵌式。

1）内嵌式永磁转子

内嵌式永磁转子因其制造工艺简单，成本低，应用较为广泛。它是在转子内部嵌入永久磁铁，因而又被称为内埋式永磁转子或内嵌式永磁转子。内嵌式永久磁铁在转子上的安装比较自由，图 2-4-8 为内嵌式永久磁铁在转子上安装的几种常见形式。内嵌式永磁同步电机有较高的磁显性，可产生额外的磁阻转矩分量，保持高速运行时的机械稳定性。

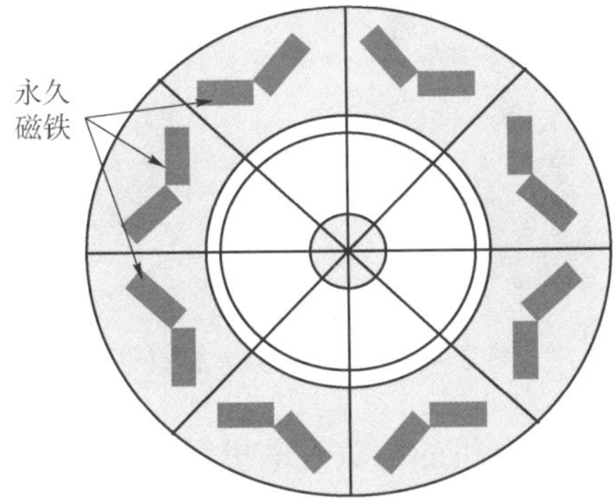

图 2-4-7 永磁同步电机转子示意图

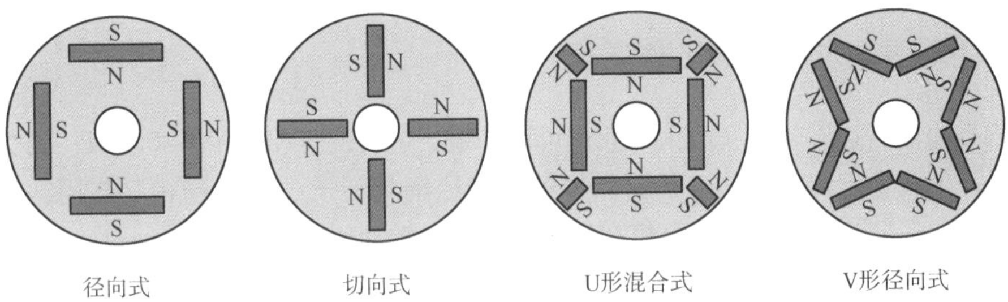

图 2-4-8 内嵌式永久磁铁的几种安装形式

2）表面式永磁转子

图 2-4-9 为采用表面式安装方法的永磁转子，永磁体磁极安装在转子铁芯圆周表面上，称为表面式永磁转子或表面凸出式永磁转子。

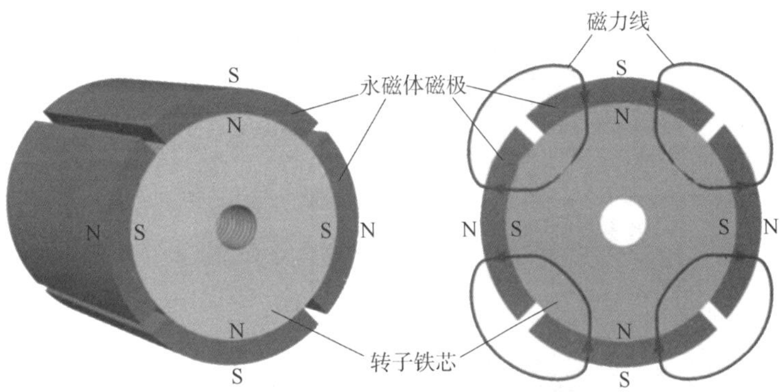

图 2-4-9 表面式永磁转子

3）镶嵌式永磁转子

图 2-4-10 为采用镶嵌式安装方法的永磁转子，永磁体磁极嵌装在转子铁芯表面，称为镶嵌式永磁转子或表面嵌入式永磁转子。

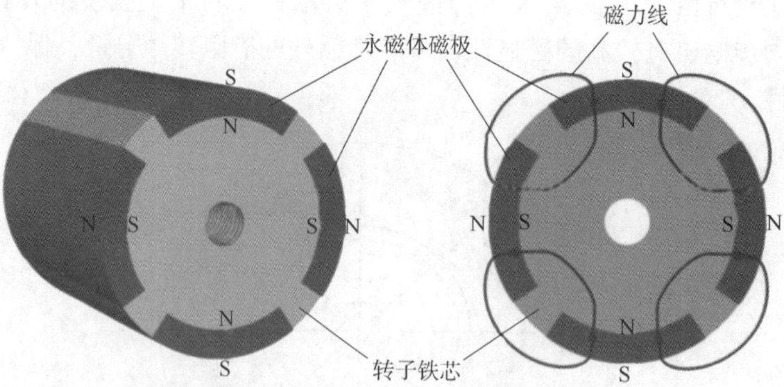

图 2-4-10 镶嵌式永磁转子

需要强调的是，永磁同步电机的气隙是电机定子和转子之间的空隙，它用于防止定子和转子在电机工作时相互干涉。气隙的大小决定磁通量的大小，气隙越大，漏磁越多，电机的效率会越低。电机的设计不同，气隙的大小也不相同。

2.4.2 永磁同步电机的工作原理

根据前面所述旋转磁场产生的原理可以知道，电机的三相定子绕组通入三相交流电后，会产生一个旋转磁场。定子所产生的旋转磁场与转子中的磁场相互作用，产生转矩，带动转子同步转动。这种电机在工作时转子的转动速度与旋转磁场同步，这也是这种电机叫作永磁同步电机的原因。图 2-4-11 为永磁同步电机的工作原理示意图。

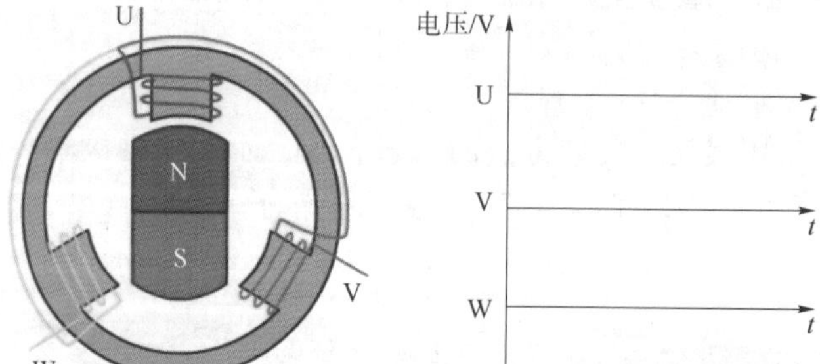

（a）定子未通电时转子位置

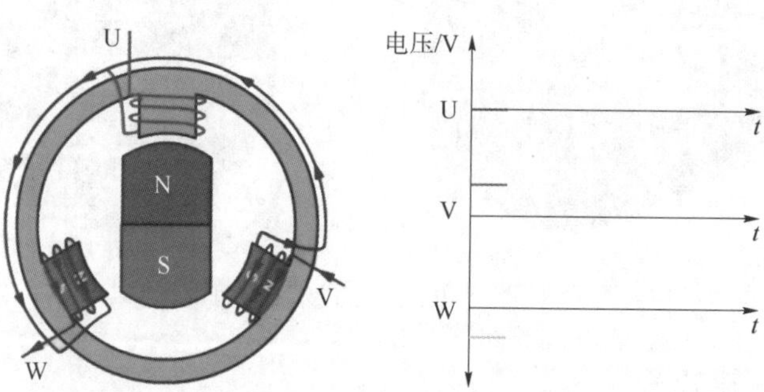

（b）电源由V相进W相出时的转子位置

图 2-4-11 永磁同步电机的工作原理示意图

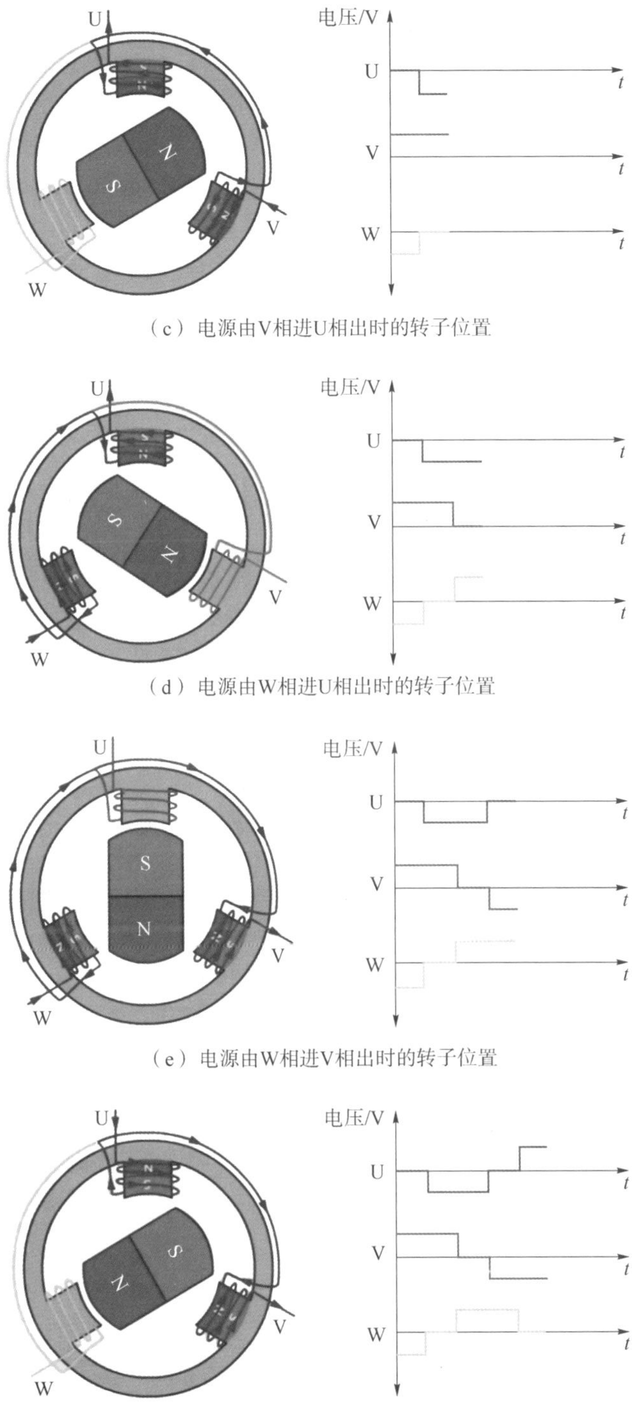

（c）电源由V相进U相出时的转子位置

（d）电源由W相进U相出时的转子位置

（e）电源由W相进V相出时的转子位置

（f）电源由U相进V相出时的转子位置

图 2-4-11　永磁同步电机的工作原理示意图（续图）

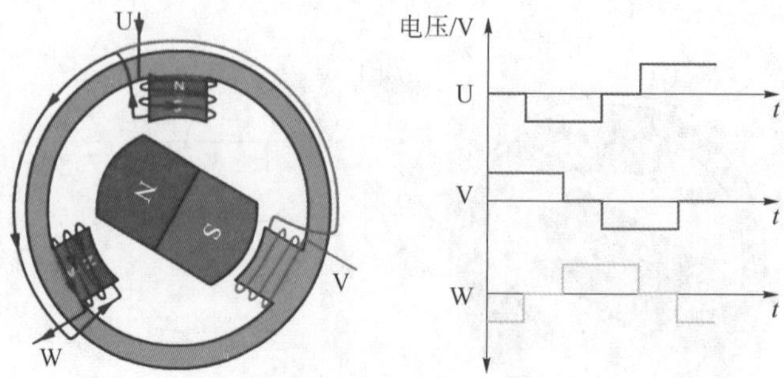

（g）电源由U相进W相出时的转子位置

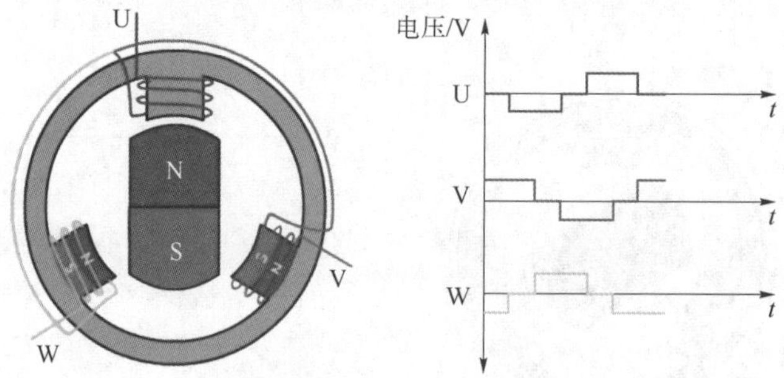

（h）三相电源完成一个周期时的转子位置

图 2-4-11　永磁同步电机的工作原理示意图（续图）

永磁同步电机的各种工况原理如下。

（1）正转：当转子位置确定后，通过电机控制器给三相绕组提供一定相序的交流电，电机实现正转。

（2）反转：当转子位置确定后，通过电机控制器改变三相绕组的相序进行供电，就可以实现电机反转。实际上，电机控制器只需要改变三相绕组中的任意两相相序，定子产生的旋转磁场就会反转，电机也就反转了。

（3）改变转速：电机控制器通过改变供电的频率来调整电机转速。

（4）停止工作：当电机控制器切断三相电流后，电机内部没有接入三相交流电，定子中无旋转磁场产生，电机处于静止状态。

（5）发电：当车辆减速时，永磁同步电机就相当于一个三相交流发电机。转子转动提供旋转磁场，定子内的三相绕组切割磁力线发电，发出的电量通过电机控制器内的整流器整流，输送给动力电池。

2.4.3　永磁同步电机的特点

永磁同步电机的特点主要有以下 4 点：

（1）电机本身的功率效率高及功率因数高；

（2）电机发热小，因此电机冷却系统结构简单，电机的体积小，能量密度比较大，噪声小；

（3）采用全封闭结构，无传动齿轮磨损，无传动齿轮噪声，免润滑油，免维护；

（4）允许的过载电流大，可靠性显著提高。

知识小结

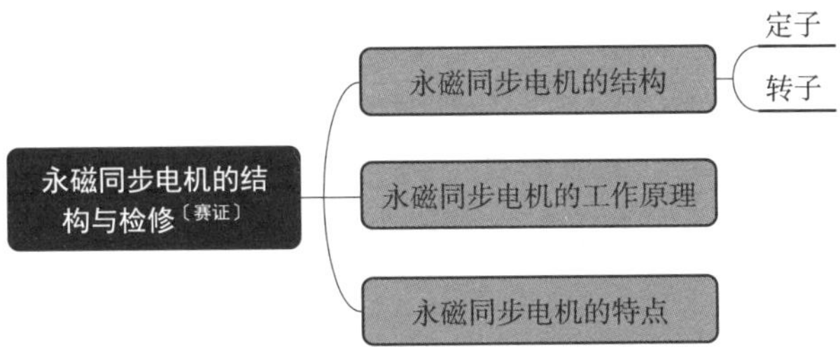

任务实施

永磁同步电机的检测

1. 实施准备

安全防护：做好车辆安全防护与隔离（车内外三件套、车轮挡块、警示隔离带等）。

工具设备：数字万用表、毫欧表、绝缘防护用品、绝缘工具套装、常规工具套装等。

台架车辆：永磁同步电机拆装实训台、驱动系统实训台或新能源汽车整车等。

辅助材料：维修手册、教材。

2. 永磁同步电机的检测

"1+X"证书考核内容、技能大赛考点

1）永磁同步电机三相电缆特征

图 2-4-12 为电机三相电缆。永磁同步电机三相电缆的端口通常标识有字母 U、V 和 W，有些电机的每个三相电缆端口会采用其他字母标识（如 A、B、C）。

要对电机电缆端口进行测试，需要卸下一些部件［图 2-4-12 中的 A、B、C 处（电机控制器的连接处）和电机的电缆连接处］。因永磁同步电机的转子是永磁体，其故障率较低，所以永磁同步电机的检测内容主要是针对电机定子的检测。

图 2-4-12　电机三相电缆

2）电机三相定子绕组的检测

电机三相定子绕组的检测一般包括定子绕组的电阻值检测和绝缘性能检测。电机定子绕组的绝缘性能可能会随时间的推移而减弱，使得各相内部或两相之间出现短路、各相与壳体之间出现短路。这种情况可能会导致新能源汽车的控制系统报相应的故障码（如电机电流超限、绝缘电阻值减小等）。为了诊断新能源汽车的故障而将驱动桥移除或拆下通常属于浪费，所以，我们应该掌握在不拆下驱动桥或变速器的前提下诊断出故障原因的方法。一般可以采取的方法是对电机的定子绕组进行绕组电阻值、绝缘电阻值等测量，通过对比测量值与标准值作出判断。

（1）测量定子绕组的电阻值。

新能源汽车驱动电机定子绕组的电阻值很小。不同的车型，定子绕组电阻值也有区别，可能小至0.01 Ω，也可能大至0.2 Ω。电阻的性能规格往往是一个十分小的范围，达标和未达标电机绕组的电阻值差异可能会低至0.001 Ω。

一般的数字万用表只能精确到0.1 Ω（100 mΩ），因此不能达到测量电机绕组电阻值所要求的精确度。为了精确地测量出小于1 Ω的电阻值，需要使用毫欧表对定子绕组电阻进行测量，它能测量小于1 mΩ的电阻。图2-4-13为毫欧表。

电机故障机理分析和检测

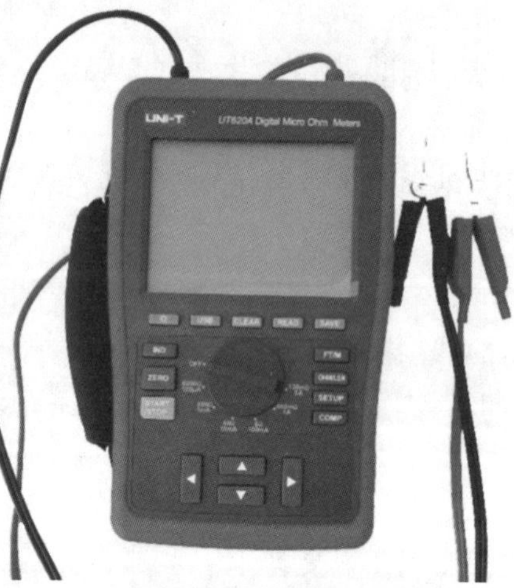

图2-4-13　毫欧表

（2）检测定子绕组的绝缘故障。

在案例2.3中，仪表上的绝缘故障指示灯点亮，说明动力电池管理系统（BMS）已检测到绝缘故障，所以应对该车的高压电气系统绝缘性能进行检查。下面只针对驱动电机系统绝缘性能的检查进行介绍。

对于驱动电机系统，在发生电机定子绕组对电机壳体出现短路、电机高压线绝缘层破损及电机控制器漏电等情况时，会被车辆的绝缘监测系统（集成在动力电池管理系统内）监测到，绝缘监测系统会储存故障码并在第一时间点亮仪表上的绝缘故障指示灯发出警告。同时，VCU在接收到该故障信息后，会对故障分级，如果绝缘故障等级为2级及以下，则只点亮绝缘故障指示灯，车辆降功率运行；如果绝缘故障达到3级，会发指令通知BMS采取高压下电措施，所以，仪表上的动力电池高压切断指示灯会点亮。针对电机的绝缘故障或高压电气系统的绝缘故障，可以用兆欧表直接测量法和高压部件隔离法进行检查。

①兆欧表直接测量法。

电机定子的绝缘电阻值可以用兆欧表进行测量。兆欧表的接线柱共有3个："L"端、"E"端、"G"端。其中，"L"端即线端，"E"端即为地端，"G"端即为屏蔽端（也叫保护环）。一般被测绝缘电阻都接在"L"端和"E"端之间。图2-4-14为车辆整车绝缘故障排查示意图，按图中连接方法测得的是驱动电机某一相的绝缘电阻值。不同车型动力电池的电压值不同，所以绝缘电阻值要求会有不同，一般要求大于1 MΩ。

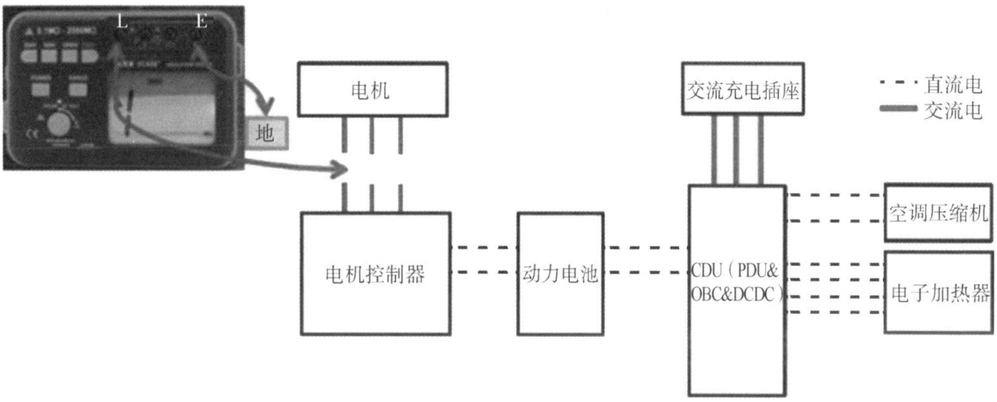

图2-4-14　车辆整车绝缘故障排查示意图

②高压部件隔离法。

针对整车的绝缘故障，还可以采用高压部件隔离法进行故障位置的初步确定。

在高压下电的情况下，断开电机的三相高压线并做好防护。重新上高压电后，如果绝缘故障消失，说明电机内部存在对壳体漏电的情况；如果绝缘故障依然存在，说明绝缘故障是其他高压部件引起的。采用这个方法可以逐一检查车辆的高压部件是否存在绝缘故障。

兆欧表的使用

需要注意的是，高压部件隔离法虽是一种比较有效的检查方法，但也有其局限性。一方面，这个方法比较适合检查内部漏电的高压部件；另一方面，如果所检查的高压部件带有高压互锁装置，则应在该部件的低压插头处短接高压互锁线的进、出端子，确保高压互锁回路闭合，为整车控制器提供高压系统完整的信号。

3. 电机的工作噪声

永磁同步电机的工作噪声主要分为电磁噪声和机械噪声。电磁噪声高频且尖锐，是电机工作时产生的声音，是正常现象。机械噪声可能来自减速器、悬挂、电机本体（轴承），属于不正常的噪声。要想确定电机内部是否出现了轴承、转子与定子的摩擦，只能通过更换电机总成来验证解决。

课后练习

一、填空题

1. 永磁同步电机主要是由__________、__________端盖及__________等各部件组成的。

2. 永磁同步电机旋转磁场的速度取决于______________。

3. 当车辆减速时，永磁同步电机就相当于一个__________________。

4. 永磁同步电机的三相定子绕组在通入三相交流电后，将产生一个__________。

二、判断题

1. 当转子位置确定后，通过给三相绕组提供一定相序的交流电，电机实现正转。 (　　)

2. 当转子位置确定后，通过改变三相绕组任两相的相序进行供电，即可实现电机反转。 (　　)

3. 电机控制器通过改变供电的频率来调整电机转速。 (　　)

4. 永磁同步电机转子上没有永久磁铁。 (　　)

5. 永久磁铁转子因为定子线圈的吸引和排斥而发生旋转。 (　　)

学习笔记

任务工单

1. 观察永磁同步电机实物，在括号内填写各部分名称。

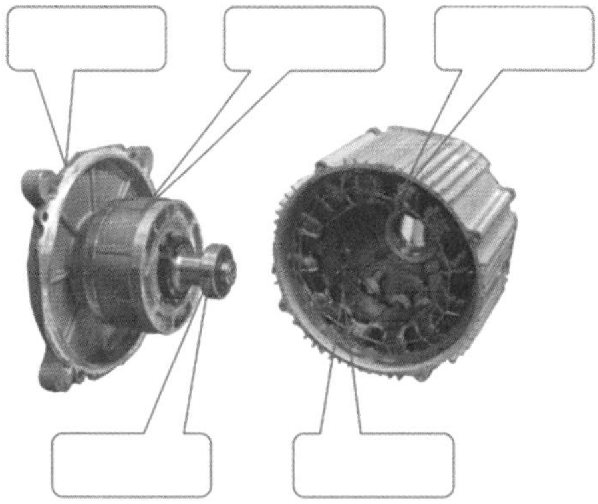

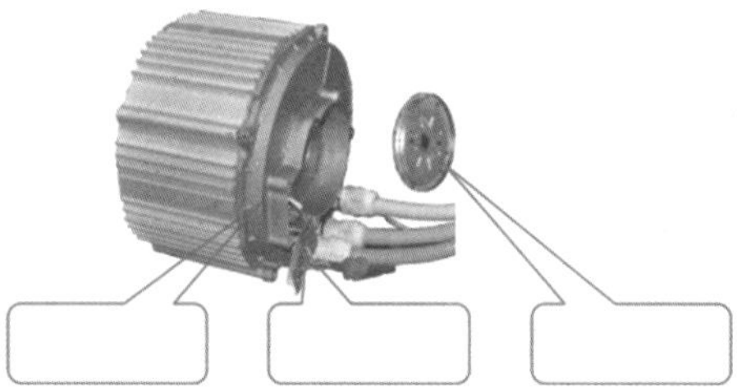

2. 总结永磁同步电机的工作原理。

____

____

____

____

3. 用万用表和兆欧表分别对永磁同步电机绕组的电阻值、绝缘电阻值进行测量，查询标准值，并做好记录。

绕组	绕组电阻测量值/MΩ	绕组绝缘电阻标准值/MΩ	绕组绝缘电阻测量值/MΩ	绕组绝缘电阻标准值（查阅维修手册）	备注
U 相					
V 相					
W 相					

任务 2.5　三相异步电机的结构与检修〔赛证〕

任务目标

※知识目标
- 了解三相异步电机的结构；
- 掌握三相异步电机的工作原理。

※技能目标
- 能说出三相异步电机的结构及各部分作用；
- 能对三相异步电机进行故障分析与排除。

※素质目标
- 培养善于观察、严肃认真的科学精神；
- 树立规范操作和责任担当意识。

任务导入

案例 2.4　一辆采用后驱的新能源汽车在行驶过程中，仪表上的电机过热故障指示灯和动力电池故障指示灯点亮，同时仪表上显示有故障码“005”，如图 2-5-1 所示。经询问驾驶员得知，车辆在行驶过程中的最高车速只有 40 km/h，出现降功率现象，同时驾驶员还听到车辆后部传来很大的“嗡嗡”异响。经检查发现，该车采用笼形三相异步电机驱动。请你根据故障现象，对故障进行诊断与排除。

图 2-5-1　电机过热故障指示灯点亮和故障码

知识准备

2.5.1　三相异步电机的结构

三相异步电机的种类虽然很多，但各类交流异步电机的基本结构是相同的，它们都由定子和转子这两大基本部分组成，在定子和转子之间都具有一定的气隙，此外还有端盖、轴承、风扇、风扇罩、接线盒、吊环和皮带轮等其他附件。三相异步电机的结构如图 2-5-2 所示。

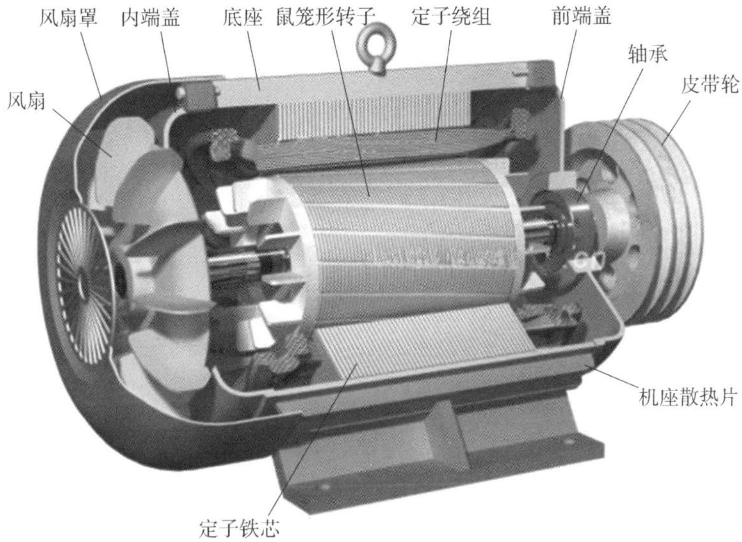

图 2-5-2　三相异步电机的结构

三相异步电机的拆装

1. 定子

和永磁同步电机一样，三相异步电机的定子在接入三相交流电后，会在定子上产生旋转磁场。三相异步电机的定子由定子铁芯、定子绕组等部分组成。

1）定子铁芯

图 2-5-3 为三相异步电机的定子铁芯，定子铁芯是电机磁路的一部分，由 0.35～0.5 mm 厚的表面涂有绝缘漆的硅钢片叠压而成。

2）定子绕组

定子绕组是三相异步电机的电路部分，镶嵌在定子铁芯槽内。三相异步电机有三相绕组，通入三相对称交流电时会产生旋转磁场。定子绕组有星形（Y 形）和三角形（△形）两种接法，分别如图 2-5-4、图 2-5-5 所示。

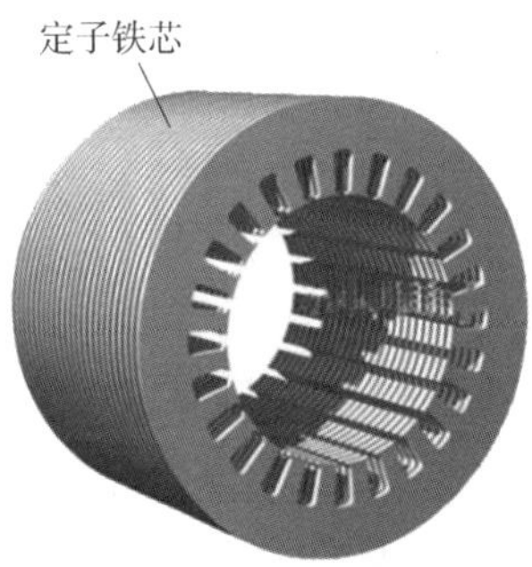

图 2-5-3　定子铁芯

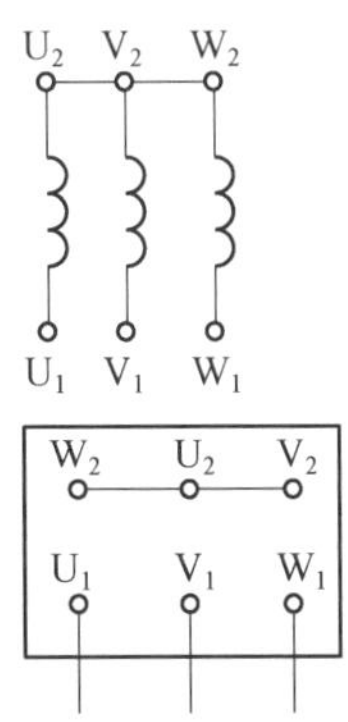

图 2-5-4　星形接法

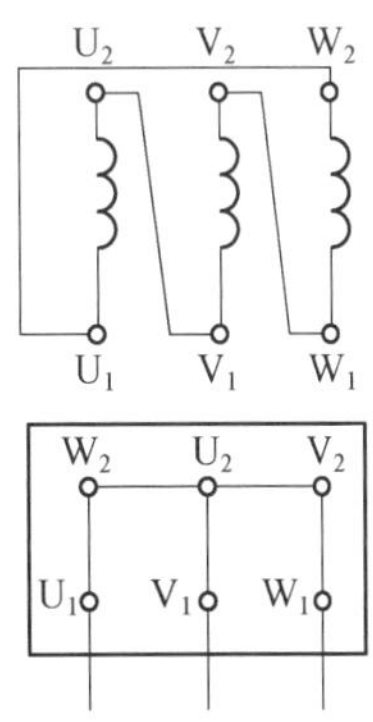

图 2-5-5　三角形接法

2. 转子

三相异步电机的转子分为绕线形与鼠笼形两种，对应的电机分别称为绕线形三相异步电机与鼠笼形三相异步电机。鼠笼形三相异步电机因更加简单、可靠，所以得到了广泛应用。

1）绕线形三相异步电机转子

图 2-5-6 为绕线形三相异步电机转子，它的转子铁芯由 0.5 mm 厚的硅钢片叠压而成，套在转轴上，其作用和定子铁芯相同：一方面作为电机磁路的一部分，另一方面用来安放转子绕组。转子绕组可以通过集电环和电刷连接可调电阻，用来实现对电机的转速进行控制。

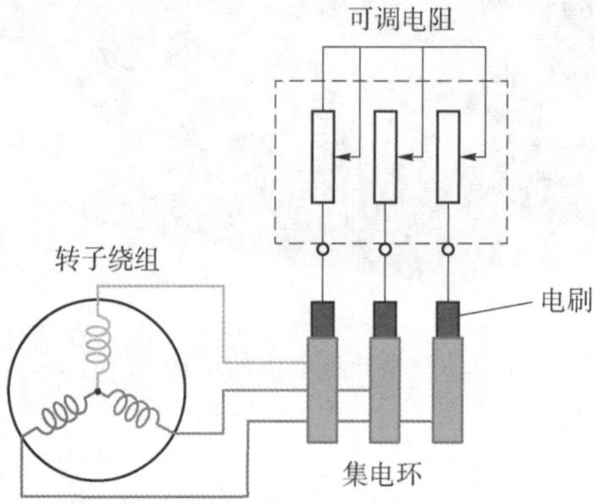

图 2-5-6　绕线形三相异步电机转子

2）鼠笼形三相异步电机转子

图 2-5-7 为鼠笼形三相异步电机转子。在转子铁芯的每一个槽中插入一根铜条，在铜条两端各用一个铜环（称为端环）将导条连接起来，称为铜排转子。也可用铝液将转子导条和端环风扇叶片一次浇铸而成，称为铸铝转子。

图 2-5-7　鼠笼形三相异步电机转子

2.5.2　三相异步电机的分类

三相异步电机按转子结构类型，可分为绕线形和鼠笼形两类。

（1）绕线形三相异步电机的转子和定子一样，也设置了三相绕组并通过集电环、电刷与外部变阻器连接。调节可调电阻可以改善电机的起动性能和调节电机的转速。

（2）鼠笼形三相异步电机结构简单，运行可靠，重量轻，价格便宜，得到了广泛的应用，其主要缺点是调速困难。

2.5.3 三相异步电机的工作原理

三相异步电机的工作原理

当电机的三相定子绕组通入三相交流电后，将产生一个旋转磁场，该旋转磁场切割转子绕组或铜条，从而在转子绕组中产生感应电流。载流的转子导体在定子旋转磁场作用下将产生电磁力，从而在电机转轴上形成电磁转矩，驱动电机旋转，电机旋转方向与旋转磁场方向相同。三相异步电机的工作过程如图 2-5-8 所示。

图 2-5-8 三相异步电机的工作过程

2.5.4 三相异步电机的极对数和转差率

1. 极对数 *p*

三相异步电机的极对数就是旋转磁场的极对数。旋转磁场的极对数和三相绕组的安排有关。当每相绕组只有 1 个线圈，绕组的始端之间相差 120°空间角时，产生的旋转磁场具有 1 对极，即 $p=1$。当每相绕组为 2 个线圈串联，绕组的始端之间相差 60°空间角时，产生的旋转磁场具有 2 对极，即 $p=2$。

同理，如果要产生 3 对极，即 $p=3$ 的旋转磁场，则每相绕组必须有 3 个串联的线圈，它们被均匀布置在定子上，绕组的始端之间相差 40°（=120°/3）空间角。极对数 p 与绕组始端之间的空间角 θ 的关系为 $\theta=120°/p$。

三相异步电机旋转磁场转速 n_0 与电机的极对数 p、电流频率 f_1 有关，它们的关系为

$$n_0=\frac{60f_1}{p}$$

由上述公式可知，旋转磁场转速 n_0 决定于电流频率 f_1 和极对数 p。对某一三相异步电机而言，f_1 和 p 通常是一定的，所以旋转磁场转速 n_0 是个常数，它与电流频率成正比，而与极对数成反比。

在我国，工频 $f_1=50$ Hz，因此，不同的极对数 p 对应不同的旋转磁场转速 n_0，它们的关系见表 2-5-1。

表 2-5-1 对应于不同极对数 *p* 的旋转磁场转速

p	1	2	3	4	5	6
n_0/(r/min)	3 000	1 500	1 000	750	600	500

2. 转差率 *s*

电机转子转动方向与磁场旋转方向相同，但转子转速 n 不可能与旋转磁场转速 n_0

相等，否则转子与旋转磁场之间就没有相对运动，磁力线就不切割转子导体，转子电动势、转子电流及转矩也就都不会产生。也就是说，旋转磁场与转子之间必须存在转速差，因此把这种电机称为异步电机。又因为这种电机的转动原理是建立在电磁感应基础上的，故又称为感应电机。感应电流和磁场的联合作用向电机转子施加驱动力。

旋转磁场转速 n_0 又称为同步转速。转差率 s 是用来表示转子转速 n 与旋转磁场转速 n_0 相差程度的物理量，即

$$s=\frac{n_0-n}{n_0}$$

转差率是异步电机的一个重要物理量。当旋转磁场以同步转速 n_0 开始旋转时，转子则因机械惯性尚未转动，转子的瞬时转速 $n=0$，这时转差率 $s=1$。在转子转动起来之后，$n>0$，n_0-n 值减小，电机的转差率 $s<1$。如果转轴上的阻转矩加大，则转子转速 n 降低，即异步程度加大，从而产生足够大的感应电动势和电流，进而产生足够大的电磁转矩，这时转差率 s 增大；反之，s 减小。异步电机运行时，转子转速与同步转速一般很接近，转差率很小，在额定工作状态下为0.015~0.06。

2.5.5 三相异步电机的特点

优点：与单相异步电机相比，三相异步电机结构比较简单，制造方便，运行性能好，并可节省各种材料，价格便宜。

缺点：功率因数滞后且轻载功率因数低，调速性能稍差。

知识小结

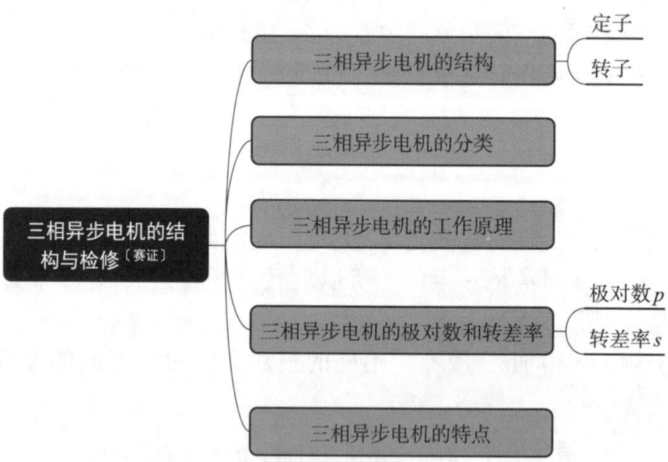

任务实施

"1+X"证书考核内容、技能大赛考点

1. 故障分析

下面我们回到案例2.4，车辆的驱动电机系统和动力电池系统故障灯同时点亮，

从图2-5-1可知，驱动电机系统故障灯为电机过热故障指示灯。对于仪表出现的“005”故障码，经查该车型故障码得知其含义是“电机温度过高”。

2. 故障检查

根据由易到难、由外到内的故障排除原则，结合故障现象，针对这个故障的检查思路和步骤如下。

1）检查电机温度传感器

因该车的电机过热故障指示灯点亮，同时出现相应故障码，所以很有可能是电机温度传感器及其线路发生故障。针对电机或电机控制器温度过高这一类故障，下面详细介绍该类故障的排除过程。

读取电机驱动系统的故障码，这时一般可读取到的故障码见表2-5-2。

表2-5-2 电机及其控制器常见故障码

ECU名称	故障码	故障码描述	状态
MCU	B104800	电机及其控制器温度过高	历史
MCU	P1B0013	电机温度传感器异常	当前

注：部分新能源汽车故障码可直接显示在仪表上，且车型不同，故障码的形式也不相同。本案例中，电机温度过高的故障代码为“005”。

当车辆报电机过热故障时，如果读得故障码为电机温度过高的故障码（如表2-5-2中所示“B104800”，并无报温度传感器故障的故障码，应首先确认该车是否刚经历过长时间高速行驶或持续大功率输出（爬长坡）或制动有拖刹抱死等情况。如有，须将车辆下电静置一段时间或排除制动问题后，用故障诊断仪读取MCU实时显示的驱动电机当前温度，确认温度是否已恢复正常（接近外界温度），并试车确认车辆故障是否消除。

针对电机温度传感器异常“P1B0013”的故障，则应在电机低压插接器处对电机温度传感器的阻值进行测量，阻值应在该车型的标准范围内。如果测量值均不在标准范围内，判断为电机温度传感器故障，应更换电机温度传感器。

注：车型不同，其电机温度传感器的阻值也不相同。

在本案例中，在电机冷却后，检查电机温度传感器的阻值为113 Ω。检查时的环境温度为27 ℃，经查维修手册得知，电机温度传感器的阻值正常。因此，电机温度传感器故障可以排除。

2）检查电机的绝缘性能

在本案例中，再进一步检查电机的绝缘情况，发现三相绕组与电机外壳的绝缘电阻值都大于100 MΩ，说明绝缘良好。

3）检查电机总成

因驾驶员反映汽车在行驶时从车辆后部传来“嗡嗡”响声，而该车为后桥驱动，所以怀疑该故障是由驱动电机或主减速器的机械故障引起，此时应拆下电机进行检查。经检查发现，电机的转子正常，但转子的前后轴承都出现了松旷的情况。图2-5-9为拆下的电机转子和轴承。

图 2-5-9　拆下的电机转子和轴承

至此，故障原因已确定，即驱动电机轴承缺油松旷，导致电机温度升高，电机控制系统点亮故障指示灯并报相应故障码。在这个车型中，动力电池与驱动电机共用冷却液，电机温度的升高，也引起动力电池温度过高，所以动力电池的故障指示灯也点亮了。轴承松旷同时还导致驱动电机在行驶中出现前面所述的异响。更换电机轴承后，异响消失，电机过热故障指示灯和动力电池故障指示灯也不再点亮，车辆恢复正常。

故障总结：针对电机常见的故障，除了前面提到的绕组短路、漏电外，还有一个比较容易损坏的部件，那就是电机轴承，特别是在载货的汽车中，因驱动电机的负载一般都比较大，驱动电机的轴承更需要我们在检查中重点关注。

在三相异步电机中，定子绕组故障也是一种常见的故障。在定子绕组的工作过程中，老化、受潮、受热、受侵蚀、异物侵入、外力的冲击都会对定子绕组造成伤害。另外，电机过载、欠电压、过电压或缺相运行也能引起定子绕组故障。常见的定子绕组故障有绕组接地、短路和开路等，在检修过程中都应该加以注意。三相异步电机定子绕组故障的检修和永磁同步电机的定子绕组的检修类似，在此不再赘述。

课后练习

一、填空题

（1）三相异步电机由固定不动的定子和转动的______组成。

（2）三相异步电机按照转子的结构类型可分为________和________两种类型。

（3）三相异步电机定子绕组形成的旋转磁场的转速 n_0 又称为________，其大小由________、________决定。

（4）三相异步电机定子绕组形成的旋转磁场的旋转方向由________决定。

二、判断题

（1）三相异步电机定子磁场的转速必须比转子转速小。（　）

（2）三相异步电机的实质是定子绕组产生旋转磁场，使转子导体产生感应电流，感应电流使导体本身产生感应电磁场。（　）

（3）三相异步电机的效率略低于永磁同步电机。（　）

（4）电机运行中，部分电能转换成热能，使电机温度升高。（　）

（5）对于容量较大（10 kW 以上）的电机，在硅钢片两面涂以绝缘漆，作为片间绝缘，以减少涡流损耗。（　）

任务工单

1. 拆解并观察三相异步电机实物，在括号内填写各部分名称。

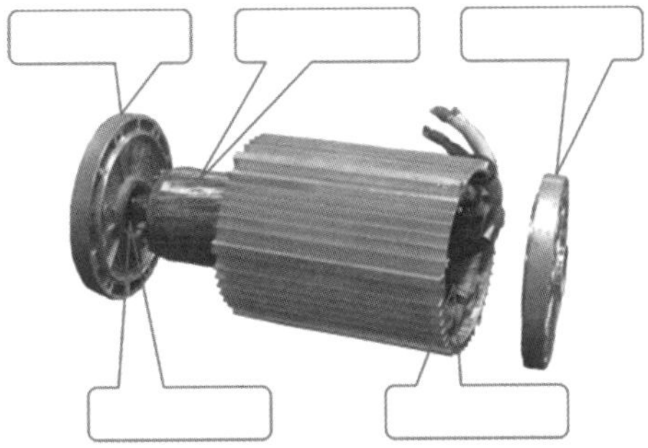

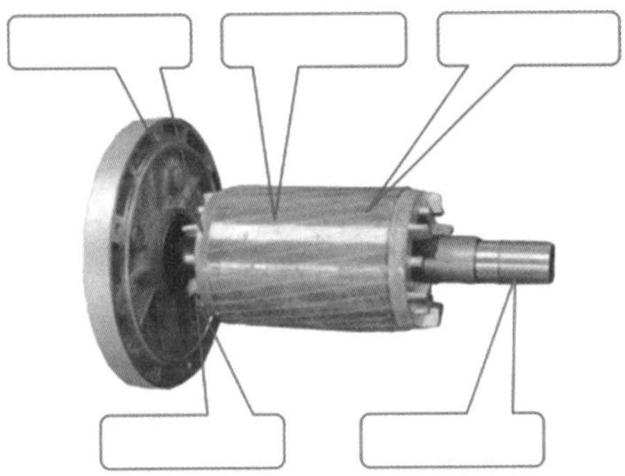

2. 总结三相异步电机的工作原理。

3. 请通过实验分析电机运行时出现振动和噪声加剧这一故障现象的原因，并做好记录。

任务 2.6 开关磁阻电机的结构与检修

任务目标

※知识目标

- 了解开关磁阻电机的结构；
- 掌握开关磁阻电机的工作原理。

※技能目标

- 能说出开关磁阻电机的结构及各部分作用；
- 能对开关磁阻电机的相关故障进行分析与排除。

※素质目标

- 培养仔细思考、深入分析问题的能力；
- 培养规范、严谨的工作作风。

任务导入

案例 2.5 一辆新能源汽车在行驶过程中，行驶功能正常，驾驶员发现 ABS（antilock braking system，防抱装置）故障指示灯点亮，但在松开加速踏板或踩下制动踏板时仪表上的能量回馈指示灯（见图 2-6-1）没有点亮，怀疑是驱动电机故障。请根据故障现象对驱动电机及其控制系统进行检查并确定故障原因。

图 2-6-1 能量回馈指示灯

知识准备

开关磁阻电机是一种新型调速电机，它需要和调速系统配合工作。开关磁阻电机的调速系统兼具直流和交流两类调速系统的优点，是继变频调速系统、无刷直流电机调速系统的最新一代无极调速系统。它的结构简单，调速范围宽，调速性能优异，且在整个调速范围内都具有较高的效率，系统可靠性高。一个完整的开关磁阻电机系统应由开关磁阻电机本体、功率变换器、控制器与位置检测器等 4 部分组成。下面，我们只对开关磁阻电机本体进行介绍。

2.6.1 开关磁阻电机的结构

开关磁阻电机本体采用定、转子双凸极结构，单边励磁，即仅定子凸极采用集中绕组励磁，而转子凸极上既无绕组也无永磁体，定、转子均由硅钢片叠压而成；定子绕组径向相对的极串联构成一相。下面以6/4极的开关磁阻电机为例，介绍开关磁阻电机的结构。

1. 定子

图2-6-2为开关磁阻电机的定子铁芯。与其他电机相似，它由导磁良好的硅钢片冲制后叠成。在图2-6-2所示定子中，共有6个凸极。凸极上有定子绕组。

图2-6-2 开关磁阻电机的定子铁芯

开关磁阻电机的结构和工作原理1

2. 转子

开关磁阻电机的转子既没有绕组，也没有永磁体，只有凸极，由导磁良好的硅钢片冲制后叠成。图2-6-3为开关磁阻电机的转子，共有4个凸极。

3. 定子绕组

图2-6-4为开关磁阻电机的双凸极结构，由图可见，在定子齿极上绕有线圈（定子绕组），它负责向电机提供工作磁场的励磁绕组，定子的凸极比转子多2个。

图2-6-3 开关磁阻电机的转子

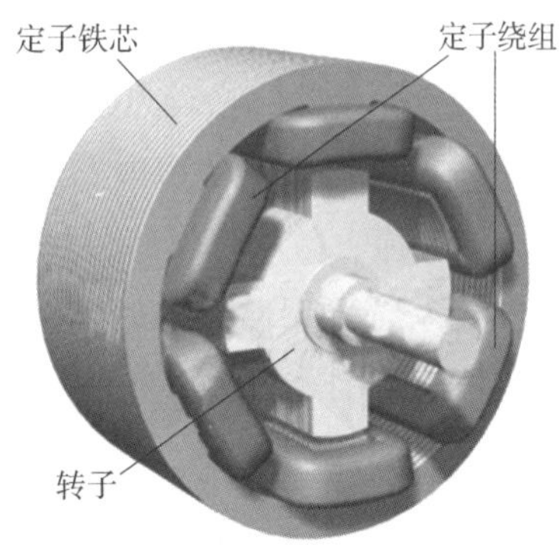

图2-6-4 开关磁阻电机的双凸极结构

2.6.2 开关磁阻电机的分类

开关磁阻电机的定子与转子相数不同，有多种组合方式，最常见的有三相 6/4 极结构、三相 6/8 极结构和三相 12/8 极结构。图 2-6-5 为开关磁阻电机常见的结构形式。

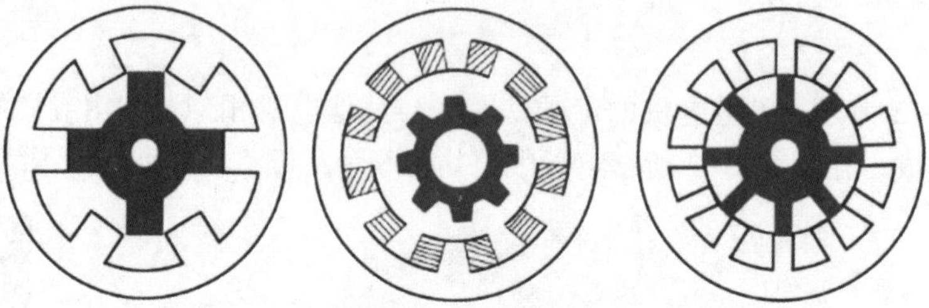

（a）三相6/4极结构　（b）三相6/8极结构　（c）三相12/8极结构

图 2-6-5　开关磁阻电机常见的结构形式

2.6.3 开关磁阻电机的工作原理

开关磁阻电机各磁路的磁阻值随转子位置而改变，因而电机的磁场能量也将随转子位置的变化而变化，并将磁能变换成机械能。这种结构与步进电机相似。开关磁阻电机的运行遵循磁阻最小原理，即磁通总是沿着磁阻最小的路径闭合。

对于三相 6/4 极结构，电机定子有 6 个凸极，转子有 4 个凸极，在定子相对称的 2 个凸极上的集中绕组互相串联构成一相，相数 = 定子凸极数/2。转子上没有绕组。定子上有 6 个凸极的，称为 3 相开关磁阻电机；定子上有 8 个凸极的，称为 4 相开关磁阻电机。相数越多，步进角越小，运转越平稳，越有利于减小转矩波动。

2.6.4 开关磁阻电机的特点

（1）结构简单：其结构比鼠笼形三相异步电机还要简单，成本低，可用于高速运转。

（2）电路可靠：功率电路可靠。此电机的转矩方向与电流方向无关，即绕组只需单方向电流，故功率电路每相只需要一个开关即可。

（3）系统可靠性高：从电机的电磁结构上看，各项绕组和磁路相互独立，各自在一定轴角范围内产生电磁转矩。

知识小结

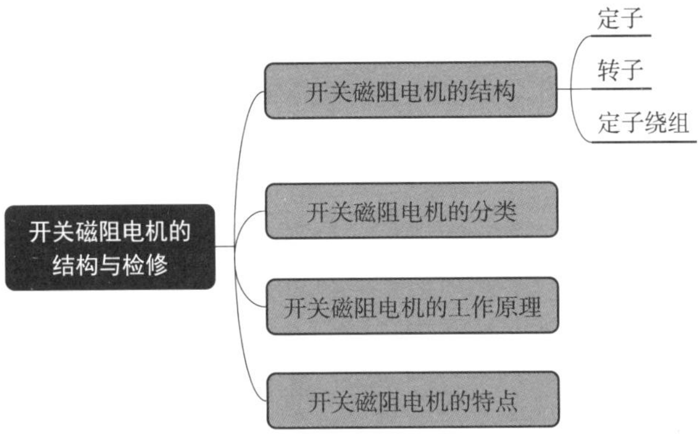

任务实施

在案例2.5中，在完全松开加速踏板或行车中踩下制动时驱动电机能量回馈指示灯不亮，说明驱动电机的能量回馈控制系统没有正常工作。

1. 故障原因分析

该新能源汽车的驱动电机能量回馈控制系统的工作条件包括：

(1) 动力电池的荷电状态（state of charge，SOC）≤95%，在动力电池的SOC较高的情况下，控制系统不允许驱动电机的能量回馈对动力电池进行充电。

(2) 加速踏板处于完全释放状态。

(3) ABS无故障且ABS未被激活（系统设定在ABS被激活后60 s内能量回收功能失效）。这个条件是为了使ABS在对车轮制动力进行控制时，不受电机能量回馈产生的制动力影响，确保ABS对车轮制动力的控制精度。

(4) 车辆需要达到一定的车速，且不同的行车模式所需要的车速也不一样：非运动模式（包括标准模式和经济模式），车速>7 km/h；运动模式，车速>12 km/h。

除此之外，能量回馈控制系统还要监测驱动电机输出的电流并以电流值作为能量回馈的必要条件，即驱动电机输出电流≥2 A的情况下能量回馈控制系统才会正常工作，否则即使满足了上述4个条件，但是电机发电电流小于2 A，能量回馈指示灯也不点亮。

2. 故障原因检查

根据上述条件，如果新能源汽车在行驶过程中制动或滑行时能量回馈指示灯不能正常点亮，仍以该新能源汽车为例，可以按以下步骤进行排查：

(1) 钥匙拧到ACC档，能量回收指示灯短暂点亮后熄灭，表明能量回收指示灯正常；

(2) 检查行驶过程中ABS故障灯是否点亮（可以通过试车验证，或用故障诊断仪检查车辆ABS有无当前或历史故障码），如果ABS故障灯点亮，则为该故障导致能量回馈功能失效，需要排查ABS系统故障；

(3) 用故障诊断仪读取电机控制器的实时数据流，观察车辆在行驶过程中制动或滑行时驱动电机的电流值。此电流值为驱动电机进行能量回馈时的电流，能量回馈与电流值的关系如下：

① 电机电流≤-2 A（以电机模式工作时电流为正值，以发电机模式工作时电流为负值）：能量回馈系统正常工作，驱动电机为发电机模式，能量回馈指示灯点亮；

② -2 A<电机电流<0 A：能量回馈功能激活，驱动电机也是发电机模式，但能量回馈指示灯不点亮；

③ 电机电流≥0 A：此时为电机模式，能量回馈功能未激活。

3. 故障排查

在案例 2.5 中，仪表上的 ABS 故障指示灯点亮，说明 ABS 存在故障，这时能量回馈功能没有被激活，所以能量回馈指示灯不点亮。要使能量回馈系统正常工作，只需要把 ABS 的故障排除了即可。

4. 故障总结

在这个故障中，故障原因是其他系统导致的，这种情况在汽车上比较常见，即一个系统的故障会引起另一个系统的故障。因此，在对某一系统进行检修前，必须要清楚与之相关的其他系统和这个系统在逻辑上的控制机理，仔细观察故障现象，从而避免走弯路。

课后练习

一、填空题

1. 开关磁阻电机的定、转子均由________叠压而成。

2. 开关磁阻电机的运行亦遵循磁阻最小原理，即磁通总是沿着________的路径闭合。

3. 开关磁阻电机定子相数越多，步进角越________，运转越________，越有利于减小转矩波动。

二、判断题

1. 开关磁阻电机的结构和控制简单，可靠性高，成本低，起动制动性能好，运行效率高。 (　　)

2. 开关磁阻电机定子产生扭曲磁场，利用磁阻最小原理驱动转子运动。 (　　)

3. 开关磁阻电机的相数越多，步进角越大，运转越平稳，越有利于减小转矩波动。 (　　)

4. 开关磁阻电机定子的 6 个凸极由导磁良好的硅钢片冲制后叠成。 (　　)

5. 为了使运转平衡，开关磁阻电机定子和转子的凸极数应该一致。 (　　)

6. 开关磁阻电机从基本原理上来说是用开关控制的电机。 (　　)

7. 新能源汽车中，只要驾驶员的脚离开制动踏板，能量回馈系统就会工作。 (　　)

8. 制动系统的 ABS 故障指示灯点亮，能量回馈系统不会受到影响。 (　　)

任务工单

1. 观察开关磁阻电机实物，在括号内填写各部分名称。

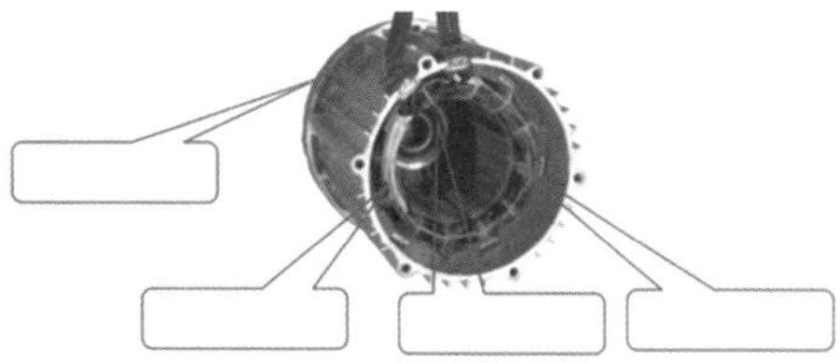

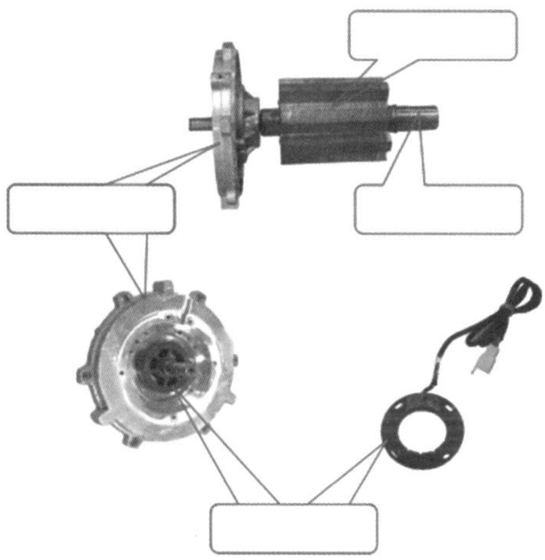

2. 总结开关磁阻电机的工作原理。

项目3 新能源汽车电机驱动系统传感器的检修

任务3.1 驱动电机位置传感器的结构与检修[赛证]

任务目标

※知识目标

- 了解新能源汽车驱动电机位置传感器的种类、结构和工作原理；
- 掌握新能源汽车驱动电机旋变传感器式和霍尔式位置传感器的检修方法。

※技能目标

- 能结合驱动电机位置传感器的工作原理对其常见故障的原因进行分析；
- 能对驱动电机位置传感器的故障进行检测与排除。

※素质目标

- 培育不怕困难、勇于面对问题的工匠精神；
- 认识绿色低碳行为，培养绿色低碳意识。

任务导入

案例3.1 现有某新能源汽车出现以下故障：仪表上整车故障警告灯点亮，READY灯不亮，高压无法上电。图3-1-1为故障产生时仪表故障灯点亮情况。在用故障诊断仪读取整车故障码时，读到了电机状态故障、旋变标定状态错误等相关故障码。读到故障码的ECU及具体故障码情况见表3-1-1。

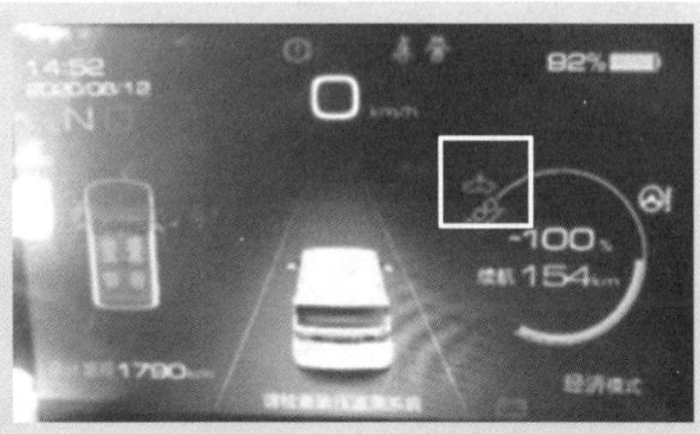

图3-1-1 故障产生时仪表故障灯点亮情况

表 3-1-1　故障码

故障码	故障码描述	状态
U198481	来自 MCU 的电机的当前输出功率报文无效	当前
U198381	来自 MCU 的电机的当前转速信号报文无效	当前
U198081	来自 MCU 的电机的当前扭矩信号报文无效	当前
B103600	电机工作状态故障	当前
B103400	旋变标定状态错误	当前

根据以上故障现象和故障码，初步判断为电机位置传感器或其相关部件、电路故障。现请你对驱动电机位置传感器进行检查，排除故障。

知识准备

在电机驱动系统中，常用的驱动电机位置传感器有旋转变压器式（以下简称旋变传感器）和霍尔式（以下简称霍尔传感器）两种。下面分别对这两种传感器进行介绍。

3.1.1　旋变传感器

"1+X" 证书考核内容、技能大赛考点

1. 旋变传感器的作用

旋变传感器安装在电机内部，靠近输出轴的位置，如图 3-1-2 所示。旋变传感器的主要作用是检测驱动电机转子（输出轴）的位置角度和速度。电机控制器利用旋变传感器产生的信号精确地控制电机的旋转方向和速度。

2. 旋变传感器的结构

旋变传感器是一种输出电压随转子转角变化的传感元件。图 3-1-3 为旋变传感器的结构，它主要由传感器本体和传感器的信号靶轮组成。传感器本体共有 3 个绕组，3 个绕组的作用如下。

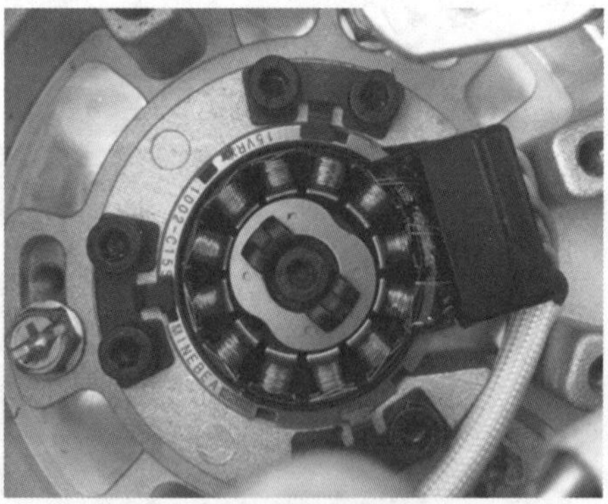

图 3-1-2　旋变传感器安装位置

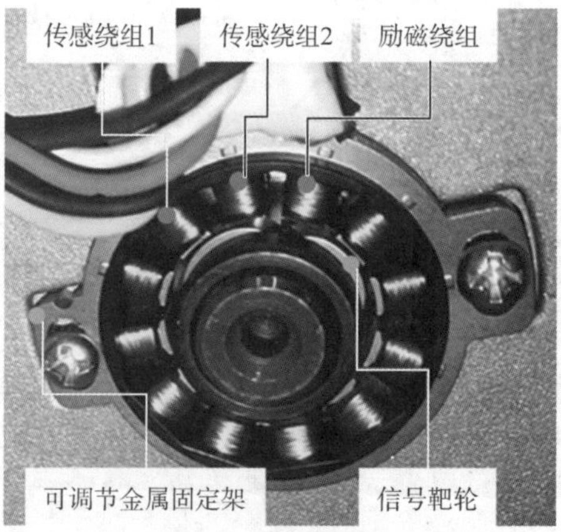

图 3-1-3　旋变传感器的结构

（1）1组励磁绕组，由电机控制器按照一定频率输入交流电，为传感器提供交变励磁电源。

（2）2组传感绕组，分别叫作正弦绕组和余弦绕组，作用是产生呈正弦、余弦曲线变化的感应电压，产生的曲线电压值作为电机转子的位置信号，频率作为转速信号。

3. 旋变传感器的工作原理

图3-1-4为旋变传感器的基本原理图，它是一种利用气隙磁阻变化而输出变化信号的旋转变压器，依据电磁感应原理，利用气隙变化产生磁阻变化，从而使得输出绕组的感应电压随凸轮转角产生正弦和余弦变化的波形。

旋变传感器的工作原理与检修

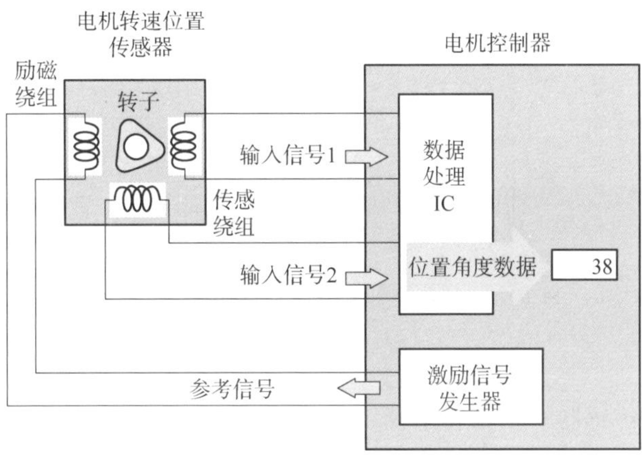

图3-1-4 旋变传感器的基本原理图

旋变传感器的励磁绕组、正弦绕组和余弦绕组与电机控制器的电路连接如图3-1-5所示。

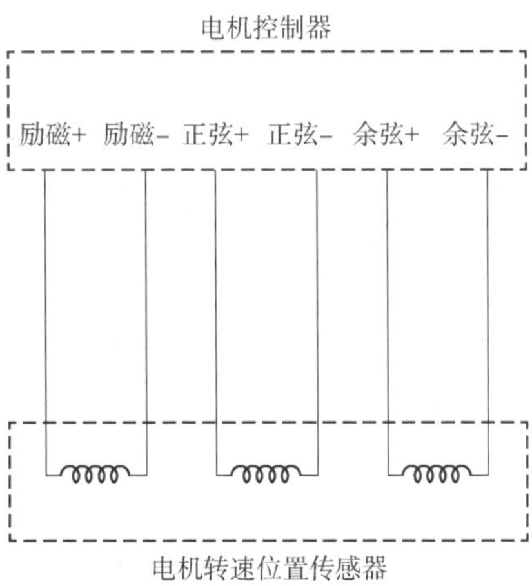

图3-1-5 旋变传感器的电路连接图

图3-1-6为旋变传感器波形图。当电机控制器以一定频率的交流电压给励磁绕组供电时（图3-1-6中的励磁信号），位于中心的转子也会产生磁场。转子四周有若

干个椭圆形信号凸起，使得转子磁场分布不均匀。当转子转动时，转子磁场会发生强弱不同的变化，从而使其他两组传感绕组产生交流电压信号（图 3-1-6 中的传感信号 1 和传感信号 2）。电机控制器根据这两个信号电压的大小和电机转子转角的位置对应关系，即可确定电机转子的转角位置，通过它们的频率则可以计算出转子的转速。

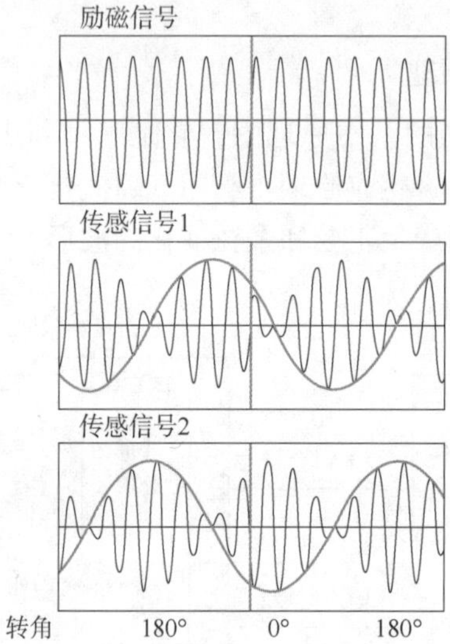

图 3-1-6　旋变传感器波形图

图 3-1-7 为旋变传感器的正弦和余弦绕组实测波形，由上到下的 2 个波形分别为正弦绕组、余弦绕组在工作时产生的波形。这个传感器的波形特征是：励磁绕组输入一定频率的交流电时，会在另外两个绕组感应出同样频率的交流电。当传感器的转子转动时，3 个绕组的磁通就会发生大小交替变化，从而导致它们产生的波形幅值也随之出现大小交替变化。由波形图可见，余弦绕组产生的信号落后于正弦绕组产生的信号 90°。

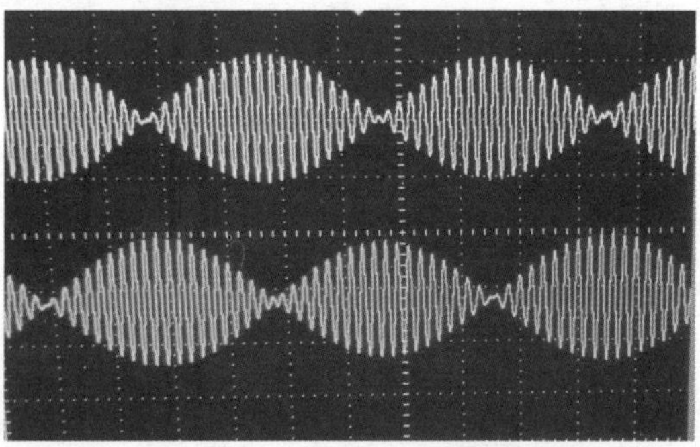

图 3-1-7　旋变传感器的实测波形

3.1.2　霍尔传感器

"1+X"证书考核内容、技能大赛考点

1. 霍尔效应

早在 1879 年，一个叫霍尔的美国人在做实验时就发现，对于空间中一块通电的半导体薄片，当它处于一个与它垂直的磁场中时，就会在与电流和磁场都垂直的方向上产生一个电压，后来这种电磁效应以发现者的名字命名，即霍尔效应。图 3-1-8 即为霍尔效应示意图。霍尔传感器就是利用霍尔效应进行工作的。

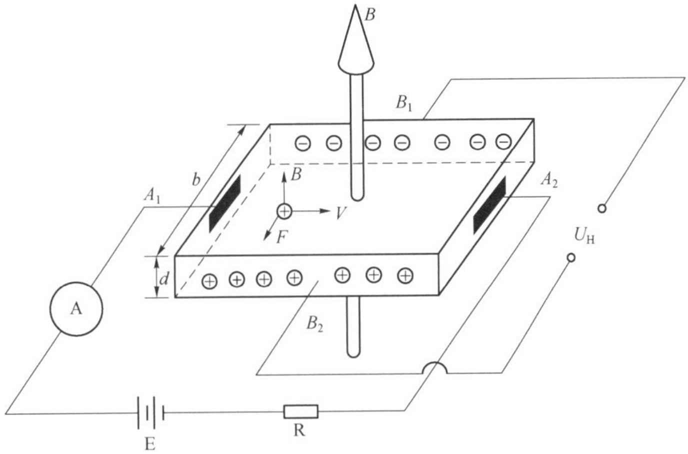

图 3-1-8　霍尔效应示意图

2. 霍尔传感器的结构和工作原理

霍尔传感器的工作原理与检修

图 3-1-9 为霍尔传感器的安装位置图。霍尔传感器安装在驱动电机的后部，由电机转子驱动。它由永久磁铁、霍尔元件（霍尔晶体管）、转子和放大器或放大电路组成。永久磁铁的作用是产生磁场，霍尔元件就是前面提到的半导体薄片。霍尔传感器转子安装在电机转子轴上，它的圆周上有永磁磁铁。放大器或放大电路的作用，是将霍尔晶体管直接产生的霍尔电压信号放大。图 3-1-10 为霍尔传感器实物。

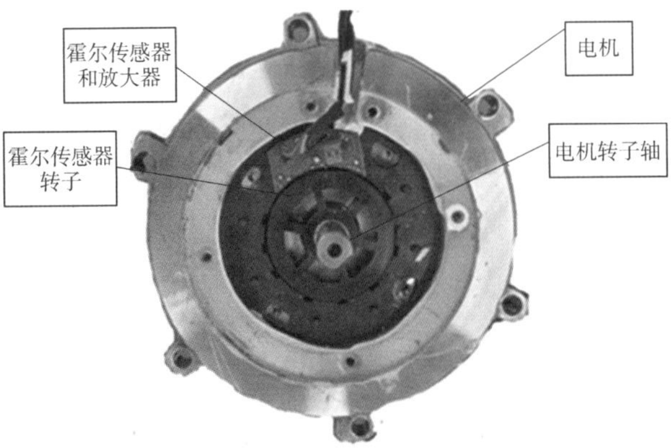

图 3-1-9　霍尔传感器的安装位置图

图 3-1-10　霍尔传感器实物

图 3-1-11 为霍尔传感器的基本原理图，它通过转子的转动，使作用在霍尔元件上的磁场能发生有、无交替变化。由于作用在霍尔元件上的磁场发生有、无交替变化，也就使得霍尔传感器产生的霍尔信号电位也跟着发生高、低交替变化。当霍尔传

感器输出高电位时，电机控制器对应信号为1，输出低电位时，对应信号为0。

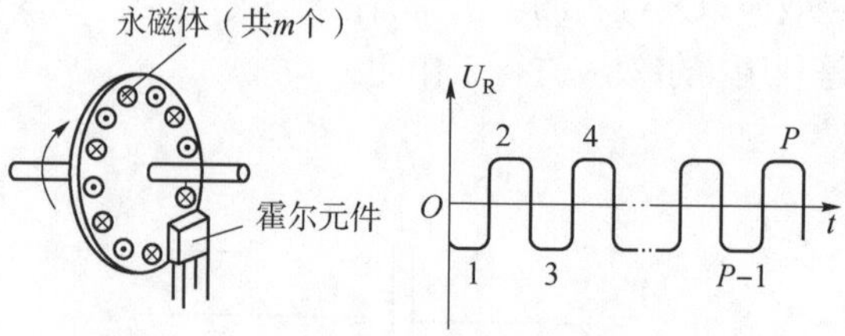

图3-1-11　霍尔传感器的基本原理图

只有正确安装霍尔传感器，才能准确检测到转子位置，以三相电机为例，最少需要3个霍尔传感器（即表3-1-2中的Ha、Hb、Hc）。3个霍尔传感器总共有8种输出可能，去掉全1和全0这两种输出，其余6种输出正好对应电机转子的6个位置。

表3-1-2　霍尔传感器与电机转子位置关系

霍尔传感器	位置1	位置2	位置3	位置4	位置5	位置6
Ha	1	1	1	0	0	0
Hb	0	0	1	1	1	0
Hc	1	0	0	0	1	1

3.1.3　霍尔传感器的检修

"1+X"证书考核内容、技能大赛考点

1. 霍尔传感器的电压检测

在实际工作中，可以通过对霍尔传感器输出的信号电压进行测量，来判断传感器工作是否正常。下面以某型纯电动汽车为例，介绍霍尔传感器的电压检测方法。

（1）测量传感器的电源电压值：将汽车的点火开关打开至ON档，将万用表调整到直流电压档，在传感器处测量电源电压，霍尔传感器的电源电压标准值大多为5 V，也有部分为12 V或8 V。

（2）检测传感器的搭铁情况：关闭点火开关，将万用表调整至欧姆档，在传感器处测量搭铁线与搭铁间的电阻值，正常应小于1 Ω，如电阻值过大或无穷大，则为霍尔传感器的搭铁线接触不良或断开。

（3）静态信号电压检测：将点火开关打开至ON档，传感器转子静态时，检测霍尔传感器的信号电压，正常会有两种情况：可能是5 V，也有可能是0 V。这取决于转子上永久磁铁的位置，当它正对着霍尔传感器时，霍尔传感器输出信号电压是5 V，没有对准时，是0 V。

（4）动态信号电压检测：在做好安全防护的前提下，起动车辆并挂档，让电机正常工作，测量霍尔传感器的信号电压，正常应为2.5 V左右。这个电压是霍尔传感器输出最高值（5 V）和最低值（0 V）的平均值。

2. 霍尔传感器的波形检测

霍尔传感器可以通过检测其输出波形来判断其是否正常，与前面所述类似，在检测到传感器输出的波形后，观察其波形是否存在畸变，或与标准波形对比，判断该传感器工作是否正常。图 3-1-12 为霍尔传感器输出的波形。

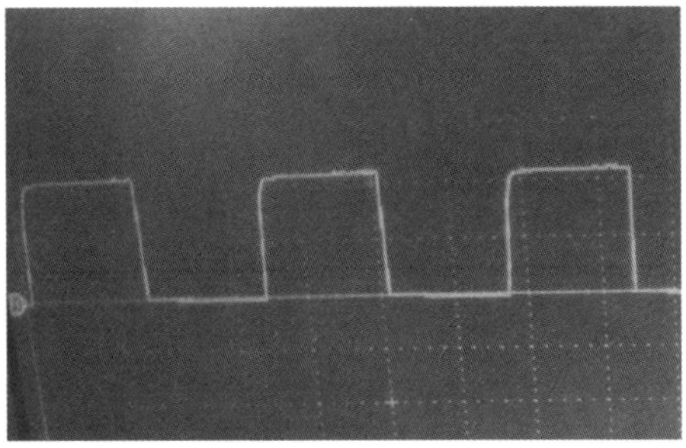

图 3-1-12　霍尔传感器输出的波形

知识小结

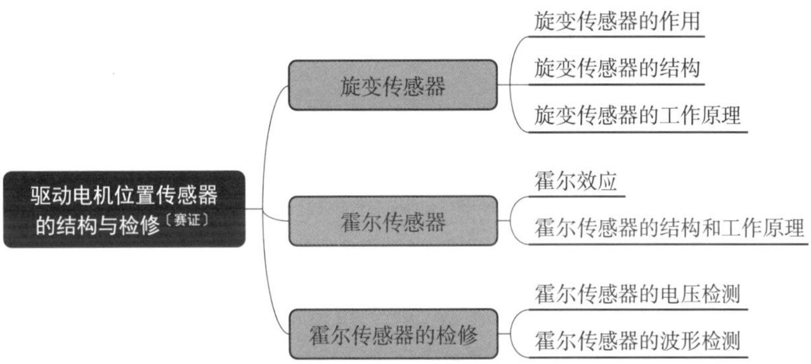

任务实施

1. 实施准备

本任务实施应准备的材料见表 3-1-3。

表 3-1-3　任务实施材料

序号	名称
1	新能源汽车整车
2	万用表
3	绝缘手套
4	绝缘鞋或绝缘靴
5	高压警示牌
6	绝缘帽
7	护目镜
8	绝缘服
9	示波器
10	故障诊断仪

2. 故障现象分析

"1+X" 证书考核内容、技能大赛考点

参见图 3-1-1，当旋变传感器产生故障时，整车的故障现象表现为：仪表整车故障灯点亮，高压无法上电（READY 灯不亮），车辆动力输出中断，无法行驶（部分车型可能会出现通过重启可恢复正常，间隙性复现的情况）。读取整车诊断代码会报旋变标定状态错误、电机工作状态故障等相关故障码。由故障现象和故障码可以很容易判断：驱动电机位置传感器即旋变传感器存在故障。

3. 故障原因检查

新能源汽车在出现旋变传感器故障时，一般分为 2 种情况：一种是旋变传感器故障，另一种为控制器旋变传感器解码电路故障。不管是哪一种故障，都将会导致电机系统无法起动或电机输出转矩偏小等现象。若出现以上情况，应首先检查旋变传感器是否损坏。检测步骤如下：查找该车型的电路图，根据电气接口表定义，用万用表电阻档测量传感器的 3 组绕组阻值，来判断绕组是否存在故障。若电阻为无穷大，表示损坏，需更换旋变传感器或驱动电机。若电阻显示正常值，则表示控制器内部旋变传感器解码电路可能存在故障，需更换电机控制器。图 3-1-13 为某新能源汽车的驱动电机位置传感器电路图，圈中分别为旋变传感器的励磁绕组（exc）、正弦绕组（sin）和余弦绕组（cos）的各针脚。由图 3-1-13 可见，传感器的每个绕组都有正、负各一个针脚，都与电机控制器直接连接。

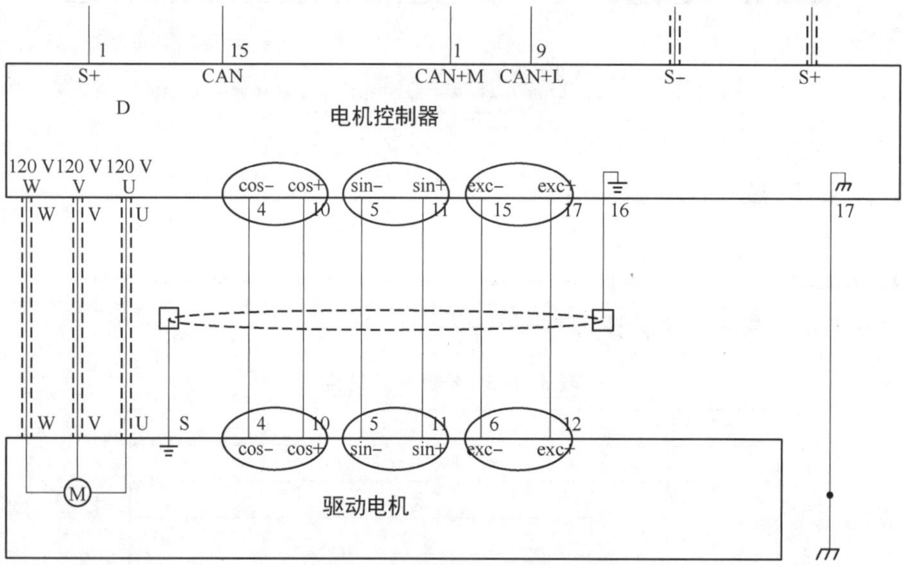

图 3-1-13　驱动电机位置传感器电路图

1）旋变传感器绕组阻值测量

不同的车型，旋变传感器 3 组绕组的电阻值也不尽相同，表 3-1-4 为某新能源汽车旋变传感器 3 组绕组的电阻值。

表 3-1-4　旋变传感器绕组阻值

序号	电机控制器处针脚号	绕组名称	电阻值/Ω
1	18#~19#	励磁绕组	21~27
2	4#~11#	正弦绕组	32~40
3	3#~10#	余弦绕组	34~42

2）绝缘电阻值测量

旋变传感器的绕组一般采用漆包铜线，绕组与机壳应绝缘。因其工作电压较低，故可以使用万用表测量每个绕组与电机壳体之间的电阻，应大于 1 MΩ。如果阻值过小，说明线圈与电机壳体之间存在绝缘故障，应更换旋变传感器或驱动电机总成。

3）波形检测

旋变传感器的信号为 2 种信号的叠加，可用示波器对它的波形进行检测，其标准波形应和图 3-1-7 所示波形一致。通过对比测量波形与标准波形，观察其波形是否存在畸变，也可以判断旋变传感器是否存在故障。

故障诊断：在案例 3.1 所述的故障中，在检查旋变传感器绕组的电阻值时，发现传感器的励磁绕组存在异常，后经更换电机总成后，故障就排除了。

4. 故障总结

针对旋变传感器，在检查中要对其各绕组的电阻值、波形和绝缘性能进行检查，只要其中一项出现异常，都可以判定传感器存在故障。旋变传感器是不可修复的，只能更换。部分车型的旋变传感器出现故障时，会要求连同电机总成一起更换，那是因为：旋变传感器在安装到电机上时，都要进行零位标定。部分车型的旋变传感器在更换后，可以用该车型专用诊断仪进行标定，这种车型只需要更换传感器即可，不需要连同电机总成一起更换。一些驱动电机只能在生产时进行零位标定，所以只能更换驱动电机总成。

课后练习

一、不定项选择题

1. 旋变传感器用于检测电机的转速和旋转位置，它相当于燃油车上的（　　）。

A. 凸轮轴位置传感器　　B. 氧传感器

C. 曲轴位置传感器　　D. 进气压力温度传感器

2. 下列对驱动电机的描述，正确的是（　　）。

A. 电机内部有励磁线圈　　B. 电机内部有正弦绕组

C. 电机内部有余弦绕组　　D. 电机内部有温度传感器

3. 旋变传感器检测的是（　　）。

A. 转子的位置　　B. 转子的转速

C. 定子的位置　　D. 定子的转速

4. 霍尔传感器的静态电压值是（　　）。

A. 5 V　　B. 0 V　　C. 5 V或0 V　　D. 无法确定

二、判断题

1. 位置传感器是直流无刷电机的主要组成部分之一。（　　）

2. 驱动电机位置传感器的作用：用以检测电机转子位置，控制器解码后可以获知电机转速。（　　）

3. 旋变传感器可以通过检测其电阻值来判断好坏。（　　）

4. 驱动电机位置传感器产生的是直流电压信号。（　　）

5. 驱动电机位置传感器检测的是电机转子位置，所以在它产生故障时不会影响整车高压上电。（　　）

学习笔记

任务工单

根据实车操作情况，在必要时查找实训车辆的维修手册，完成以下任务工单。

<table>
<tr><th>传感器</th><th>传感器类型</th><th colspan="4">检测内容</th></tr>
<tr><td rowspan="10">驱动电机
位置
传感器</td><td rowspan="7">旋变传感器</td><td>定义</td><td>针脚号</td><td>测量电阻值/Ω</td><td>标准电阻值/Ω</td></tr>
<tr><td>励磁绕组</td><td>____与____</td><td></td><td></td></tr>
<tr><td>正弦绕组</td><td>____与____</td><td></td><td></td></tr>
<tr><td>余弦绕组</td><td>____与____</td><td></td><td></td></tr>
<tr><td>励磁绕组产生的波形</td><td colspan="3"></td></tr>
<tr><td>正弦绕组产生的波形</td><td colspan="3"></td></tr>
<tr><td>余弦绕组产生的波形</td><td colspan="3"></td></tr>
<tr><td rowspan="3">霍尔传感器</td><td>电源与搭铁检测</td><td colspan="3">电源电压值：____V；搭铁电阻值：____Ω</td></tr>
<tr><td>信号电压检测</td><td colspan="3">静态信号电压：____V；动态信号电压：____V</td></tr>
<tr><td>波形检测</td><td colspan="3"></td></tr>
</table>

注：在画以上传感器的波形时，可使电机固定于某一转速。为了更深入地理解旋变传感器，应改变电机转速，观察波形的变化特征。转速上升，波形的变化特征是：________________________________。

任务 3.2 驱动电机温度传感器的结构与检修〔赛证〕

任务目标

※知识目标

- 了解新能源汽车驱动电机温度传感器的类型和作用;
- 掌握新能源汽车驱动电机温度传感器的结构和工作原理。

※技能目标

- 能根据故障现象和故障码对驱动电机温度传感器的故障原因进行分析;
- 能对驱动电机温度传感器的故障进行检测与排除。

※素质目标

- 培养严谨的工作作风;
- 培养解决实际问题的能力。

任务导入

案例 3.2 现有某新能源汽车在行驶过程中出现以下故障:仪表上电机过热警告灯点亮,整车动力输出中断,无法行驶。图 3-2-1 中方框处为点亮的电机过热警告灯。

图 3-2-1 电机过热警告灯点亮

经技术人员检测,发现用故障诊断仪可以读到多个故障码,包括电机及控制器温度过高、电机控制器温度传感器异常等故障码,表 3-2-1 为读到的电机过热故障码的情况。

表 3-2-1 电机过热故障码

ECU 名称	故障码	故障码描述	故障码状态
VCU	B104800	电机及电机控制器温度过高	历史
MCU	P1C1213	电机控制器温度传感器异常	当前
MCU	P190017	电机定子温度传感器短路到电源	历史

通过以上故障现象和故障码，技术人员初步分析故障原因应为电机或电机控制器的温度过高，或传感器及相关线路故障。现请你对驱动电机温度传感器及相关线路进行检查，排除故障。

知识准备

驱动电机温度传感器的工作原理与检修

3.2.1 驱动电机温度传感器的作用

在驱动电机和电机控制器的内部都设有温度传感器。驱动电机内的温度传感器用于检测电机的绕组温度，电机控制器内的温度传感器用于检测内部电子元件的温度，防止过热。图 3-2-2 为驱动电机温度传感器实物。电机的温度信号直接进入电机控制器，电机控制器对输入的温度信号进行处理、分析和判断。处理后的电机温度信号通过 CAN 网络发送给 VCU，确定电机温度是否正常，再确定驱动电机是否应该正常工作、降功率运行或停止工作。在装配有冷却风扇的电机冷却系统中，整车控制器还会根据冷却液的温度判定是否应该开启电机冷却系统的散热风扇。以下为某新能源汽车对冷却风扇工作状态控制的逻辑：当 45 ℃≤冷却液温度<50 ℃时，冷却风扇低速起动；当温度≥50 ℃ 时，冷却风扇高速起动；当温度降至 45 ℃以下时，冷却风扇停止工作。

图 3-2-2 驱动电机温度传感器

3.2.2 驱动电机温度传感器的工作原理

驱动电机温度传感器一般采用热敏电阻，热敏电阻分为正温度系数热敏电阻和负温度系数热敏电阻两种。新能源汽车通常采用负温度系数热敏电阻作为驱动电机温度传感器，它的电阻值随着温度的升高而减小。图 3-2-3（a）为温度传感器的内部结构，图 3-2-3（b）为其阻值与温度之间的关系。

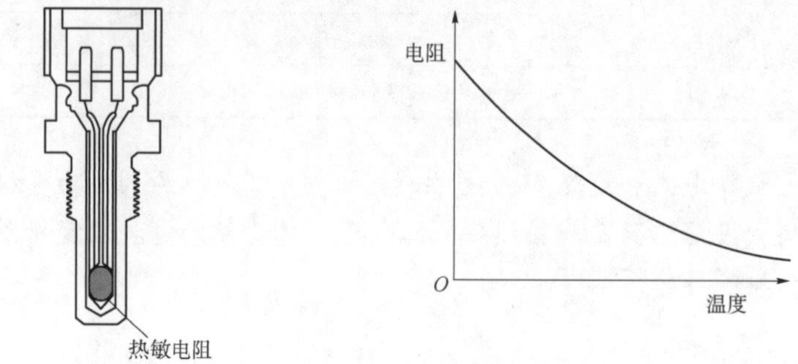

（a）温度传感器的内部结构　（b）温度传感器的阻值与温度之间的关系

图 3-2-3　温度传感器的结构与原理

图 3-2-4 为某新能源汽车的驱动电机温度传感器电路原理图。电机控制器通过 5 #针脚输出电源（一般为 5 V），该电源电压随着电机温度的变化而变化，不同的电压值对应不同的温度。如果该温度传感器采用正温度系数热敏电阻，则电机控制器监测到的电压会随着电机温度的上升而变大，反之则变小；若该温度传感器采用负温度系数热敏电阻，电机控制器监测到的电压会随着电机温度的上升而下降。电机控制器通过监测此电压的变化情况，即可获得电机绕组温度信号。在有些电机中，为了能更好地监测电机绕组的温度，会安装有 2 个温度传感器。

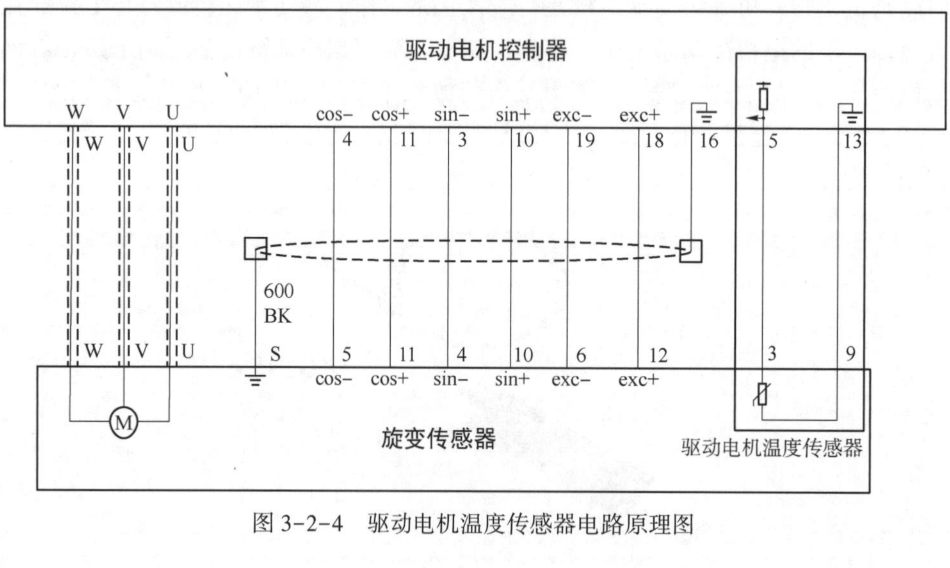

图 3-2-4　驱动电机温度传感器电路原理图

知识小结

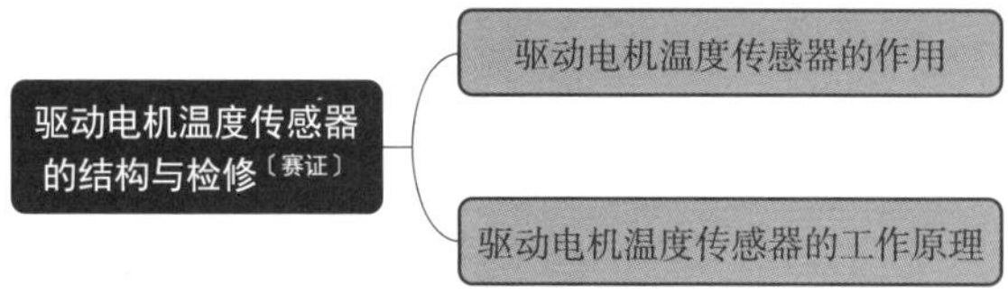

任务实施

1. 实施准备

实施本任务应准备的材料见表3-2-2。

表3-2-2 任务实施材料

序号	名称
1	新能源汽车整车
2	万用表
3	绝缘手套
4	绝缘鞋或绝缘靴
5	高压警示牌
6	绝缘帽
7	护目镜
8	绝缘服
9	示波器
10	故障诊断仪

2. 故障分析

"1+X"证书考核内容、技能大赛考点

现在我们针对案例3.2中的故障进行检修，完成对驱动电机温度传感器的检测。在这种新能源汽车中，电机过热警告灯点亮主要有以下4个原因：

(1) 驱动电机温度大于130 ℃；

(2) 电机控制器温度大于80 ℃；

(3) 驱动电机温度传感器故障；

(4) 电机控制器温度传感器故障。

当车辆报电机过热故障时，如果读得如表3-2-3所示电机或电机控制器温度过高的故障码，但没有温度传感器故障本身的故障码，首先应确认汽车是否刚经历过长时间高速行驶或持续大功率输出（如爬长坡或陡坡等）或制动有拖刹、抱死等情况。此时可用故障诊断仪读取电机控制器（MCU）实时显示的数据流，确认电机控制器和驱动电机的当前温度是否超出报警阈值。如有，可先将车辆下高压电，静置一段时间或排除制动问题后，用故障诊断仪再次读取电机控制器实时显示的驱动电机和电机控制器当前温度，确认温度是否已恢复正常（正常情况下，此时电机或电机控制器的温度应接近外界温度），试车确认车辆故障是否消除。如读到的电机或电机控制器温度与外界温度基本一致，且试车时故障已消除，说明温度传感器及线路本身正常，故障应为汽车长时间高速行驶或持续大功率输出等原因导致。

表 3-2-3　电机及电机控制器温度过高故障码

ECU 名称	故障码	故障码描述	故障码状态
VCU	B104800	电机及电机控制器温度过高	历史

若车辆仪表电机过热警告灯点亮，同时读得故障码为电机控制器温度传感器异常（见表 3-2-4），则判断为电机控制器本身的温度传感器产生故障，可对电机控制器进行换件处理。

表 3-2-4　电机控制器温度传感器异常故障码

ECU 名称	故障码	故障码描述	故障码状态
MCU	P1C1213	电机控制器温度传感器异常	当前

3. 任务故障检查

若车辆仪表电机过热警告灯点亮，同时读得故障码为电机定子温度传感器短路到电源或电机温度传感器故障（见表 3-2-5），可按以下排查步骤进行排查。

表 3-2-5　故障码

ECU 名称	故障码	故障码描述	故障码状态
MCU	P1B0013	电机温度传感器故障	当前
MCU	P190017	电机定子温度传感器短路到电源	历史

（1）检查驱动电机和电机控制器低压线束及插头有无松动、进水、退针、歪斜等情况，图 3-2-5 为线束导线存在断线和破损的情况。

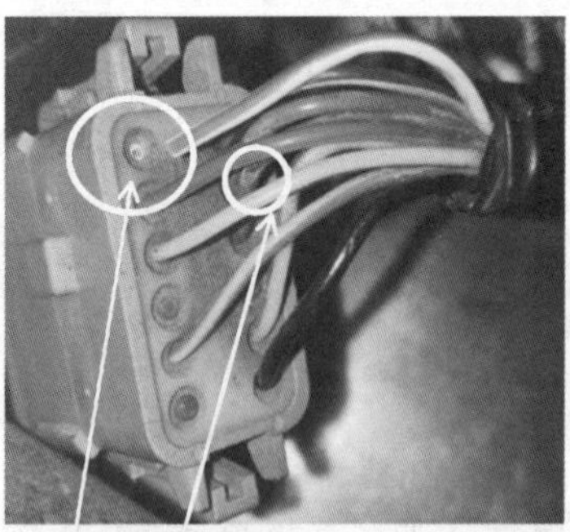

图 3-2-5　线束及接插件检查

（2）如果线束及接插件检查无异常，则用万用表分别测量驱动电机低压线束3#与9#针脚之间的电阻值、电机控制器线束插头5#与13#针脚之间的电阻值，测量位置参考图3-2-6。该车型的电机温度传感器电阻值应该为50~347 kΩ。如所测量的电阻值不在正常范围内，应该更换温度传感器或相关线束。需要注意的是，电机温度传感器在不同环境温度下，其阻值不一样。不同车型的电机温度传感器在同一环境温度下，其阻值也可能是不一样的。

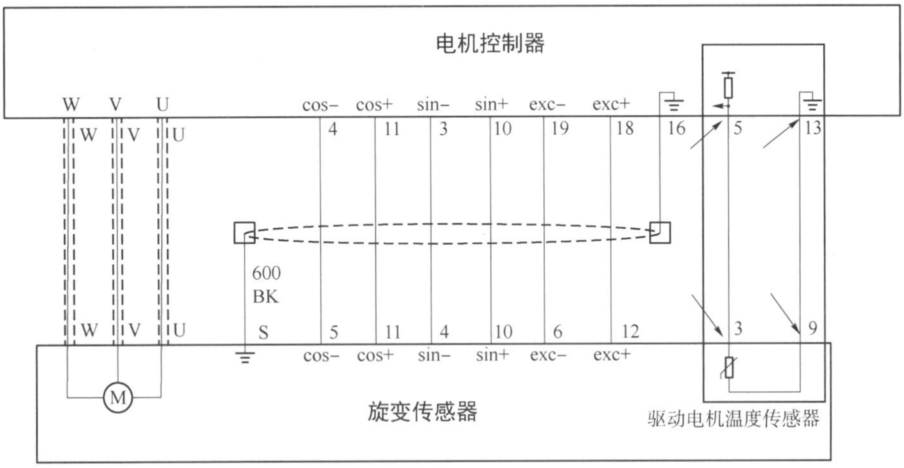

图3-2-6 驱动电机温度传感器测量位置

（3）断开蓄电池负极，用万用表测量驱动电机温度传感器两导线与电机控制器电源线间的电阻值，正常应该大于1 MΩ。值得注意的是，电机控制器报驱动电机温度传感器短路到电源故障时，也有可能是电机控制器线束插头针脚退针或歪斜导致，需要认真检查。

4. 故障总结

在实际工作中，当我们在电机控制系统读到驱动电机控制系统温度相关的故障码时，要特别关注故障码的含义。根据故障码的含义，可有效缩小故障的排查范围，提高工作效率。

课后练习

一、不定项选择题

1. 电机上安装的驱动电机温度传感器用于检测电机的温度，它的类型是（　　）。

A. 霍尔传感器　　B. 磁电式传感器

C. 热敏电阻式传感器　　D. 滑动电阻式传感器

2. 驱动电机温度传感器的电阻值与电机温度的关系，可能是（　　）。

A. 正比　　B. 反比

C. 正比、反比都有可能　　D. 没关系

3. 驱动电机温度传感器检测（　　）的温度。

A. 转子　　B. 定子　　C. 外壳　　D. 整体

二、判断题

1. 驱动电机温度传感器是驱动电机的主要组成部分之一。（　）
2. 驱动电机温度传感器故障可以引起车辆不能行驶。（　）
3. 驱动电机温度传感器用以检测电机的绕组温度，控制器可以保护电机避免过热。（　）
4. 驱动电机温度传感器检测到电机温度异常，整车高压就会下电。（　）
5. 驱动电机温度传感器检测到温度过高，电机就一定会降功率运行。（　）

学习笔记

任务工单

根据实车操作情况，在必要时查找实训车辆的维修手册，完成以下任务。

<table>
<tr><th>传感器</th><th>传感器类型</th><th colspan="4">检测内容</th></tr>
<tr><td rowspan="9">驱动电机
温度传感器</td><td rowspan="9">□正温度系数
□负温度系数</td><td>故障码</td><td colspan="3">有无故障码？□有，□无。
故障码：
______________________________</td></tr>
<tr><td>数据流</td><td colspan="3">通过读取数据流可知，当前环境温度：______℃，当前电机温度：______℃。</td></tr>
<tr><td>定义</td><td>针脚号</td><td>测量电阻值</td><td>标准电阻值</td></tr>
<tr><td>电源信号</td><td></td><td rowspan="2"></td><td rowspan="2"></td></tr>
<tr><td>接地</td><td></td></tr>
<tr><td colspan="2">测量位置</td><td>测量条件</td><td>测量电压值</td></tr>
<tr><td colspan="2">电源信号与接地</td><td>拔下传感器插头，
点火开关打开</td><td></td></tr>
<tr><td colspan="2">电源信号与接地</td><td>拔下传感器插头，
点火开关打开</td><td></td></tr>
<tr><td>判断</td><td colspan="3">查找该车的维修手册，通过对比测量值与标准值，判断温度传感器是否正常。
□是，□否。</td></tr>
</table>

任务 3.3 新能源汽车档位传感器的结构与检修〔赛证〕

任务目标

※知识目标

- 了解新能源汽车档位传感器的结构；
- 掌握新能源汽车档位传感器的工作原理；

※技能目标

- 能对档位传感器的信号进行检测和分析；
- 能对新能源汽车档位传感器的常见故障进行检修。

※素质目标

- 培养细致、严谨的工作作风；
- 培养工作中安全第一的意识。

任务导入

案例 3.3 现有某新能源汽车在行驶过程中突然无法行驶，具体现象为：仪表上整车系统故障指示灯点亮，Ready 灯不亮，整车动力输出中断，车辆无法行驶。图 3-3-1 为故障发生时仪表上的整车系统故障指示灯点亮情况。

图 3-3-1 整车系统故障指示灯点亮

技术人员使用故障诊断仪读取整车故障码，发现车辆有“档位同时有效”的故障码。表 3-3-1 为读到故障码的 ECU 及具体故障码的情况。

表 3-3-1 故障码

ECU 名称	故障码	故障码描述	状态
VCU	B111200	档位同时有效	当前

请你根据上述故障现象和故障码，对档位传感器进行检查，排除故障。

知识准备

3.3.1 档位传感器的作用

档位传感器的工作原理与检修

在驱动电机系统中，档位传感器（也叫选档开关）的作用是监测驾驶员所选择的档位。整车控制模块 VCU 根据该传感器输入的信号，控制电机的正转、反转或停机。档位传感器的类型有开关式、光电旋钮式和带换档模块式等，下面以新能源汽车常用的光电旋钮式和带换档模块式档位传感器为例，学习新能源汽车档位传感器的结构、原理和检修方法。

1. 光电旋钮式档位传感器的作用

利用这种档位传感器，驾驶员在旋转换档旋钮时，可在不同档位间切换，换档成功后档位传感器面板上相应的指示灯会亮起，同时在仪表上显示对应档位。图 3-3-2 为车辆处 N 档时档位传感器上的指示灯点亮情况。需要注意的是，在图 3-3-2 中，该档位传感器上有充电枪连接指示灯，在充电枪插入车辆时，该指示灯也会点亮。

车型不同，档位传感器的外形和功能也会有一定的区别。在部分新能源汽车车型上，档位传感器上有 P 档（驻车档）指示灯。图 3-3-3 为带 P 档指示灯的档位传感器，P 档指示灯在驾驶员拉起驻车制动杆或挂入 P 档时点亮。

图 3-3-2 光电旋钮式档位传感器

图 3-3-3 带 P 档指示灯的光电旋钮式档位传感器

2. 带换档模块式档位传感器的作用

图 3-3-4 为带换档模块式档位传感器，该档位传感器为怀档。怀档是汽车挂档方式的一种，因为它安装在方向盘下面，挂档时往前后拨动档杆，因此称之为怀档。驾驶员在驾驶车辆时需要踩下制动踏板，选择 D 档或 R 档起步，向前方拨动电子换档拨杆，档位切换为 R 档，向后方拨动电子换档拨杆，档位切换为 D 档，处于中间位置则将档位切换为 N 档。

采用带换档模块式档位传感器的新能源汽车上使用电子驻车制动系统，在换档杆上集成了电子驻车按钮（见图 3-3-5）。按下该按钮，档位即由原来的 D 档或 R 档切换为 P 档，驻车时需拉起电子手刹。开车前，驾驶员坐在驾驶座位上，系好安全带，挂入 D 档或 R 档后，电子驻车即可自动松开。

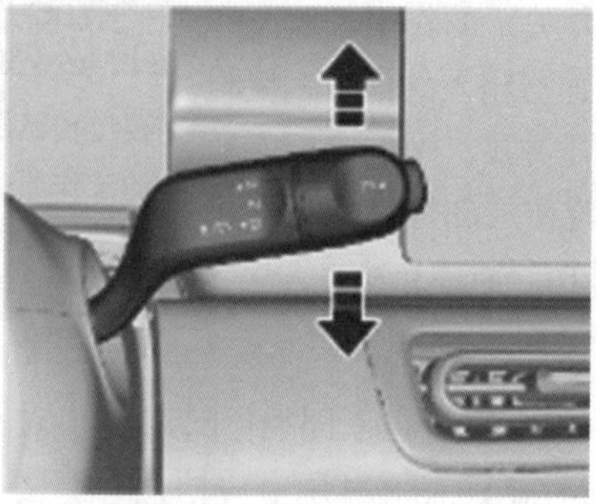

图 3-3-4　带换档模块式档位传感器

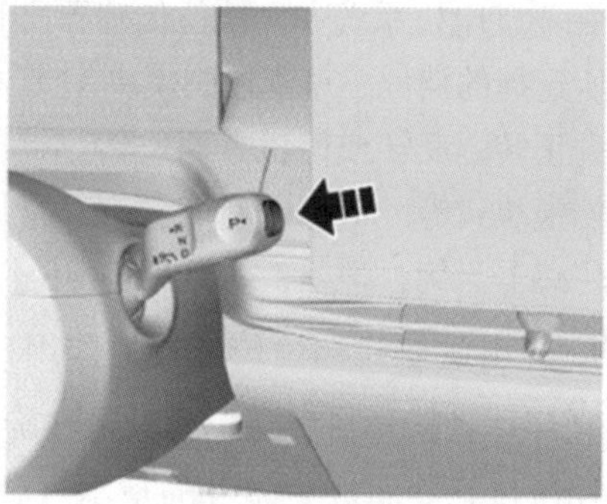

图 3-3-5　电子驻车按钮

3. 3. 2　档位传感器的结构

1. 光电旋钮式档位传感器的结构

光电式档位传感器由档位旋钮、塑料外壳和电路板组成。图 3-3-6（a）为光电式档位传感器的上盖，在档位传感器上盖的塑料外壳中有一个塑料挡片，当驾驶员旋转旋钮时该挡片与旋钮同步旋转。图 3-3-6（b）为光电式档位传感器的电路

（a）光电式档位传感器的上盖

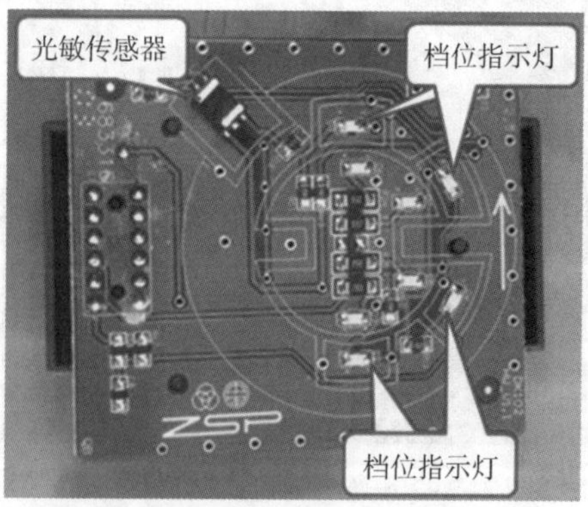

（b）光电式档位传感器的电路板

图 3-3-6　光电式档位传感器的结构

板，在电路板上有一组光敏传感器，其内部有 2 个光敏元件，该元件在电路板上固定不动。电路板上也集成了档位指示灯，档位指示灯数量与旋钮上档位的数量相对应。

2. 带换档模块式档位传感器的结构

图 3-3-7 为带换档模块式档位传感器。从外形上来看，该档位传感器由换档模块（SCU）、换档杆和电子驻车按钮等组成。实际上，这种档位传感器是将档位开关、电子驻车按钮开关集成到了换档模块上。

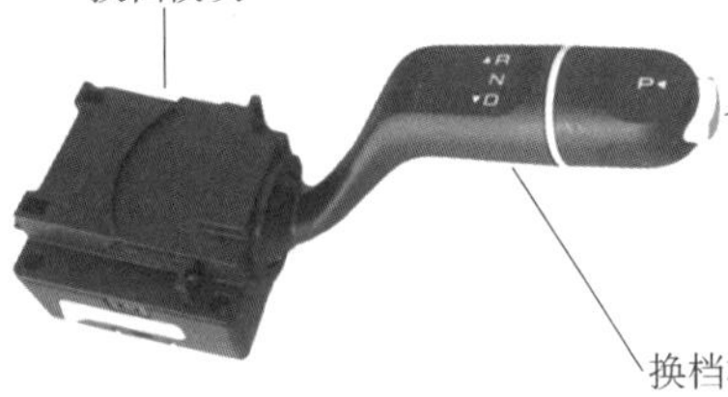

图 3-3-7 带换档模块式档位传感器

3.3.3 档位传感器的工作原理

1. 光电旋钮式档位传感器的工作原理

下面我们以带 P 档指示灯的光电旋钮式档位传感器为例，了解它的工作原理。

1）选档原理

当旋转选档旋钮时，塑料挡片会不断地遮挡、离开光敏元件，光敏元件将有、无光源的信号转换为电压信号输送给整车控制模块 VCU 来识别。VCU 通过 2 个信号电压的变化，识别出档位传感器旋钮的旋转方向和位置。之后 VCU 通过专线控制档位传感器上对应的指示灯点亮。

2）档位位置识别

因这种旋钮开关没有固定的位置，可以任意旋转，所以这里就涉及初始位置识别的问题。整车控制模块 VCU 系统的判断逻辑是：

(1) 在每次点火关闭时，如果之前驾驶员停留的选档开关位置在 P 档或 N 档，那么下次打开点火开关时，无论点火开关打开前怎样旋转开关，VCU 默认的都是上次点火开关关闭时的档位。

(2) 如果之前驾驶员停留的选档开关位置在 R 档或 D 档，那么在下次点火开关打开时，VCU 默认的档位为 P 档。

(3) 如果驾驶员打开点火开关后，VCU 判断条件未满足，比如没有踩下制动踏板，无论驾驶员如何旋转开关，VCU 都默认刚打开点火开关时的档位。

(4) 如果驾驶员打开点火开关后，VCU 判断条件已满足，比如踩下制动踏板，此时驾驶员旋转开关，VCU 就以当前开关的位置作为 P 档或 N 档基准位置。在旋转开关后，依据电压信号发生改变的数量和顺序来判断档位的位置。如果驾驶员继续旋转开关，超过了最边缘的档位 P 或 D（因选档开关的顺序为 P→R→N→D，所以 P 和 D 档就是最边缘的档位），VCU 还是默认最后一个边缘的档位位置。比如，当 VCU 通过信号电压判断当前档位为 D 档时，继续顺时针旋转开关，虽然还是有变化的电压信号输送给 VCU，但 VCU 还是默认为 D 档。如果驾驶员向相反的方向旋转开关，VCU 将以上次默认的 D 档位置作为初始位置。

3）档位传感器的工作原理

图 3-3-8 为某纯电动汽车的档位传感器电路原理图。在这个电路中，当驾驶员分别将档位挂入 P、D、N、R 档时，档位传感器分别由 4#、1#、2#、3#针脚输出 11 V 左右的高电位给整车控制模块 VCU，整车控制模块 VCU 通过这些信号确定驾驶员所需要的档位。VCU 再通过档位传感器的 7#、8#针脚将反馈信号传给档位传感器，用于点亮档位传感器上的相应指示灯。

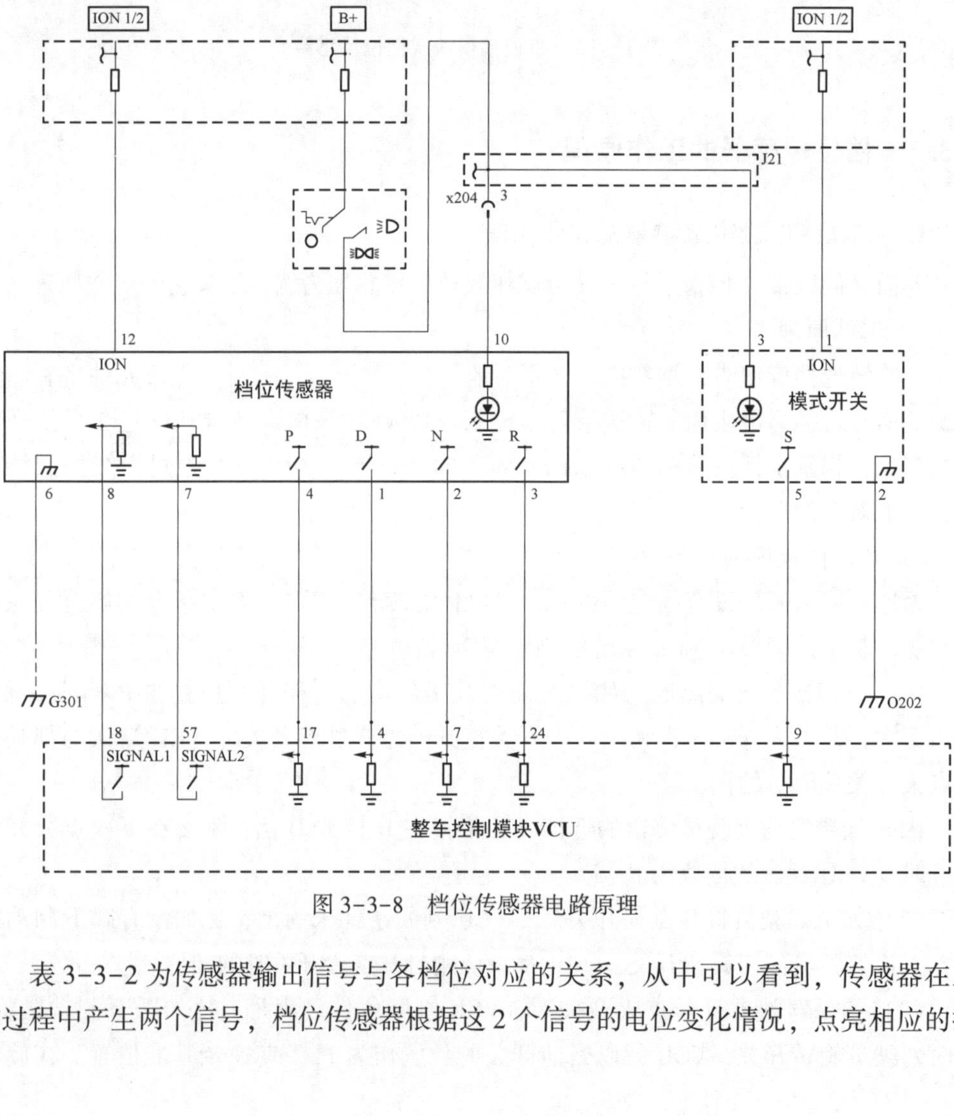

图 3-3-8　档位传感器电路原理

表 3-3-2 为传感器输出信号与各档位对应的关系，从中可以看到，传感器在工作过程中产生两个信号，档位传感器根据这 2 个信号的电位变化情况，点亮相应的指

示灯。需要注意的是，在某些车型中，档位传感器上有充电枪连接指示灯，当充电枪插到车辆时，除了仪表上的充电枪连接指示灯点亮外，档位传感器上的充电枪连接指示灯也会同时点亮。插枪信号由车载充电机通过网络传给整车控制器 VCU，VCU 再通过档位传感器的 7#、8#针脚反馈给档位传感器。

表 3-3-2　电位对应档位逻辑

序号	7#针脚电位	8#针脚电位	反馈信号
1	低	低	N 档
2	低	高	D 档
3	高	低	R 档
4	高	高	插枪指示或 D 档

2. 带换档模块式档位传感器的工作原理

图 3-3-9 为带换档模块式档位传感器的内部电路原理。其中换档模块（SCU）的 6#和 8#针脚分别为该模块的常电源和唤醒电源，6#电源来自 KL30 继电器，6#针脚电源经 LDO（低压稳压器）转换成 5 V 电压后为 SCU、CAN 模块和档杆检测模块供电，8#电源来自 KL15 继电器。SCU 的 1#针脚则为搭铁。驾驶员通过档杆切换 R、N、D 档时，SCU 内的相应开关闭合，SCU 即可获得相应档位信号。

档位传感器的 5#、7#和 2#针脚是 P 档按钮针脚，其内部是常开和常闭开关，2#针脚是开关的电源脚，它由车身稳定模块（ESP）提供，5#和 7#针脚为信号输出脚。在驾驶员按下 P 档按钮时，开关产生的信号通过 5#和 7#针脚送给 ESP，再由 ESP 控制电子驻车电机工作，夹紧制动盘，从而达到驻车目的。

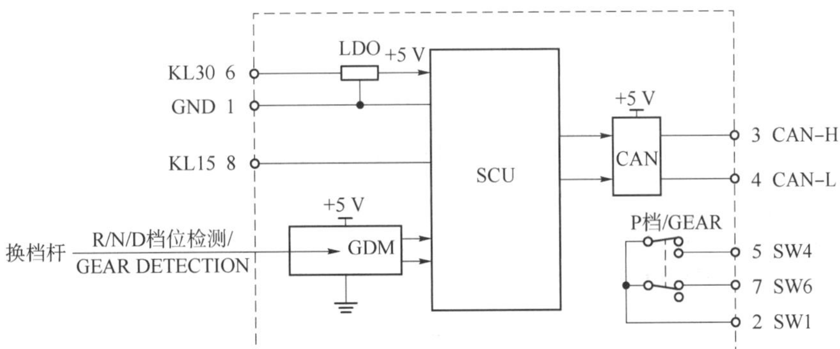

图 3-3-9　带换档模块式档位传感器内部电路原理

图 3-3-10 为换档模块电路图。SCU 在通过其内部的档位开关确定档杆的 R、N 和 D 档位置后，将档位请求信息通过 CAN 网络（3#和 4#针脚）发给整车控制模块（VCU）、电子仪表模块（IC）和车身稳定模块（ESP）等。在挂入 P 档时，其档位信息由 ESP 通过检测 1#和 3#针脚处电压值获得。以图 3-3-10 为例，ESP 的 2#针脚

的输出电压值为 5 V，1#和 3#针脚的输出电压值均为 3.5 V。未按下 P 档按钮时，因 P 档开关内常闭开关闭合，ESP 检测到 3#针脚的电压值与 2#针脚相同，1#针脚的电压值为 3.5 V；按下 P 档开关时，常开触点与常闭触点状态互换，所以 ESP 检测到的电压值也互换。ESP 在获得 P 档开关信号后，控制左右两个驻车电机工作，夹紧两个后轮，实现驻车制动。同时，ESP 也会通过 CAN 网络将 P 档信息发给 VCU、IC 和 ESP 等。

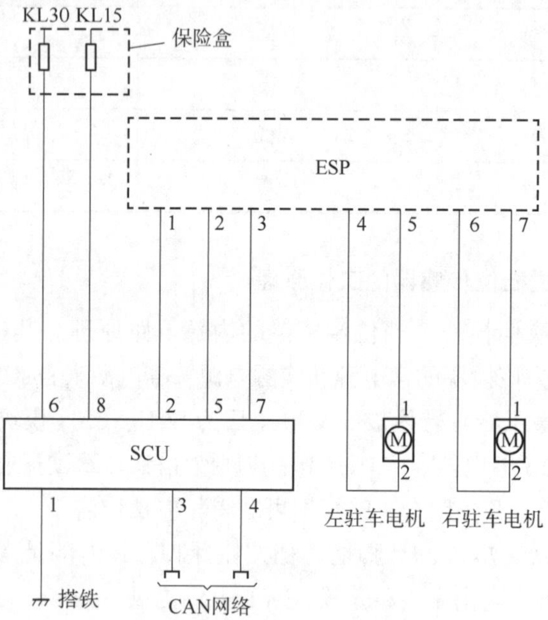

图 3-3-10　换档模块电路图

知识小结

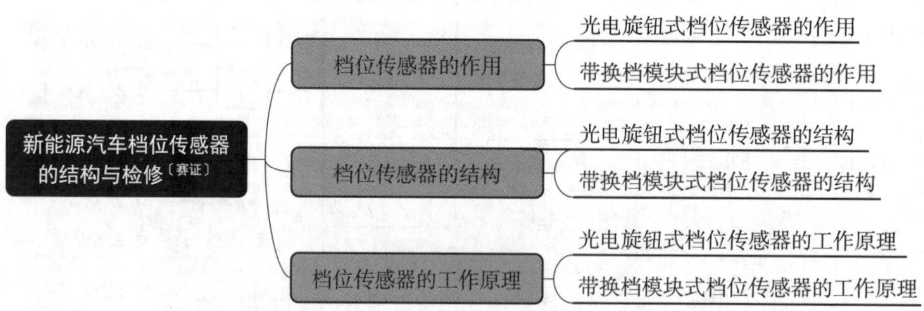

任务实施

1. 实施准备

实施本任务应准备的材料见表 3-3-3。

表 3-3-3 任务实施材料

序号	名称
1	新能源汽车整车
2	万用表
3	绝缘手套
4	绝缘鞋或绝缘靴
5	高压警示牌
6	绝缘帽
7	护目镜
8	绝缘服
9	示波器
10	故障诊断仪

2. 故障分析

"1+X"证书考核内容、技能大赛考点

下面，我们对案例3.3中的故障进行分析，由于整车控制系统故障指示灯点亮且能读到“档位同时有效”的故障码，说明档位传感器输入到整车控制模块中的电位的高低关系与档位逻辑不符。故障的原因包括：

(1) 档位传感器本身存在故障，或因其他原因导致档位传感器输出的信号不正常（如档位传感器进水）；

(2) 档位信号的线束因短路或插接器进水等原因导致信号不正常；

(3) 整车控制模块的档位线束的插接器有水或整车控制模块本身有故障。

3. 故障检修

在新能源汽车中，当整车控制器VCU检测到档位信号相同［P、R、D、N 4个档位，同时为1（连接）或同时为0（断开）］时，会报档位传感器相关的故障码，车辆在N档无法切换到D或R档，仪表整车故障灯点亮，Ready灯不亮，车辆无法行驶。出现以上故障时，可以按以下步骤进行检测：

第1步：用故障诊断仪读取故障码，查看整车控制系统是否报档位传感器相关故障代码，是否出现“档位同时有效”“档位不合理”等故障。读取整车控制模块VCU的数据流，判断档位信号是否已进入整车控制模块VCU。正常情况下每挂入一个档位，都能在VCU的数据流中看到相应的档位变化。

第2步：分别挂入P、D、N、R档，用万用表直流电压档在档位传感器的7#、8#针脚处测量信号电压，检查测量结果是否符合表3-3-2中的逻辑关系。以上检查如不正常，应进一步检查相关导线是否有断路、短路等情况。

第3步：分别挂入P、D、N、R档，并分别在整车控制模块VCU的17#、4#、7#和24#针脚处检查电压，正常应检测到11 V左右的电压值（车型不同，电压值可能会不同)。这4个信号正常，说明档位信号已进入整车控制模块VCU，如果VCU所产生反馈信号至档位传感器，其逻辑关系和表3-3-2一致，则说明档位已能正常挂入。

第4步：如上述都正常，则应检查档位传感器与整车控制模块VCU之间是否有线束插接器。如果有，则应检查插接器是否有进水、线束接触不良等情况。如有，应对其进行排除。

此外，针对整车控制模块和档位传感器的检查，我们可以采用换件法进行判断。

职业习惯养成：在进行档位切换操作时应把车辆的驱动桥架起，确保安全！

4. 故障总结

每个故障都会有自己的现象、原因、特征。因一些车型的档位传感器安装在扶手箱附近，而这个位置一般都靠近驾驶员水杯，若驾驶员在行车过程中未盖杯盖，水杯中的水在行车时就容易洒出，因而档位传感器进水是这种故障的一个非常常见的原因，大家在工作中千万不要忽略。

课后练习

一、不定项选择题

1. 整车控制模块VCU根据（　　）识别档位传感器旋钮的旋转方向和位置。

A. 2个电压信号　　B. 2个光线信号　　C. 1个电压信号　　D. 1个光线信号

2. 档位传感器中关于档位的识别：关闭点火开关前是N档，打开点火开关时（　　）。

A. 是P档　　B. 是N档

C. 可能是P档，也可能是N档　　D. 无法确定

3. 档位传感器中关于档位的识别：关闭点火开关前是D档，打开点火开关时是（　　）。

A. P档　　B. N档

C. D档　　D. 可能是P档，也可能是N档

4. 档位传感器的信号进入（　　），并最终根据此信号确定电机的工作状态。

A. 电机控制器MCU　　B. 电机

C. 整车控制器VCU　　D. 高压控制器

二、判断题

1. 因为纯电动汽车采用的是电子档位，所以每次打开点火开关时都会是P档。（　　）

2. 关闭点火开关时处于什么档位，打开时就处于什么档位。（　　）

3. 关闭点火开关时处于R档，打开点火开关时会默认处于P档。（　　）

4. 整车控制模块VCU通过各档位的信号专线的电位高低判断所处档位。（　　）

5. 整车控制模块VCU通过2个信号专线的电位高低判断所处档位。（　　）

任务工单

对实训车辆的档位传感器进行测量，完成以下任务。

<table>
<tr><th>传感器</th><th>传感器类型</th><th colspan="4">作业内容</th></tr>
<tr><td rowspan="12">档位传感器</td><td rowspan="12">光电式档位传感器</td><td>定义</td><td>针脚号</td><td colspan="2">测量电压值/V</td></tr>
<tr><td>电源线</td><td></td><td></td><td></td></tr>
<tr><td>R 档反馈信号线</td><td></td><td></td><td></td></tr>
<tr><td>N 档反馈信号线</td><td></td><td></td><td></td></tr>
<tr><td>D 档反馈信号线</td><td></td><td></td><td></td></tr>
<tr><td>P 档反馈信号线</td><td></td><td></td><td></td></tr>
<tr><td>故障码</td><td colspan="3">有无故障码？□有，□无。
故障码：
________________________</td></tr>
<tr><td rowspan="4">数据流</td><td colspan="3">挂入 N 档，数据流显示：______档</td></tr>
<tr><td colspan="3">挂入 N 档，数据流显示：______档</td></tr>
<tr><td colspan="3">挂入 N 档，数据流显示：______档</td></tr>
<tr><td colspan="3">挂入 N 档，数据流显示：______档</td></tr>
<tr><td>最后判断</td><td colspan="3">是否正常？□是，□否。</td></tr>
</table>

任务 3.4 加速踏板位置传感器的结构与检修〔赛证〕

任务目标

※知识目标

- 了解新能源汽车加速踏板位置传感器的作用和类型；
- 掌握电位器式和霍尔式加速踏板位置传感器的结构和工作原理。

※技能目标

- 能根据故障现象对加速踏板位置传感器的故障原因进行分析；
- 能对加速踏板传感的故障进行排查与修复。

※素质目标

- 培养团队合作精神、沟通能力；
- 养成独立思考的习惯。

任务导入

案例 3.4 现有某新能源汽车在行驶过程中突然出现以下故障：仪表上整车控制系统故障指示灯点亮，同时车辆降功率指示灯点亮，READY 灯不亮，整车动力输出中断，车辆无法行驶。图 3-4-1 为该故障发生后仪表上故障灯点亮的情况。

图 3-4-1 整车控制系统故障指示灯点亮

技术人员使用故障诊断仪读取整车故障码，读到“加速踏板位置传感器 1 电压过高”“两路加速踏板传感器故障”等与加速踏板位置传感器相关的故障码。表 3-4-1 为读到故障码的 ECU 及具体故障码情况。

表 3-4-1 加速踏板位置传感器相关故障码

ECU 名称	故障码	故障码描述	故障码状态
VCU	B10001C	加速踏板位置传感器 1 电压过高	当前
VCU	B108F00	两路加速踏板位置传感器故障	当前

请你根据上述故障现象和故障码，对加速踏板位置传感器进行检查，排除故障。

知识准备

3.4.1 加速踏板位置传感器的作用

加速踏板位置传感器的工作原理与检修

在新能源汽车中，加速踏板位置传感器的作用是通过将加速踏板的位置信号转变为电压信号，向整车控制模块 VCU 提供驾驶员加速、减速的意图。与传统汽车的加速踏板位置传感器类似，新能源汽车的加速踏板位置传感器也由两个电位器式或霍尔式加速踏板位置传感器组成，目的是监测传感器信号是否异常 。图 3-4-2 为加速踏板位置传感器。

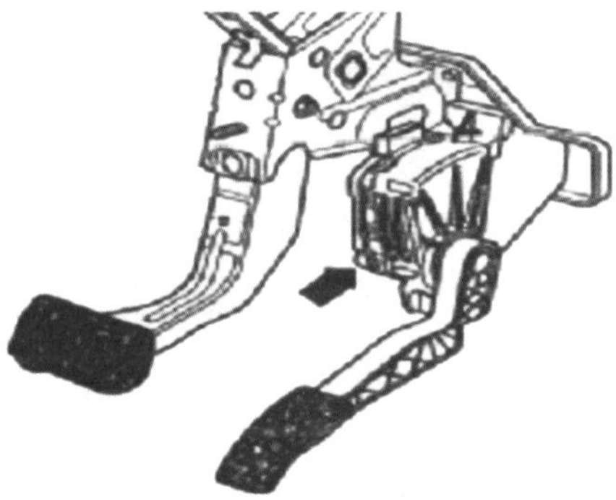

图 3-4-2 加速踏板位置传感器

3.4.2 加速踏板位置传感器的结构

1. 电位器式加速踏板位置传感器的结构

图 3-4-3 为电位器式加速踏板位置传感器的结构。这种传感器中有滑动电阻，当加速踏板处于不同位置时，滑片在加速踏板转轴的带动下在滑动电阻上滑动，改变其有效电阻值，从而改变传感器输出的电压信号。加速踏板位置传感器有 2 个传感

器，这点与传统汽车的加速踏板位置传感器相同，其目的是：其中一路用于工作使用，另一路用于与此路保持一定的关系进行实时判断，监测传感器信号是否异常。

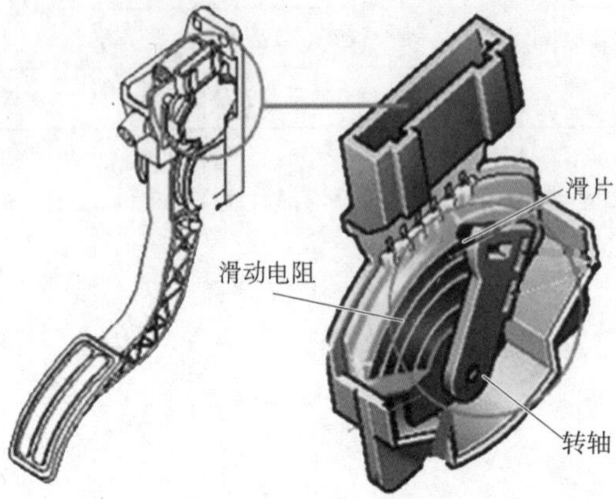

图 3-4-3　电位器式加速踏板位置传感器的结构

2. 霍尔式加速踏板传感器的结构

霍尔式加速踏板传感器（见图 3-4-4）由永久磁铁、霍尔集成电路和踏板回位弹簧等组成，其中霍尔集成电路安装在霍尔传感器的上端盖，当加速踏板处于不同位置时，两块永久磁铁在加速踏板转轴的带动下转动，改变其位置，从而改变永磁磁铁与霍尔集成电路的相对位置。

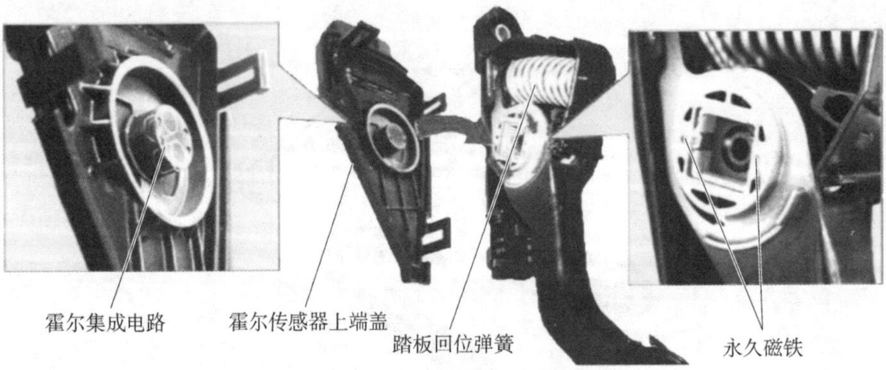

图 3-4-4　霍尔式加速踏板传感器的结构

3.4.3　加速踏板位置传感器的工作原理

1. 电位器式加速踏板位置传感器的工作原理

图 3-4-5 为电位器式加速踏板位置传感器的电路原理图，整车控制模块 VCU 分别为加速踏板位置传感器内的 2 个传感器提供 5 V 的电源，当滑片在滑动电阻上滑动时，2 个传感器输出的电压就会改变。从图 3-4-5 中可见，2 个传感器的电路原理一样，都由 3 条线路组成，分别为电源线、信号线和搭铁线。2 个传感器都由 VCU 提供

电压为 5 V 的电源。图 3-4-6 为加速踏板位置传感器信号特征图。为了能更精准地监测加速踏板位置传感器是否出现信号偏差，加速踏板位置传感器的 2 个信号之间有这样的关系：无论加速踏板开度在何处，其信号 1 的电压是信号 2 电压的 2 倍。由图 3-4-6 可见，传感器 2（APP2）的信号电压在 0.5～2.5 V 之间，传感器 1（APP1）的信号电压则在 1～5 V 之间，且都随加速踏板开度的增大而变大。

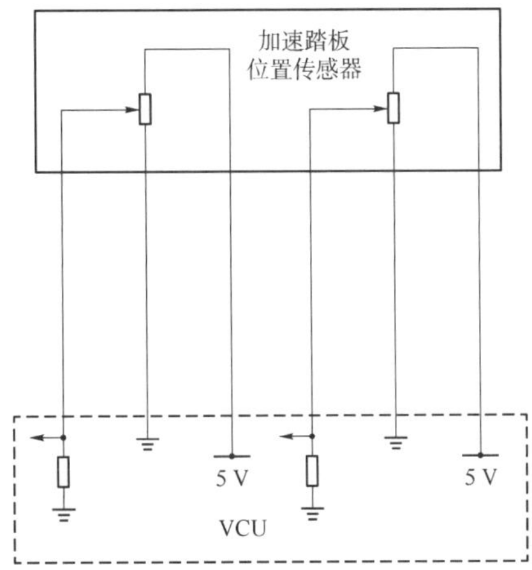

图 3-4-5　电位器式加速踏板位置传感器的电路原理图

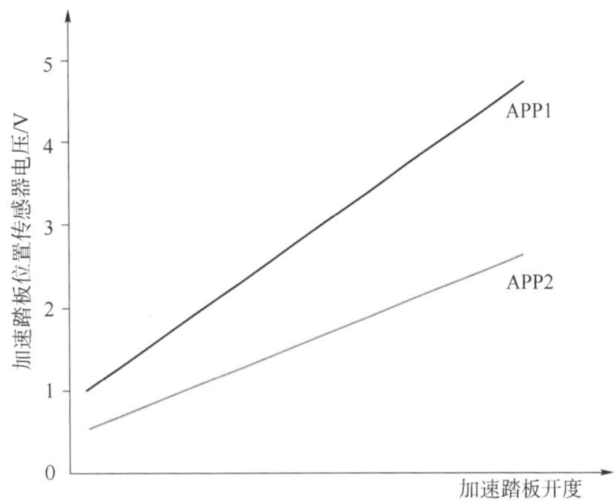

图 3-4-6　电位器式加速踏板位置传感器信号特征

2. 霍尔式加速踏板传感器的工作原理

图 3-4-7 为霍尔式加速踏板传感器的工作原理。若驾驶员踩下加速踏板，霍尔传感器内的两块永磁体（N 和 S 极）会随着加速踏板转轴转动，当加速踏板被踩到底时，传感器内的两块磁铁正对霍尔集成电路内的霍尔元件，传感器产生最大霍尔电压。当驾驶员松开加速踏板时，两块永久磁铁随着加速踏板转轴转动回位，它们与霍尔元件的垂直夹角越来越大，导致有效磁场强度越来越小，霍尔元件产生的电压也越来越小。

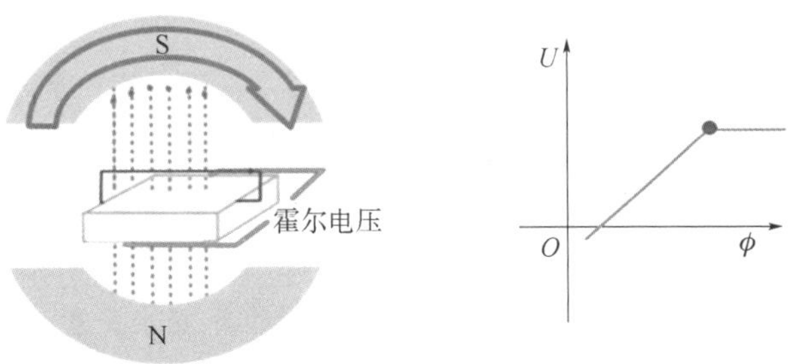

图 3-4-7　霍尔式加速踏板传感器的工作原理

知识小结

- 加速踏板位置传感器的结构与检修〔赛证〕
  - 加速踏板位置传感器的作用
  - 加速踏板位置传感器的结构
    - 电位器式加速踏板位置传感器的结构
    - 霍尔式加速踏板传感器的结构
  - 加速踏板位置传感器的工作原理
    - 电位器式加速踏板位置传感器的工作原理
    - 霍尔式加速踏板传感器的工作原理

任务实施

1. 实施准备

实施本任务应准备的材料见表 3-4-2。

表 3-4-2　任务实施材料

序号	名称
1	新能源汽车整车
2	万用表
3	绝缘手套
4	绝缘鞋或绝缘靴
5	高压警示牌
6	绝缘帽
7	护目镜
8	绝缘服
9	示波器
10	故障诊断仪

2. 故障分析

“1+X” 证书考核内容、技能大赛考点

下面我们对案例 3.4 中的故障进行分析，根据读到的加速踏板相关的故障码，可以迅速判定为该车的加速踏板位置传感器存在故障。该故障被整车控制模块 VCU 监测到后，就会储存相应的故障码，并点亮整车控制系统故障指示灯。同时，为了确保行车安全，整车还会启用降功率运行模式，所以仪表上的降功率指示灯也被点亮。

3. 故障检修

在新能源汽车中，当整车控制模块检测到加速踏板位置传感器 1 或 2 或两个传感器的电压信号超出其设定的阈值，或两个信号的电压值不匹配时，就会报如“加速踏板位置传感器电压过高”“加速踏板位置传感器电压过低”或“加速踏板信号不合理”等故障码，同时，也会点亮整车控制系统故障指示灯，部分车型还会出现 READY 灯不亮，无法上高压的情况。当出现以上故障时，可以按以下步骤进行检测：

第 1 步：顶起车辆，做好安全防护。用故障诊断仪读取故障码，查看车辆是否报加速踏板位置传感器相关故障代码，是否出现上述故障。读取整车控制模块 VCU 的数据流，判断加速踏板位置传感器的开度与实际开度是否一致。正常情况下，所读到的加速踏板位置传感器的开度应与实际开度基本一致，否则加速踏板位置传感器、线路或 VCU 可能存在故障。

第 2 步：图 3-4-8 中的“检查点 1”为加速踏板位置传感器 1 的电源线，打开点火开关至 ON 档，用万用表检测该处的电压值，应为 5 V 左右，否则应检查其线路或 VCU 的电源或其本身是否有故障。在该点电压正常的情况下，检测图中“检查点 2”与车辆搭铁之间的电阻值，正常应小于 1 Ω，否则应进一步检查该线路是否正常。

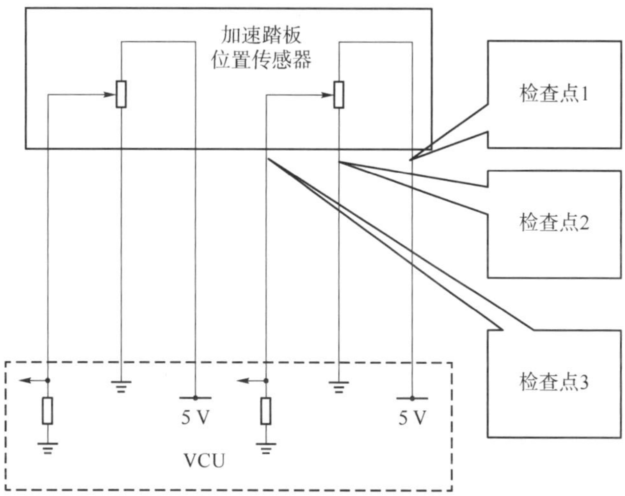

图 3-4-8 加速踏板位置传感器的电路原理图

第 3 步：图 3-4-8 中的“检查点 3”为加速踏板位置传感器 1 的“信号线”，在完成上述第 2 步的情况下，应由两人配合，一人用万用表检测该处电压，另一人缓慢踩下加速踏板。正常电压值应符合其电压信号范围，如不符合，则可能是加速踏板位置传感器存在故障，可更换传感器进行验证判断。

职业习惯养成：在进行加速踏板位置传感器的检测操作时，应将车辆的驱动桥架起，确保安全！

4. 故障总结

在这个故障中，读取系统的故障码后，故障原因的指向性非常明确。但在实际检查中，我们也要对故障码指向的电气元件用万用表进行进一步检查，确定故障的具体原因，以免造成误判。

课后练习

一、不定项选择题

1. 加速踏板位置传感器内有（　　）结构相同的位置传感器。

A. 1 个　　B. 2 个　　C. 3 个　　D. 4 个

2. 加速踏板位置传感器采用双电位计设计，其传感器 1 的输出电压是传感器 2 输出电压的（　　）。

A. 1 倍　　B. 2 倍　　C. 3 倍　　D. 4 倍

3. 当加速踏板踩下量变大时，加速踏板位置传感器的信号 1 与信号 2 端子的电压将变（　　），同一时刻，两种电压相比较，APP2 的电压更（　　）。

A. 大，大　　B. 小，小　　C. 大，小　　D. 小，大

4. 在车上检查加速踏板位置传感器时，需要使用（　　）。

A. 故障诊断仪　　B. 燃油表　　C. 压力表　　D. 万用表

5. 以下为某车型加速踏板位置传感器的电压信号，选项（　　）数据是正确的。

A. $V_{APP1}=0.76$ V，$V_{APP2}=0.38$ V　　B. $V_{APP1}=1.25$ V，$V_{APP2}=2.50$ V

C. $V_{APP1}=2.00$ V，$V_{APP2}=2.00$ V　　D. $V_{APP1}=5.20$ V，$V_{APP2}=2.60$ V

二、判断题

1. 加速踏板位置传感器的电源是 12 V 的，由主继电器供给。（　　）

2. 加速踏板位置传感器产生一个电压信号，用于 VCU 判断油门踏板的深度。（　　）

3. 加速踏板位置传感器的信号随加速踏板开度的变大而变大。（　　）

4. 只要加速踏板位置传感器出现故障，车辆就无法上高压，无法行驶。（　　）

5. 整车控制模块 VCU 可以通过加速踏板来监测驾驶员的意图。（　　）

学习笔记

任务工单

按要求执行高压下电，做好防护后，对加速踏板位置传感器进行检测，完成以下任务。

<table>
<tr><th>传感器</th><th>传感器类型</th><th>作业内容</th><th colspan="3">记录</th></tr>
<tr><td rowspan="11">加速踏板位置传感器</td><td rowspan="11">滑动电阻式传感器</td><td>读取故障码</td><td colspan="3">有无故障码？　□有，□无。
故障码：
______________________</td></tr>
<tr><td>读取数据流（开度或电压值）</td><td colspan="3">未踩下踏板时：____________
踏板踩到底：____________
缓慢踩下踏板时数据流的变化情况：
____________________</td></tr>
<tr><td rowspan="2">定义</td><td rowspan="2">针脚号</td><td colspan="2">测量电压值/V</td></tr>
<tr><td>未踩下踏板</td><td>踏板踩到底</td></tr>
<tr><td>电源线 1</td><td></td><td></td><td></td></tr>
<tr><td>信号线 1</td><td></td><td></td><td></td></tr>
<tr><td>电源线 2</td><td></td><td></td><td></td></tr>
<tr><td>信号线 2</td><td></td><td></td><td></td></tr>
<tr><td rowspan="2">搭铁线的对地电阻值/Ω</td><td>传感器 1</td><td colspan="2"></td></tr>
<tr><td>传感器 2</td><td colspan="2"></td></tr>
<tr><td>最后判断</td><td colspan="3">是否正常？□是，□否。</td></tr>
</table>

项目 4

新能源汽车电机控制系统的检修

任务 4.1 电机控制器的结构及工作原理认知[赛证]

任务目标

※知识目标

- 了解电机控制器的功能；
- 掌握常见车型电机控制器的结构组成和特点；
- 掌握三相电压型逆变器的逆变原理。

※技能目标

- 能够描述常见车型电机控制器的安装位置、内部结构和工作特点；
- 能够描述三相电压型逆变器的逆变原理。

※素质目标

- 树立规范操作的意识；
- 倡导节约用能，培养绿色低碳行为。

任务导入

案例 4.1 一辆新能源汽车在起动后无法行驶，仪表上电机过热警告灯点亮，同时出现提示前往 4S 店维修的信息，如图 4-1-1 所示。

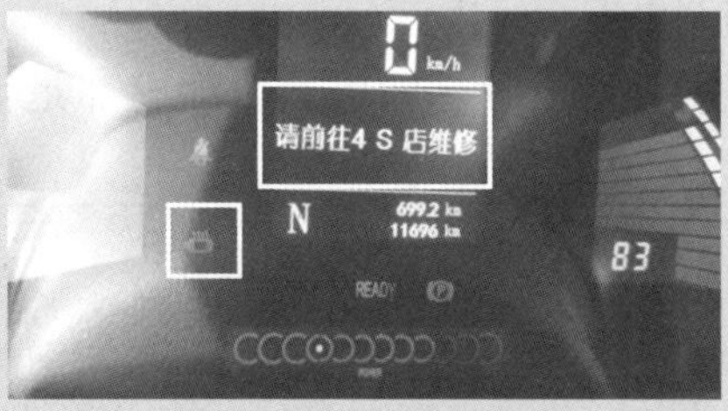

图 4-1-1 电机控制器故障指示灯

该车经技术人员检查，发现存在以下故障：在每次起动车辆时，READY 灯能正常点亮（说明车辆高压能正常上电），但在踩刹车挂档并松开手刹后，电机控制器上的蜂鸣器即发出“一长三短”的警报声。经查阅该车型维修手册得知，电机控制器发出“一长三短”故障警报声的故障原因是“电机控制器硬件过流”。根据该故障现象和查阅维修手册得到的信息，请你学习并运用相关知识，对该故障进行分析、检查，确定该故障的具体原因。

知识准备

电机控制系统（包括驱动电机和电机控制器）是新能源汽车车辆行驶中的主要执行结构，其控制和驱动特性决定了汽车行驶的主要性能指标。

电机控制器作为新能源汽车中连接动力蓄电池与电机的电能转换单元，是电机控制系统的核心，主要包含 IGBT（绝缘栅双极晶体管）功率半导体模块及其关联电路等硬件部分，以及电机控制算法及逻辑保护等软件部分。

4.1.1 电机控制器的作用

电机控制器（MCU）是电机控制系统的控制中心，它接收整车控制模块（VCU）的指令对驱动电机进行控制。

电机控制器将动力电池提供的直流电转化为交流电，然后输出给驱动电机，并控制驱动电机来实现整车加速、减速，控制驱动电机的反转来实现倒车。

电机控制器的另一个重要功能是通信和保护，实时对驱动电机状态和故障监测，保护电机控制系统和整车安全可靠运行。

电机控制器的主要功能有以下 5 个方面。

（1）控制驱动电机正向驱动、反向驱动、正转发电、反转发电。

（2）控制驱动电机的动力输出，同时对驱动电机进行保护。

（3）通过 CAN 与其他控制模块通信，接收并发送相关信号，间接地控制车上相关系统正常运行。

（4）制动能量回馈控制。在制动时实现车辆的动能转变为电能回馈。值得注意的是，在电机控制器的能量回馈控制中，需要考虑满足制动安全的要求、电机控制系统的回馈能力和电池组的充电安全等因素。

（5）自身内部故障的检测和处理。即用于监测内部是否存在故障并存储相关的数据。

4.1.2 电机控制器的组成

根据《电动汽车用驱动电机系统　第 1 部分：技术条件》（GB/T 18488.1—2015）对电机控制器的定义，电机控制器就是控制主牵引电源与驱动电机之间能量传输的装置，由外界控制信号接口电路、驱动电机控制电路、驱动电路组成。

电机控制系统包括硬件电路和相应的控制软件。硬件电路主要包括微处理器及其电路，对驱动电机电流、电压、转速、温度等状态的监测电路，各种硬件保护电路，以及与整车控制器、蓄电池管理系统等外部控制单元数据交互的通信电路。控制软件根据不同类型驱动电机的特点实现相应的控制算法。

电机控制器将微处理器对驱动电机的控制信号转换为驱动功率变换器的驱动信号，实现功率信号和控制信号的隔离。

功率变换模块对驱动电机电流进行控制。新能源汽车经常使用的功率器件有大功率晶体管、门极可关断晶闸管、功率场效应管、绝缘栅双极晶体管及智能功率模块等。

目前，新能源汽车电机控制器多采用三相全桥电压型逆变电路，部分产品前置双向 DC/DC 变换器，以增大电机端输入交流电压，提升高转速下的输出功率，降低电机设计与生产成本。

综合技术和市场趋势分析，未来车用驱动电机系统的 3 个技术发展方向是永磁化、数字化和集成化。

（1）永磁化。永磁电机具有功率密度和转矩密度高、效率高、便于维护的优点。目前电机永磁化趋势正凸显，有数据显示，永磁同步电机在我国新能源汽车中的使用占比已超过 90%。

（2）数字化。包括驱动控制的数字化、驱动到数控系统接口的数字化和测量单元数字化。用软件最大程度地代替硬件，具有保护、故障监控、自诊断等其他功能。

（3）集成化。主要体现在以下两个方面。

①电机方面：电机与发动机总成、电机与变速箱总成的集成化。

②控制器方面：电力电子总成（功率器件、驱动、控制、传感器、电源等）的集成化。未来将电机、减速机、控制器一体化，这样处理不仅减小了体积，更使得产品更加标准化。

4.1.3　电机控制器的工作原理

电机
控制器的工作
原理与检测

图 4-1-2 为新能源汽车电机控制器的工作原理示意图。动力电池为电机控制器提供高压直流电，电机控制器内部通过控制板和驱动板来控制三相电压型逆变器 6 个 IGBT 的开关，使直流电转换为三相交流电，驱动电机运转。同时，电机控制器会通过接收电机的旋变和温度传感器信号，来监控驱动电机的工作状态。电机控制器通过控制内部集成的 6 个晶体管，实现给电机 3 组定子绕组通电，从而实现对驱动电机的控制。电机控制器控制电机定子绕组的通电时需要控制以下因素。

（1）驱动电机旋转方向控制：电机控制器通过给驱动电机的不同定子绕组供电，持续让驱动电机旋转。电机控制器通过改变每个绕组的相序，实现反向运行。

（2）驱动电机输出扭矩控制：当需要改变驱动电机的输出扭矩时，电机控制器通过对输出电压调幅的方式进行控制。只要让不同时间的输出电压的高低发生变化，就会使其输出的扭矩发生改变。

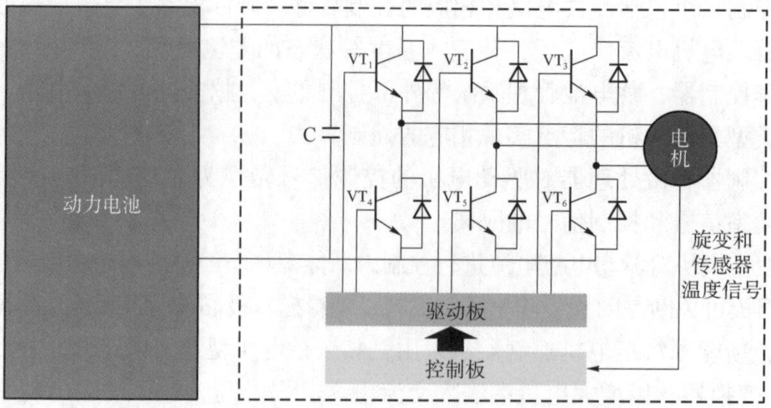

图 4-1-2　新能源汽车电机控制器的工作原理示意图

（3）驱动电机输出转速控制：当需要改变驱动电机的转速时，电机控制器通过改变输出频率的方式进行控制，控制的频率越高，其输出转速越高。

由此可见，电机控制器通过不断地进行输出相序、输出电压幅值、输出频率的改变，来满足驾驶员的需求。

4.1.4　三相电压型逆变器简介

根据电机旋转磁场产生的原理可知，采用工频交流电网提供恒压恒频交流电时，永磁同步电机调速系统无法实现调速，因此，现在已普遍采用变频技术对永磁同步电机进行调速。因此，需要能够提供变压变频（VVVF）的交流电源——逆变器。现代的逆变器基本采用由固态电力电子器件构成的静止式逆变器。

逆变器是一种将直流电压变换成交流电压的装置。依据不同的分类规则，逆变器有多种分类方式。逆变器根据直流环节直流电源性质的不同，可以分为电压源型和电流源型；根据相数可以分为单相型、三相型和多相型；根据其主电路结构可以分为简单两电平逆变器、多电平逆变器和多重化逆变器。

1. 三相电压型逆变器的构成

三相电压型逆变器整体结构示意图如图 4-1-3 所示。输入为直流电，输出为交流电，装置的正面有与外部控制信号相连接的插座，底部安装有散热器。新能源汽车驱动电机用逆变器通常采用水冷方式冷却，对逆变器各主要发热部件进行散热。

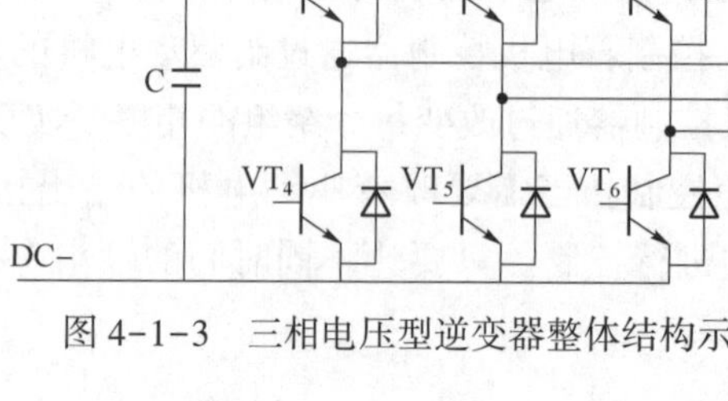

图 4-1-3　三相电压型逆变器整体结构示意图

在电压型逆变器中，应用较多的电力电子器件是功率二极管、绝缘栅双极晶体管 IGBT、金属-氧化物-半导体场效应晶体管 MOSFET、电力晶体管 GTR、MOS 门控晶闸管 MCT 等，SiC 材料器件也已经开始得到应用。

三相电压型逆变器内的主要部件如下：

功率二极管是以 PN 结为基础的，实际上就是由一个面积较大的 PN 结和两端引线封装组成的。功率二极管的结构和图形符号如图 4-1-4 所示，包括阳极 A 和阴极 K。功率二极管和电子电路中二极管的工作原理一样，即若二极管处于正向电压作用下，则 PN 结导通，正向管压降很小；反之，若二极管处于反向电压作用下，则 PN 结截止，仅有极小的可忽略的漏电流流过二极管。

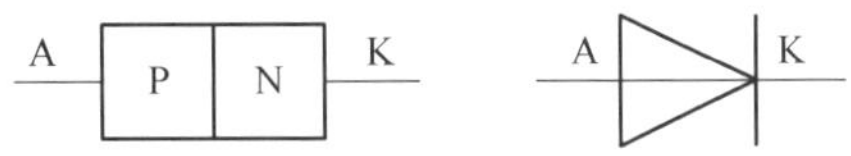

图 4-1-4 功率二极管的结构和图形符号

IGBT（insulated gate bipolar transistor）是由 BJT（双极型三极管）和 MOSFET 组成的复合全控型电压驱动式功率半导体器件，兼有 MOSFET 和 BJT 低导两方面的优点，具有非常高的输入阻抗和电压、电流处理能力，开关速度快，可以使用非常低的电压控制切换非常高的电流，目前广泛应用于新能源汽车电机驱动、工业领域和消费电子行业。

功率母排是高频电力电子装置中主电路寄生电感引起较大电压尖峰的主要部分，其可采用铜排和极板两种形式。铜排具有较大的漏电感和较强的内应力，传统的极板直接通过螺栓与功率模块相互连接。在变流系统中，复合母排极板由 5 层板组成，从功率模块正端开始依次为：上层绝缘板、正极板、中间层绝缘板、负极板和底层绝缘板，在两极板交界面同时可设置绝缘垫圈。

缓冲电路又称吸收电路，缓冲电路的基本工作原理是利用电感电流不能突变的特性抑制器件的电流上升率，利用电容电压不能突变的特性抑制器件的电压上升率。

超级电容器，又名电化学电容器、双电层电容器、黄金电容、法拉电容，是从 20 世纪七八十年代发展起来的通过极化电解质来储能的一种电化学元件。它不同于传统的化学电源，是一种介于传统电容器与蓄电池之间、具有特殊性能的电源，主要依靠双电层和氧化还原赝电容电荷储存电能。但在其储能的过程中并不发生化学反应，这种储能过程是可逆的，也正因如此，超级电容器可以反复充放电数十万次。其基本原理和其他种类的双电层电容器一样，都是利用活性炭多孔电极和电解质组成的双电层结构获得超大容量。

2. 电机控制器中三相电压型逆变器的逆变原理

电机控制器通过将高压直流电逆变成三相交流电来实现对驱动电机的控制，以下是其逆变器的逆变原理。

1）交流电的产生

交流电的产生如图 4-1-5 所示。若 S_1、S_4 闭合，产生正向电压，如图 4-1-5（a）所示；若 S_2、S_3 闭合，产生反向电压，如图 4-1-5（b）所示。通过控制开关的通断时间，可以得到如图 4-1-5（c）所示的波形。

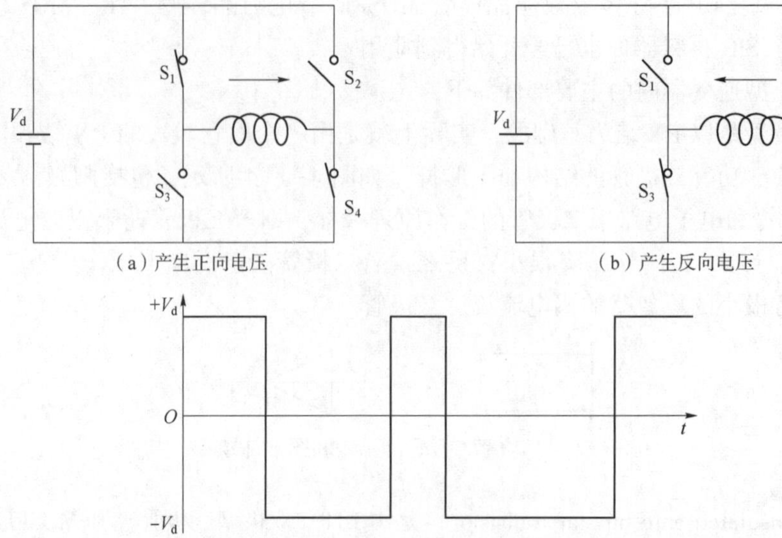

（a）产生正向电压　　（b）产生反向电压

（c）AC电压波形

图 4-1-5　交流电的产生

交流电正弦波的产生原理如图 4-1-6 所示，通过控制产生不同电压幅值和脉宽的交流电方波，根据面积相等的等效原理可以得出交流电正弦波。

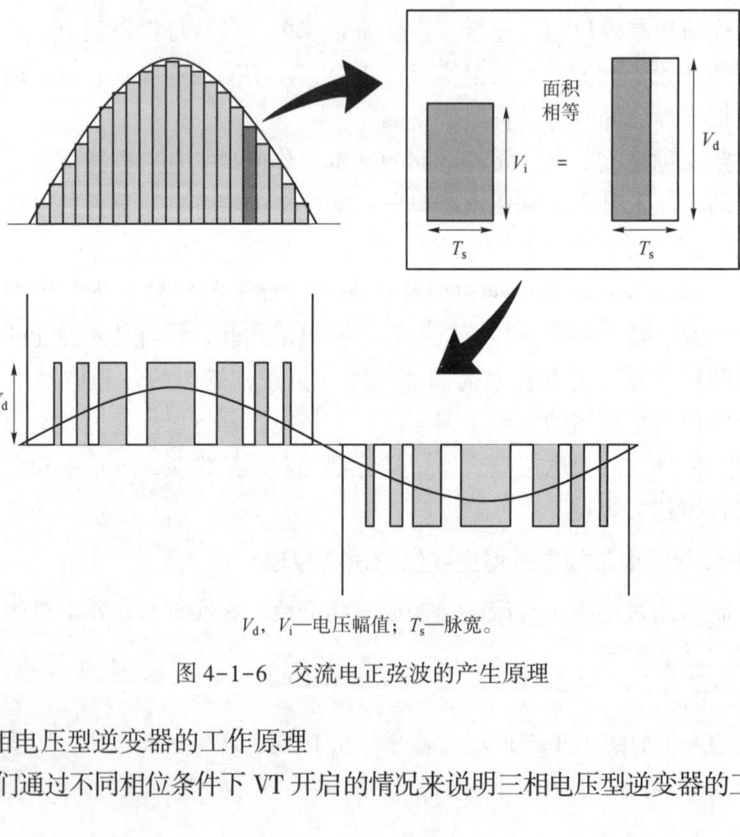

V_d，V_i—电压幅值；T_s—脉宽。

图 4-1-6　交流电正弦波的产生原理

2） 三相电压型逆变器的工作原理

下面我们通过不同相位条件下 VT 开启的情况来说明三相电压型逆变器的工作原理。

（1）0°时三相电压波形如图 4-1-7（a）所示，VT_3、VT_5 全导通，电流流向：正极—VT_3—W 相线圈—V 相线圈—VT_5—负极，如图 4-1-7（b）所示。

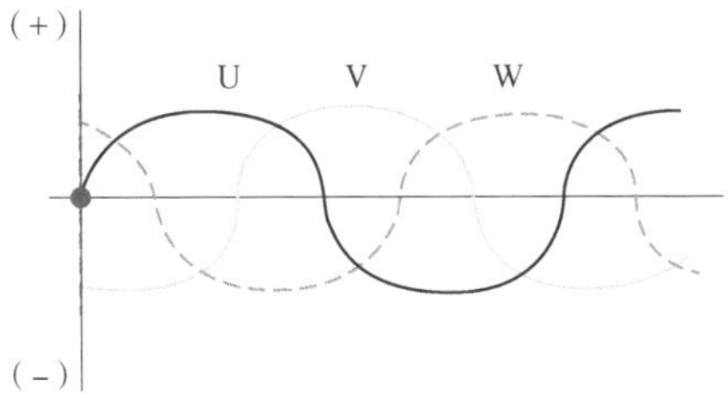

（a）三相电压波形

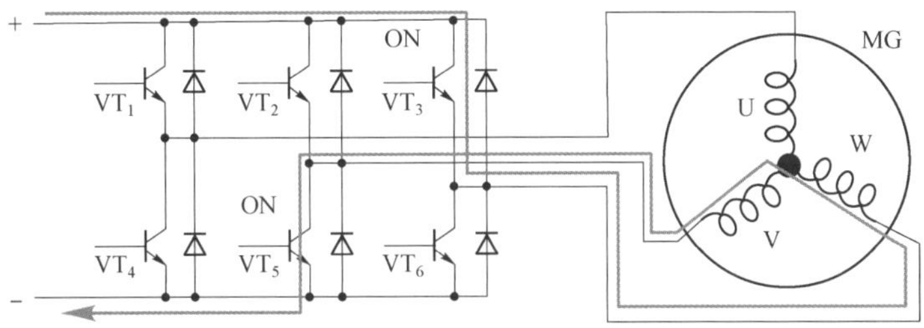

（b）电流流向

图 4-1-7　0°时 VT 导通情况

（2）30°时三相电压波形如图 4-1-8（a）所示，VT_1、VT_3 半导通，VT_5 全导通，电流分两路［见图 4-1-8（b）］：

①正极—VT_3—W 相线圈—V 相线圈—VT_5—负极；

②正极—VT_1—U 相线圈—V 相线圈—VT_5—负极。

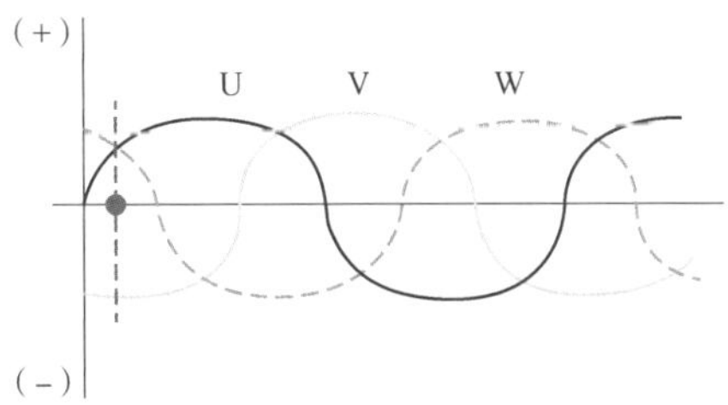

（a）三相电压波形

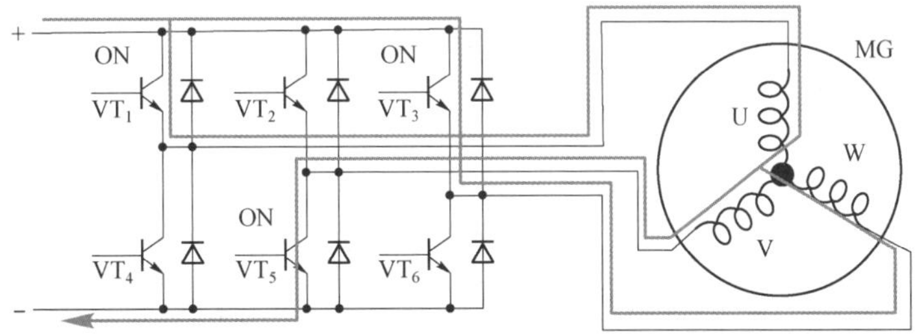

（b）电流流向

图 4-1-8　30°时 VT 导通情况

(3) 60°时三相电压波形如图 4-1-9(a)所示。VT_1、VT_5 全导通，电流流向：正极—VT_1—U 相线圈—V 相线圈—VT_5—负极，如图 4-1-9(b)所示。

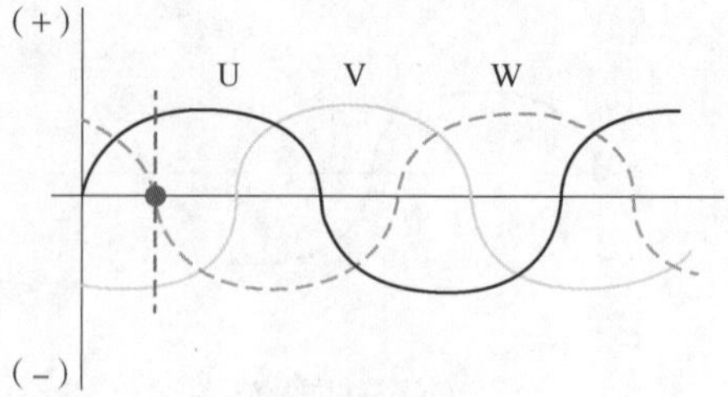

(a)三相电压波形

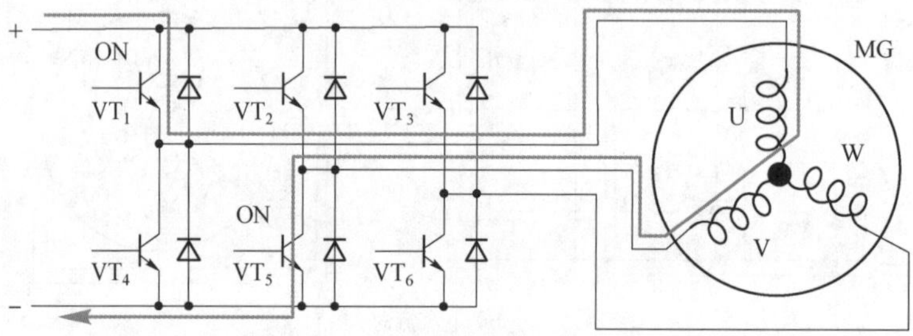

(b)电流流向

图 4-1-9　60°时 VT 导通情况

(4) 90°时三相电压波形如图 4-1-10(a)所示，VT_1 全导通，VT_5、VT_6 半导通，电流分两路[见图 4-1-10(b)]：

①正极—VT_1—U 相线圈—V 相线圈—VT_5—负极；

②正极—VT_1—U 相线圈—W 相线圈—VT_6—负极。

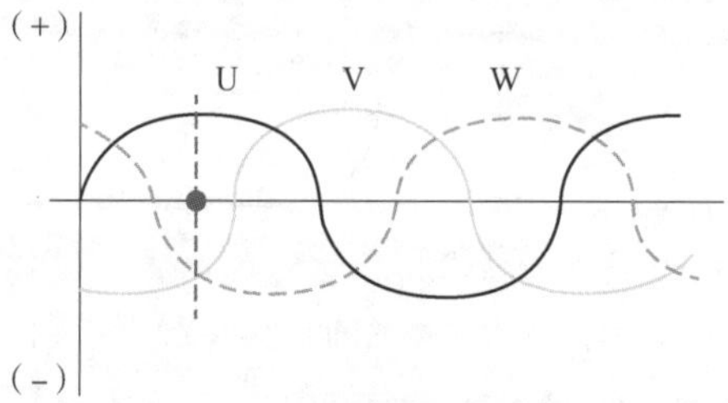

(a)三相电压波形

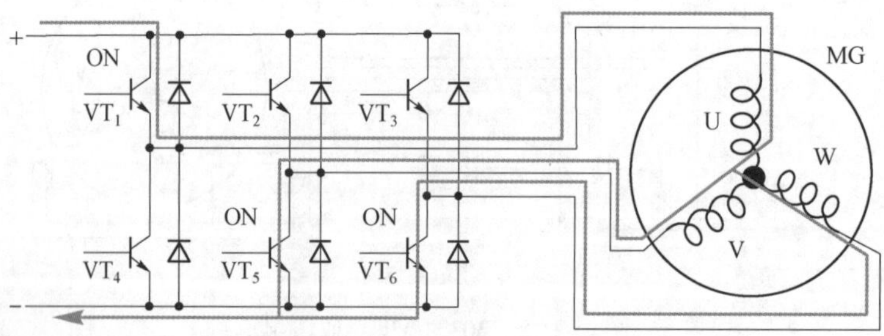

(b)电流流向

图 4-1-10　90°时 VT 导通情况

（5）120°时三相电压波形如图 4-1-11（a）所示。VT_1、VT_6 全导通，电流流向：正极—VT_1—U 相线圈—W 相线圈—VT_6—负极，如图 4-1-11（b）所示。

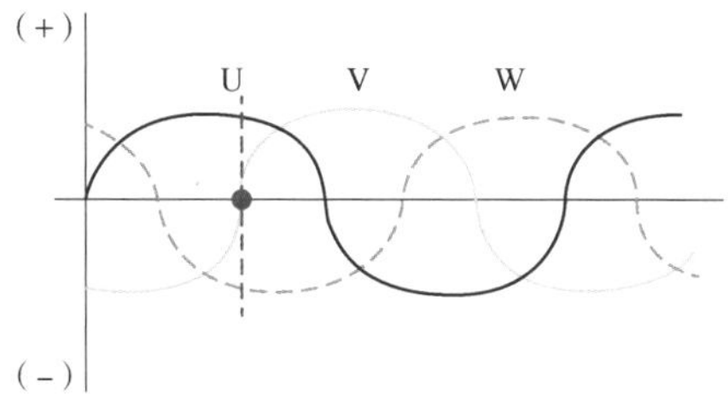

（a）三相电压波形

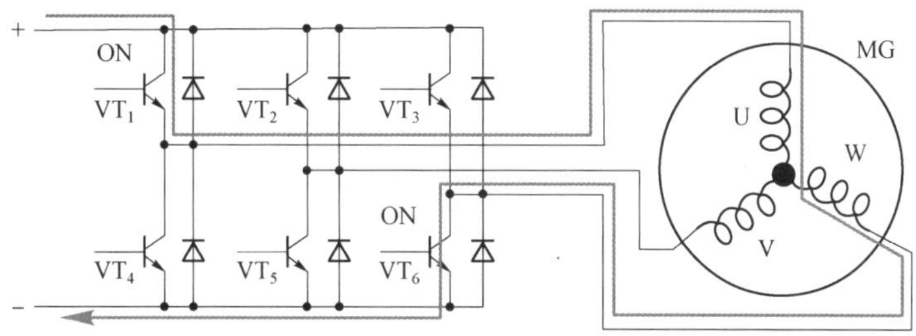

（b）电流流向

图 4-1-11　120°时 VT 导通情况

3）三相电压型逆变器动能回收的工作原理和控制基本策略

下面通过不同相位条件下的电流流向来说明三相电压型逆变器动能回收的工作原理。

（1）0°时再生电压波形如图 4-1-12（a）所示，再生电流流向：负极—VD_6—W 相线圈—V 相线圈—VD_2—正极，如图 4-1-12（b）所示。

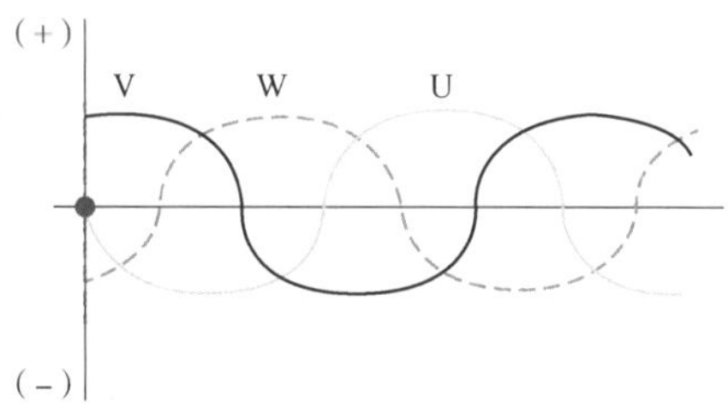

（a）再生电压波形

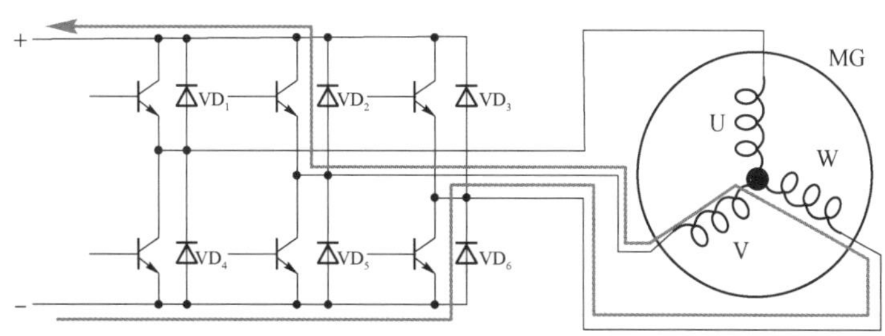

（b）再生电流流向

图 4-1-12　0°时再生电流流向

（2）30°时再生电压波形如图 4-1-13（a）所示，再生电流分两路［见图 4-1-13（b）］：

①负极—VD_6—W 相线圈—V 相线圈—VD_2—正极；

②负极—VD_4—U 相线圈—V 相线圈—VD_2—正极。

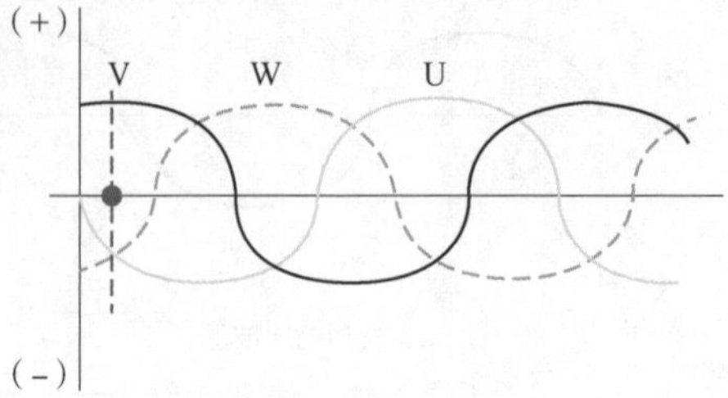

（a）再生电压波形

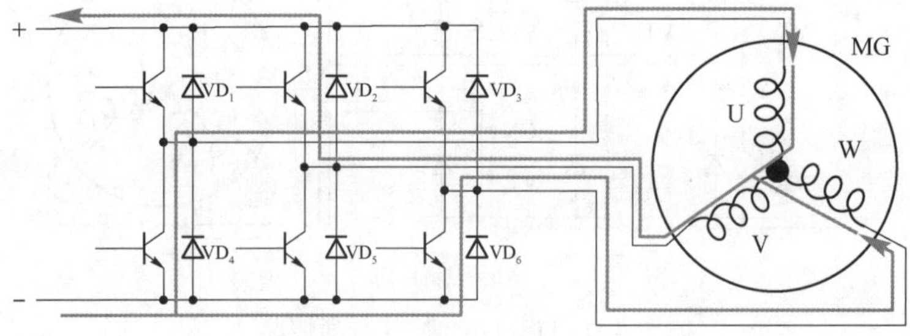

（b）再生电流流向

图 4-1-13　30°时再生电流流向

（3）60°时再生电压波形如图 4-1-14（a）所示，再生电流流向：负极—VD_4—U 相线圈—V 相线圈—VD_2—正极，如图 4-1-14（b）所示。

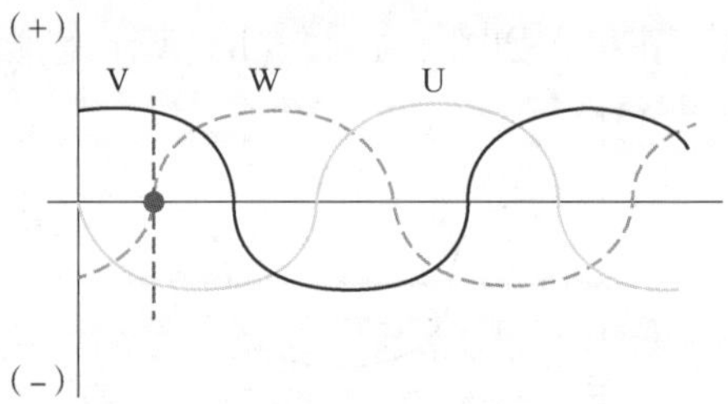

（a）再生电压波形

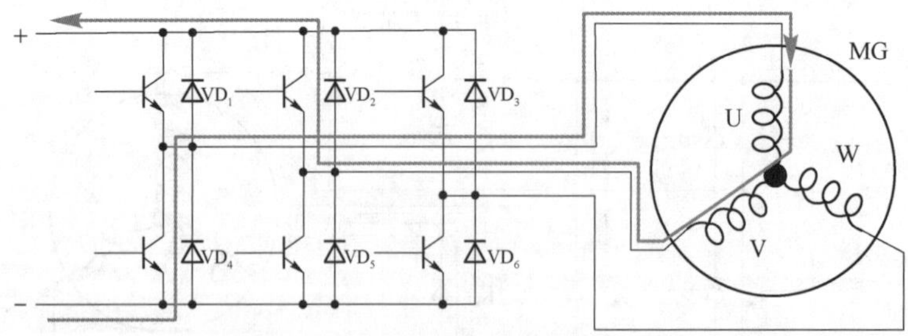

（b）再生电流流向

图 4-1-14　60°时再生电流流向

（4）90°时再生电压波形如图 4-1-15（a）所示，再生电流分两路［见图 4-1-15（b）］：

①负极—VD_4—U 相线圈—V 相线圈—VD_2—正极；

②负极—VD_4—U 相线圈—W 相线圈—VD_3—正极。

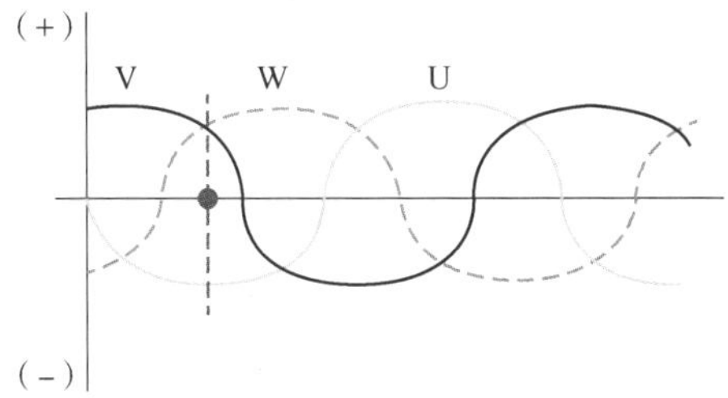

（a）再生电压波形

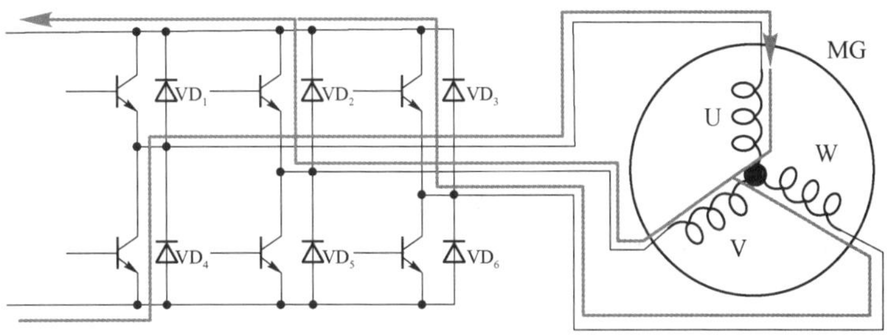

（b）再生电流流向

图 4-1-15　90°时再生电流流向

（5）120°时再生电压波形如图 4-1-16（a）所示，再生电流流向：负极—VD_4—U 相线圈—W 相线圈—VD_3—正极，如图 4-1-16（b）所示。

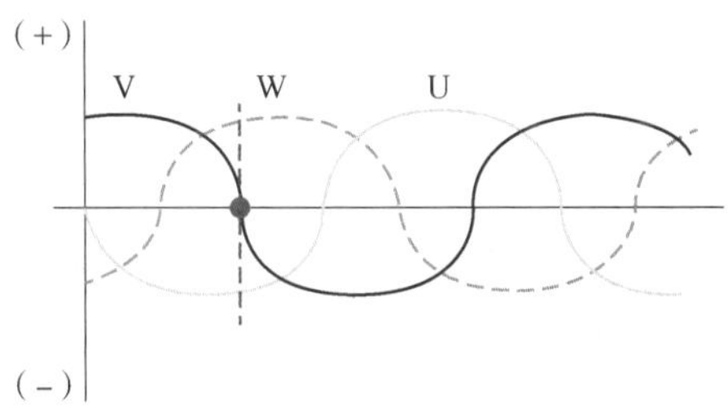

（a）再生电压波形

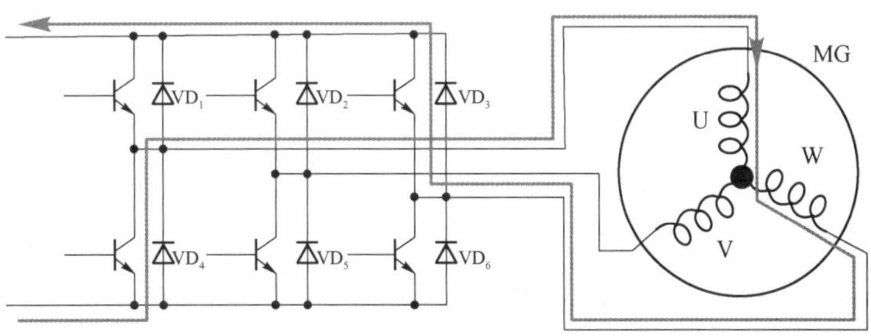

（b）再生电流流向

图 4-1-16　120°时再生电流流向

4）能量回收的条件

在电动汽车进行能量控制时，其过程受到车辆行驶状态、制动安全和蓄电池充电安全等条件的限制，包括蓄电池 SOC、电动机的回馈能力和当前转速等，回馈制动控制策略需要与整车制动要求紧密结合。在实际应用中回馈制动应满足一定的约束条件，并采取相应的控制策略。一般来说，能量回收的条件应具备的条件包括以下 3 个方面。

（1）满足制动安全的要求。

在能量回馈制动过程中，制动安全是第一位的。根据整车的制动要求，回馈制动系统应保持一定的制动转矩，以保证整车的制动效能，如制动减速度、制动距离等。在一般的减速过程中，回馈制动可以满足要求。当制动力矩需求大于系统回馈制动能力时，还需要采用传统的机械制动，这种情况下能量回馈系统会通过加大回馈充电的功率，一方面可以辅助机械制动系统增强制动效果，另一方面可以起到减小制动系统摩擦部件的磨损。此外，当车速转速低至回馈制动无法实现时，也需要采取其他制动方式辅助制动运行。能量回馈系统和制动系统的关系密切，所以在有些带有车轮防抱死制动系统的车型中，如果车轮防抱死系统监测到故障，ABS 故障指示灯点亮，能量回馈系统就会停止回馈能量。

（2）电机系统的回馈能力。

回馈制动系统在工作过程中，应考虑电机系统在发电过程中的工作特性和输出能力。因此需要对回馈过程中的电流大小进行限制，以保证电机系统的安全运行。这部分功能通过控制器内的斩波电路实现。

（3）动力电池的充电安全。

新能源汽车常用的动力电池包括铅酸电池、锂电池、镍氢电池等。充电时应避免充电电流过大，损坏动力电池。因此回馈制动系统的容量除了要考虑电机控制系统的回馈能力外，还应包含动力电池的充电承受能力。由于回馈制动过程时间有限，因此主要约束条件为充电电流的大小。此外，为保障动力电池安全，动力电池 SOC 也是制约能量回馈的一个条件。在动力电池 SOC 较高时，能量回馈停止。对于有些车型，如果动力电池 SOC 达到 95%以上，系统会停止能量回馈。

3. 电机控制器的续流原理

如上所述，当动力电池 SOC 接近 100%时，车辆在制动或滑行过程中，能量回馈系统不会对动力电池进行充电。但这种情况下，驱动电机在车轮的驱动下还会发电，所以需要通过电机控制器对驱动电机所输出的电流进行续流，以保护驱动电机不会被烧坏。图 4-1-17 为电机控制器的续流原理图。

以驱动电机的 U 相为例，在这个电路中，当动力电池不需要回馈能量该相输出电流时，VT_4 在控制器的控制下导通，使电流流经 VT_4，再由 VT_5 和 VT_6 内的寄生二极管经 V、W 相线圈流入 U 相，形成回路续流。

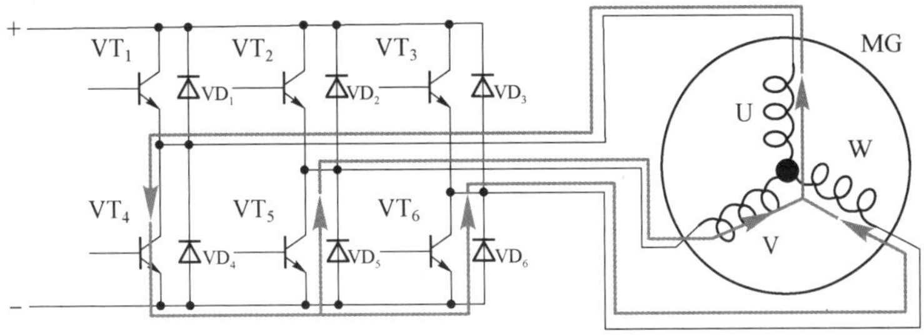

图 4-1-17　电机控制器的续流原理图

知识小结

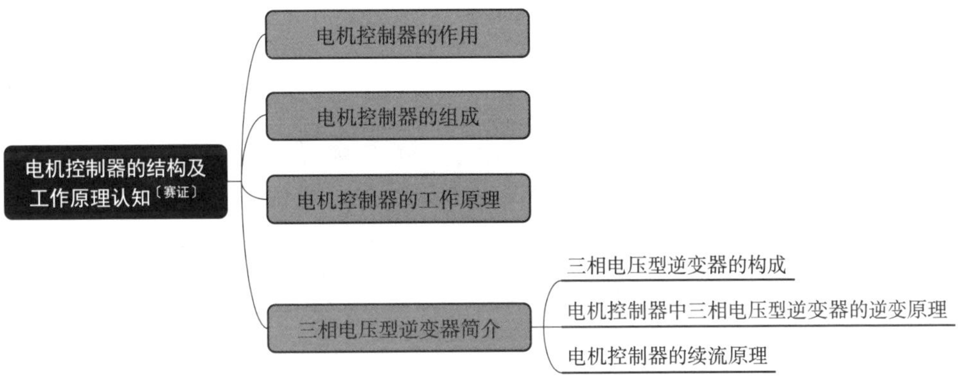

任务实施

1. 实施准备

实施本任务应准备的材料见表 4-1-1。

表 4-1-1　实施任务材料

序号	名称
1	新能源汽车整车
2	万用表
3	绝缘手套
4	绝缘鞋或绝缘靴
5	高压警示牌
6	绝缘帽
7	护目镜
8	绝缘服
9	示波器
10	故障诊断仪

2. 任务故障检修

"1+X"证书考核内容、技能大赛考点

1）故障分析

在案例 4.1 中，通过分析故障现象和查阅维修手册得知，该故障应为电机控制器或驱动电机故障。导致"电机控制器硬件过流"的原因主要是电机控制器内 IGBT 或 MOSFET 被击穿和驱动电机的 U、V、W 相线圈短路。

2）故障检查及排除

电机控制器内的 IGBT 或 MOSFET 被击穿，对此可以用万用表的二极管档测量电机控制器高压母线"B+"和"B-"与 U、V、W 相之间的电压降低值进行判断，具体方法如下：

（1）如图 4-1-18 所示，当测量电机控制器高压母线"B+"与 U、V、W 相之间的电压降低值时，将万用表黑表笔连接高压母线"B+"，红表笔依次连接 U、V、W 相，正常电压应为 0.4~0.7 V。

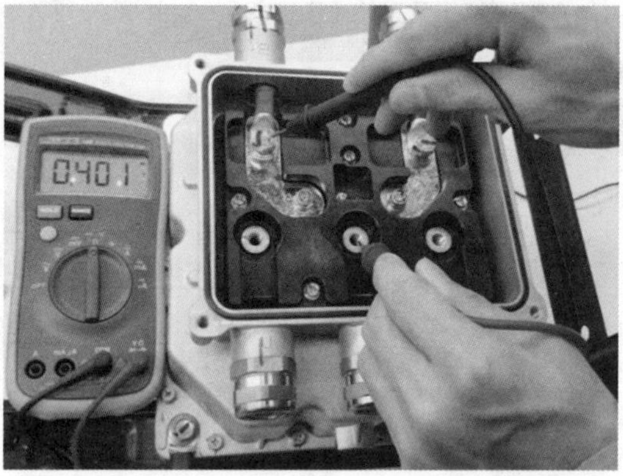

图 4-1-18　测量高压母线"B+"与各相导通情况

（2）如图 4-1-19 所示，当测量电机控制器高压母线"B-"与 U、V、W 相之间的电压降低值时，将万用表红表笔连接高压母线"B-"，黑表笔依次连接 U、V、W 相，正常电压也应为 0.4~0.7 V。

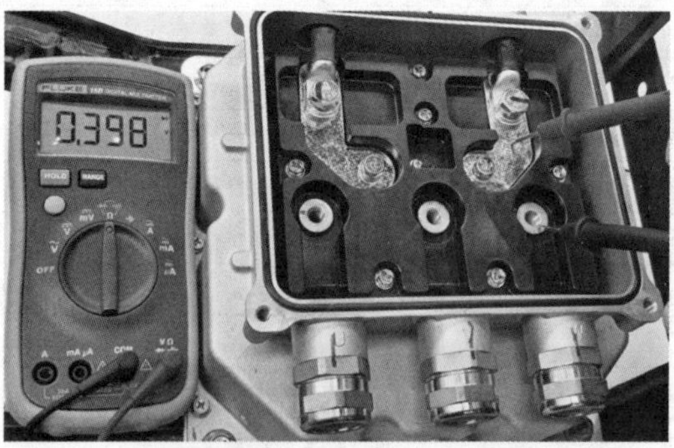

图 4-1-19　测量高压母线"B-"与各相导通情况

驱动电机的 U、V、W 相线圈短路，则可以在拆除电机控制器的 U、V、W 相高压线后，通过分别测量三相绕组的电阻值进行判断。具体测量方法可以参考本书项目 2 中的相关内容。

当用万用表二极管档测量电机控制器的 U 相与高压母线“B+”之间是否直通，用万用表二极管档测量该电机控制器的“B+”与 U 相之间的电压降值时，显示电压值为 0 V，如图 4-1-20 所示。由此可见，该故障为该电机控制器内的 IGBT 被击穿，在 IGBT 被击穿后，导致驱动电机工作时电流过大，引起电机控制器温度过高，车辆无法行驶，仪表上的电机过热警告灯被点亮。在更换电机控制器后，该故障排除，车辆恢复正常。

图 4-1-20　U 相与高压母线“B+”之间的直通测量结果

3）故障总结

在这个任务中，故障原因是电机控制系统内的晶体管损坏，故障涉及高压部件的内部。因此在平时的学习中，除了要了解高压部件的作用和结构，内部工作的机理也要重视。如果对高压部件内部的机理不了解，在实际工作中就无法通过测量来判断高压部件是否存在故障。值得注意的是，IGBT 直通故障往往会引起动力电池内保险烧断，继电器黏连等故障，在检修时应加以注意。

课后练习

一、不定项选择题

1.（　　）又称为逆变器，是应用电力电子器件将直流电转换成交流电的一种变流装置。

A. AC/AC 变换器　　B. AC/DC 变换器

C. DC/DC 变换器　　D. DC/AC 变换器

2. 功率二极管有两个电极，分别是分别是（　　）。

A. 阳极 A　　B. 阳极 N　　C. 阴极 K　　D. 阴极 P

3. 目前常用的器件主要有哪些？（　　）

A. GTR　　B. MOSFET　　C. IGBT　　D. MCT

4. 电机能量回馈控制策略需要考虑的因素包括（　　）。

A. 满足制动安全的要求　　B. 电动机系统的回馈能力

C. 电池组的充电安全　　D. 电动车的车身造型

二、判断题

1. 电机控制器自身产生故障时，控制器无法进行自诊断。（　　）

2. 电机控制器的控制策略确定了制动过程中能量的回馈量。（　　）

3. 电机控制器综合处理指令、速度、电流和位置传感器的反馈信号，控制功率变换器的工作状态，实现对驱动电机的状态控制。（　　）

4. 由电机控制器控制逆变器及整流电路等开关管导通与断开，来实现车辆在爬坡或加速行驶时电池向驱动电机和负载供电及在减速制动时驱动电机对电池进行充电。（　　）

5. 电机控制器接收到车身控制器（BCM）的指令后对驱动电机进行控制。（　　）

学习笔记

任务工单

执行高压下电后，拆下实训车辆电机控制器的高压母线“B+”和“B-”，再拆下电机控制器 U、V、W 相的高压线，用万用表和兆欧表对电机控制器进行测量，在必要时查找实训车辆的维修手册，完成以下任务工单。

序号	测量对象		测量值	标准值	使用仪表	备注
1	电机控制器高压母线“B+”与 U 相之间的导通情况	正向			万用表二极管档	
		反向				
2	电机控制器高压母线“B+”与 V 相之间的导通情况	正向				
		反向				
3	电机控制器高压母线“B+”与 W 相之间的导通情况	正向				
		反向				
4	电机控制器高压母线“B-”与 U 相之间的导通情况	正向				
		反向				
5	电机控制器高压母线“B-”与 V 相之间的导通情况	正向				
		反向				
6	电机控制器高压母线“B-”与 W 相之间的导通情况	正向				
		反向				
7	电机控制器 U、V、W 相与电机控制器外壳之间的绝缘电阻值	U 相			兆欧表	
		V 相				
		W 相				

注：绝缘电阻标准值以维修手册为准。

任务 4.2　电机控制系统常见故障检修〔赛证〕

任务目标

※知识目标

- 了解新能源汽车电机控制系统的电路组成及其基本工作原理；
- 掌握新能源汽车电机控制系统常见故障的检修方法。

※技能目标

- 能够进行电机控制系统常见故障的分析；
- 能对电机控制系统常见故障进行诊断与排除。

※素质目标

- 树立遵循规范、标准的意识；
- 培养勤于探索的工匠精神。

任务导入

案例 4.2　现有一辆采用后置后驱的纯电动汽车，在起步和低速行驶（时速<15 km/h）时偶发异响或抖动故障，车主反映后桥位置发出“蹬蹬”异响，伴随有车辆抖动的情况。经技术人员检查后，发现该车并没有故障码，但车辆确实存在故障，故障有以下特点：

（1）故障在车辆起步、低速行车时存在，车辆起步后高速行车时故障消除；

（2）故障为偶发故障，在技术人员断开蓄电池负极后或车辆休眠后再重新上高压电，故障会消除；

（3）故障出现时，如车辆上高压电，档位处于空档，推动车辆可感受到车辆阻力比正常时明显偏大；但下高压电后推车，阻力消除。

请你根据上述故障现象和故障特点，分析故障原因，排除故障。

知识准备

4.2.1　电机控制系统的电路组成

图 4-2-1 为电机控制系统电路原理图。在这个电路中，电路分为两大部分，即高压电路和低压电路。其中，高压电路主要包括 2 个部件，即高压控制器（PDU）和电机控制器（MCU），PDU 与 MCU 之间的 DC+和 DC-为电机控制系统的高压直流母

线，MCU 与 MOTOR（驱动电机）之间的 AC 线路为驱动电机的 U、V、W 三相高压交流线路。其余部分均为低压电路部分，低压电路主要由 MCU 电源电路、MCU 电源输出电路、网络通信电路和传感器信号电路等 4 个部分组成。

1. MCU 电源电路

MCU 电源电路即图 4-2-1 中的电源输入部分，这部分电路是 MCU 电源电路，一般包括常电源、点火开关 ON 档电源和搭铁线路。电机控制系统要保持正常工作，这部分电路正常工作是前提条件。在检修这部分电路时，需要注意的是，所有的控制器都会设定一个正常工作电压范围，如某些控制器在 9~16 V 的电压范围内才能正常工作，超出这个范围会导致系统不工作或不能正常工作。

2. MCU 电源输出电路

MCU 电源输出电路即图 4-2-1 中的电源输出部分，这部分电路是 MCU 开始工作后输出的电源。在电机控制系统中，这部分电路一般只是为了给电机温度传感器提供电源，它的电压一般都是5 V。在对电机控制器进行检修的过程中，可以通过检查 MCU 输出的这个电压值是否正常，判断 MCU 是否已开始正常工作。

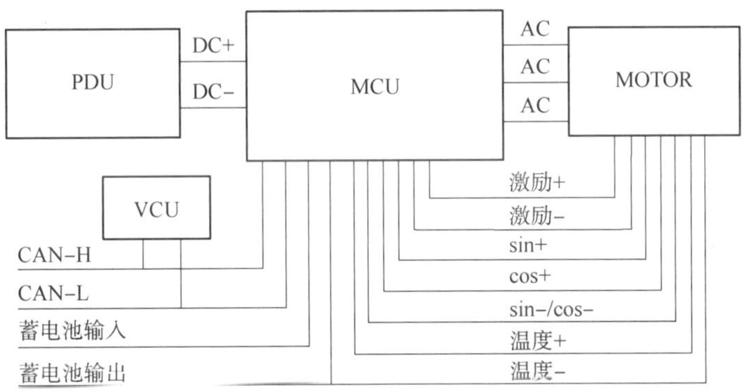

图 4-2-1　电机控制系统电路原理图

3. 网络通信电路

图 4-2-1 中的 CAN-H 和 CAN-L 部分电路为网络通信电路，这部分电路是 VCU（整车控制器）与 MCU 及其他控制模块之间的通信电路。在电机控制系统中，VCU 通过这部分电路发送控制信号给 MCU，并接收 MCU 发送的电机转速、电机和 MCU 温度等反馈信号。这部分电路的电压值有一个显著特征，即 CAN-H 与 CAN-L 的对地电压值之和为 5 V，这是判断网络通信电路是否正常的一个重要参考。当然，如果网络通信电路出现故障，导致 VCU 与 MCU 之间、这两个模块与其他模块之间无法通信，整车也会无法上高压电，车辆无法行驶。

4. 传感器信号电路

电机的传感器一般有 2 个，分别是转子位置传感器（旋变传感器）和电机温度传感器，即图 4-2-1 中的激励+、激励-，sin+、sin-，cos+、cos-和温度+、温度-。关于这部分电路的原理和特征，在本书项目 2 中有介绍，这里不再叙述。

4.2.2 电机控制系统的工作原理

电动汽车的电机控制器 MCU 在上低压电后需要进行低压自检，在低压自检通过后，跟 VCU 进行通信，会接收 VCU 的使能信号，并根据电机工作状态执行响应流程。一般来说，MCU 工作状态主要有以下 4 种。

(1) MCU 未准备完成状态：MCU 正常情况下休眠时的默认状态。这种状态为 MCU 的 ON 档电源未供电，所以 MCU 会处于休眠状态，MCU 不工作。

(2) MCU 低压自检通过状态：MCU 接收到 ON 档电源低压供电后，开始唤醒，并进行低压自检。此时 MCU 已处于工作状态。

(3) MCU 中的 MOS 管（功率场效应管）自检通过状态：MCU 低压自检通过后，钥匙处于 ON 档，并踩制动踏板，MCU 母线电压上升到设定电压值，MOS 开始自检，若自检通过，则 MCU 已处于准备完毕状态。

(4) MCU 准备完毕状态：MCU 中 MOS 管自检通过后，如果此时能正常接收到整车控制模块 VCU 发送的 MCU 使能请求，则 MCU 的全部准备工作就已经准备完毕了。在这种状态下，MCU 可以正常响应 VCU 的扭矩请求，开始控制驱动电机了。

电机控制系统的控制包括驱动车辆行驶和能量回收两部分。如图 4-2-2 所示，当驱动车辆行驶时，VCU 接收加速踏板、档位等反映驾驶员意图的信息，再根据车辆运行的不同情况，包括车速、电池 SOC 值、电机温度等，计算出电机应该输出的扭矩和功率，再把此指令发给 MCU。当 MCU 从 VCU 处得到扭矩输出指令时，将动力电池提供的高压直流电转变成三相正弦交流电驱动电机工作，驱动电机就可以输出扭矩，通过机械系统传输动力驱动车辆。

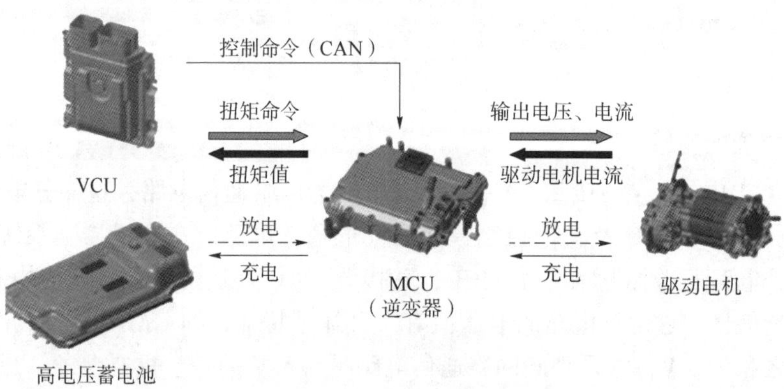

图 4-2-2 电机控制系统原理

能量回收控制由 VCU 进行控制，VCU 对整车的状态信息进行分析，正确判断进入能量回收的条件，并计算能量回收的大小，通过 CAN 总线与电机控制系统进行控制指令交互，要求电机控制系统切换到发电模式，进行一定扭矩的发电输出，此部分发电量可被存储在动力电池内部或被提供给车辆的用电设备，实现制动能量的转换与回收。同时，电机发电模式产生电制动力，通过传动系统和驱动轮，对整车产生制动作用。能量回收包括滑行能量回收和制动能量回收两部分。当车辆溜车或刹车制动时，电机控制器从 VCU 得到发电命令后，电机控制系统使电机处于发电状态。此时电机会将车辆动能转化成电能。然后，三相正弦交流电通过电机控制器转化为直流电，存储到动力电池中。

知识小结

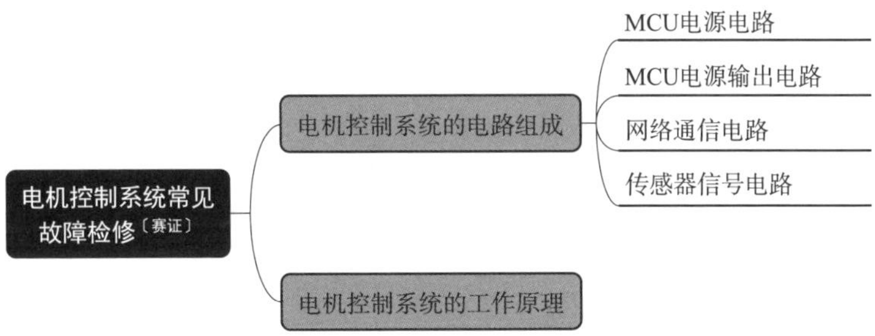

任务实施

1. 故障分析

> “1+X”证书考核内容、技能大赛考点

在此故障中，有 2 个故障现象是值得我们注意的：一个是断开蓄电池负极，重新上高压电时，车辆会恢复正常；另一个是当故障出现时，上高压电，档位处于空档，推动车辆可感受到车辆阻力比正常时明显偏大，但下高压电后推车，阻力消除。

在汽车的各类故障中，当车辆休眠或断开蓄电池负极后，故障消失，车辆恢复正常，一般是该系统的软件出错了。这是因为在断开蓄电池负极后重新上电，系统会重置，重置后部分软件问题会自动恢复正常，从而故障消失。针对此故障的另一个现象，即在故障出现时车辆上电后不挂档行驶阻力变大，行驶阻力变大说明电机控制器存在对电机的 U、V、W 相漏电的情况，导致电机定子产生磁场，从而使阻力变大。综合分析，该故障应该是电机控制器的硬件故障导致。

2. 故障检查

在该故障中，使用万用表对电机控制器的 IGBT 进行检查，结果正常，推测为 IGBT 漏电导致。根据以上分析结果，更换电机控制器，故障现象消失，车辆恢复了正常。

> 在电机控制系统中，常见的故障还包括电机故障灯点亮、无法上高压、电机功率不足、降功率指示灯点亮和电机过热故障指示灯点亮等。电机控制系统常见故障及处理措施见表 4-2-1。

表 4-2-1　电机控制系统常见故障及处理措施

故障现象	故障原因	排查方法	处理措施
整车行车下高压，READY 灯不亮，电机故障灯亮	旋变传感器故障	在确认电机电源部分线路正常的情况下，检查 MCU 低压线束端子、电机低压线束端子是否有退针、进水或插接不到位等异常情况	若异常，更换 MCU 的低压线束或重新插好
		在电机低压端子测量旋变传感器的阻值是否正常	若异常，则说明旋变传感器有故障，更换电机总成或旋变传感器
		在电机控制器线束端测量旋变传感器的阻值是否正常，阻值应与在电机低压端子处的测量值基本一致 （注：可以通过检查线路电阻值的方法判断。）	若异常，则说明电机控制器到电机之间的低压线束有问题，应更换电机到 MCU 的低压线束
		旋变传感器的其他检查方法请参考本书项目 2 内容	
	电机控制系统高压线束接触不良	检查高压母线“+”“-”和 U、V、W 三相高压线束之间的连接是否松动	若松动，重新固定打紧螺栓
		检查 MCU 内部安装高压线束处是否有烧焦泛黄的现象	若异常，更换 MCU 总成
整车动力不足，电机降功率指示灯点亮	动力电池电量过低	确认驾驶员是否在低电（SOC≤5%）时大功率用车，如爬坡、急加急减速等	若确认，建议驾驶员在低电量情况下尽量避免大功率用车
		用故障诊断仪或上位机读取动力电池数据流	如有异常，应进一步检查动力电池
整车动力不足，电机过热故障指示灯亮	电机控制器温度过高	检查水泵到 MCU 的冷却水管是否有松动、漏水等异常现象	若异常，更换电机控制器冷却水管
	电机温度过高	检查水泵到驱动电机的冷却水管是否有松动、漏水等异常现象	若异常，更换电机冷却水管
		电机温度传感器的检查请参考本书项目 2 内容	

3. 故障总结

汽车故障可谓是千变万化，在实际工作中，当故障码和数据流无法提供有效的检查方向信息时，应该特别留意故障特点。只有通过分析故障特点，再结合其工作原理进行推理，才能化难为简，快速地完成工作任务。

课后练习

一、判断题

1. 整车控制器通过 CAN 总线给电机控制器信号，使驱动电机工作于驱动和发电模式，实现对汽车正常行驶与制动的控制。（　　）

2. 工作电压范围是不能够正常工作的电压范围。（　　）

3. 整车控制器通过 CAN 总线给电池管理系统和电机控制系统信号，电池为整个系统提供能量并回收能量。（　　）

4. 只要一打开点火开关，电机控制器马上就可以对 VCU 的扭矩请求做出响应。（　　）

5. 整车控制器只需要发出指令给电机控制器，电机控制器不需要发任何信号给整车控制器。（　　）

6. 控制器综合处理指令、速度、电流和位置传感器的反馈信号，控制功率变换器的工作状态，实现对开关磁阻电机的状态控制。（　　）

7. 只要给 VCU 通电，不管电压是多少，它都可以工作。（　　）

8. 电机控制器的 CAN 网络出现故障，无法与其他模块通信，将导致 READY 灯不亮。（　　）

二、简答题

1. 简述电机控制系统的电路组成。

2. 简述电机控制系统准备工作过程的状态。

学习笔记

任务工单

参考表 4-2-1 中的检查内容和方法，根据实车操作情况，在必要时查找实训车辆的电路图和维修手册，完成以下任务工单。

<table>
<tr><th>检查对象</th><th>具体部位</th><th colspan="3">检测内容</th></tr>
<tr><td rowspan="9">电机控制器</td><td>低压插接器</td><td colspan="3">电机控制器插接器是否有退针、进水或插接不到位等情况？
□是，□否。</td></tr>
<tr><td>高压接头</td><td colspan="3">电机控制器高压接头是否有松动、烧焦泛黄等现象？
□是，□否。</td></tr>
<tr><td>冷却液管路</td><td colspan="3">电机控制器冷却液管路是否有漏液现象？
□是，□否。</td></tr>
<tr><td rowspan="2">MCU 电源电路</td><td>常电“+”电源线电压值（V）</td><td>ON 档电源线电压值（V）</td><td>搭铁线对地电阻值（Ω）</td></tr>
<tr><td></td><td></td><td></td></tr>
<tr><td rowspan="2">网络通信电路</td><td colspan="2">CAN-H 对地电压值（V）</td><td>CAN-L 对地电压值（V）</td></tr>
<tr><td colspan="2"></td><td></td></tr>
<tr><td rowspan="2">MCU 电源输出电路</td><td colspan="2">电机温度传感器电源线对地电压值（V）</td><td>励磁绕组电压值（ACV）</td></tr>
<tr><td colspan="2"></td><td></td></tr>
<tr><td rowspan="4">驱动电机</td><td>低压插接器</td><td colspan="3">驱动电机低压插接器是否有退针、进水或插接不到位等情况？
□是，□否。</td></tr>
<tr><td>高压接头</td><td colspan="3">驱动电机高压接头是否有松动、烧焦泛黄等现象？
□是，□否。</td></tr>
<tr><td>冷却液管路</td><td colspan="3">驱动电机冷却液管路是否有漏液现象？
□是，□否。</td></tr>
<tr><td>电机传感器电路</td><td colspan="3">电机位置传感器和温度传感器的检查内容，请参考本书项目 2 内容。</td></tr>
<tr><td>检查结果</td><td colspan="4"></td></tr>
<tr><td>处理措施</td><td colspan="4"></td></tr>
</table>

项目 5

新能源汽车驱动电机冷却系统及其检修

任务导入

案例 5.1 作为一名未来的新能源汽车技术服务岗位工匠，服务客户、急客户所急、及时为客户解决问题是必要的、基本的工匠精神。针对以下案例，你能快速地为车主排除故障、解决问题吗？

一天，某新能源汽车车主驱车快速往返于相距 60 km 的两地。在返回途中，仪表上电机过热故障指示灯点亮，如图 5-1-1 所示。

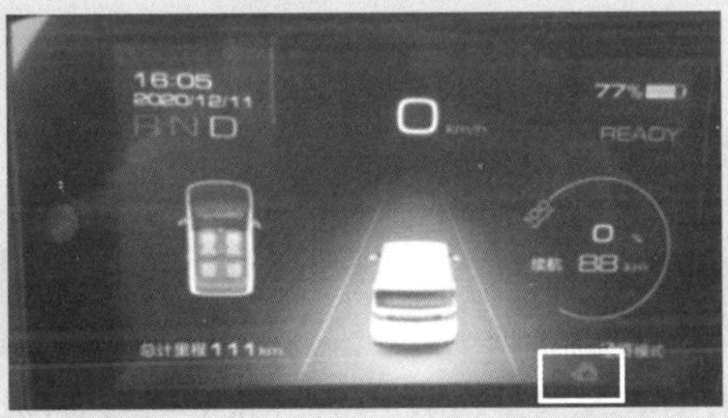

图 5-1-1 电机过热故障指示灯

经技术服务人员读取故障码后发现，该车在整车控制模块（VCU）、电机控制器（MCU）都读到了温度过高相关故障码，见表 5-1-1。现请你针对这个故障的现象和故障码，对车辆进行检查，判断故障的原因并对故障进行排除。

表 5-1-1 电机温度相关故障码

ECU 名称	故障码	故障码描述	故障码状态
VCU	B104800	驱动电机及控制器温度过高	历史
MCU	P1C1213	电机控制器温度传感器异常	当前
MCU	P190017	驱动电机定子温度传感器短路到电源	历史
MCU	P1B0013	驱动电机温度传感器故障	当前

任务 5.1 驱动电机冷却系统的结构和工作原理

任务目标

※知识目标

- 能够说出新能源汽车驱动电机冷却系统的功能和分类；
- 掌握新能源汽车驱动电机冷却系统的组成；
- 掌握新能源汽车驱动电机冷却系统控制电路的工作原理。

※技能目标

- 能认识、辨别新能源汽车驱动电机冷却系统各部件并画出冷却系统结构框图；
- 掌握检修新能源汽车驱动电机冷却系统控制策略并说出其工作温度范围。

※素质目标

- 培养国家“双碳”目标认同感，养成绿色低碳意识；
- 培养良好的职业道德和职业行为。

知识准备

5.1.1 驱动电机冷却系统的作用

新能源汽车在使用过程中，除动力电池和车载充电器会产生大量的热量外，驱动电机、电机控制器的效率也不能达到100%，在能量转化过程中同样会产生大量的热量，产生的这些热量如果不能及时地散发出去，将导致车辆降功率运行，甚至导致零件的损坏。

新能源汽车在驱动与回收能量的工作过程中，驱动电机定子铁芯、定子绕组在运动过程中都会产生损耗，这些损耗以热量的形式向外发散，需要有效的冷却介质及冷却方式来带走热量，保证驱动电机在一个稳定的冷热循环平衡的通风系统中安全可靠地运行。驱动电机冷却系统设计的好坏将直接影响电机的安全运行和使用寿命。特别说明的是，对于采用永磁同步电机的驱动单元，由于车辆在大负荷低速运行时，极容易使驱动电机产生高温，在高温状态下很容易导致永磁转子产生退磁现象，因此需要借助冷却系统对驱动电机的温度进行控制。

电机控制器的主要产热源为其功率晶体管，在工作时会产生大量热量，如果不对热量进行控制的话，会影响控制器的性能，严重的话，会造成控制器的损坏。它通常与一个铝散热片相连接，由铝散热片将晶体管产生的热传递给变频器冷却系统。

通常情况下，变频器自带温度传感器进行温度监控，以防止出现过热情况。变频器的温度传感器可以安装在电路板或晶体管组件等变频器元件上，或直接安装在变频器的冷却系统介质（空气或液体冷却液）中。

驱动电机冷却系统的功能是将驱动电机、电机控制器产生的热量及时散发出去，保证其在要求的温度范围内稳定、高效地工作。

图 5-1-2 为新能源汽车典型的驱动电机冷却系统，该冷却系统采用冷却液对驱动电机及电机控制器进行冷却。

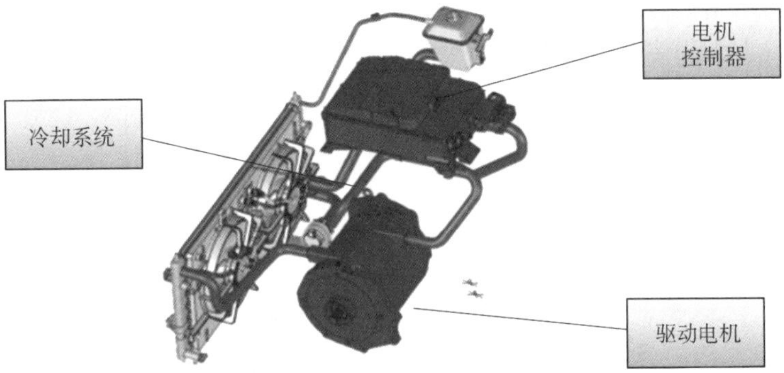

图 5-1-2　典型的驱动电机冷却系统

5.1.2　驱动电机冷却系统的类型

新能源汽车驱动电机主要的冷却方式有风冷和水冷，风冷方式又有自然风冷和强制风冷两类。一般来说，采用哪种冷却方式，取决于驱动电机的功率：小功率驱动电机工作时的电流较小、发热量不大，采用风冷，而大功率驱动电机则采用水冷。

1. 风冷式驱动电机冷却系统

1）自然风冷式

自然风冷依靠驱动电机铁芯自身的热传递，散去驱动电机产生的热量。热量通过封闭的机壳表面传递给周围介质，其散热面积为机壳的表面面积。为增加散热面积，机壳表面通常加有冷却筋。图 5-1-3 是自然风冷式驱动电机。自然风冷式驱动电机结构简单，不需要辅助设施就能实现冷却，但冷却效率差，因此自然风冷仅适用于转速低、负载转矩小、电机发热量较小的小型驱动电机。

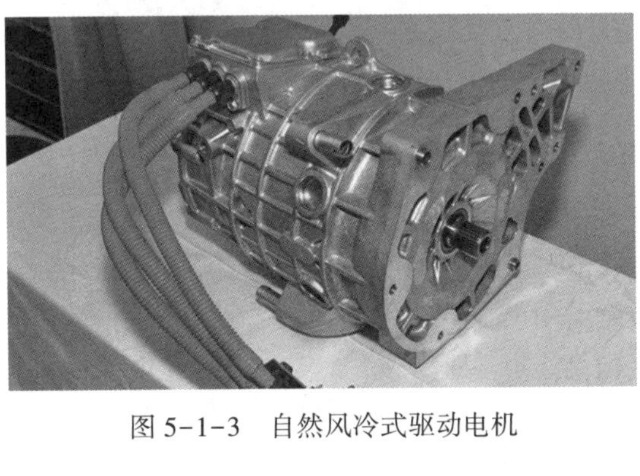

图 5-1-3　自然风冷式驱动电机

2）强制风冷式

强制风冷式驱动电机采用自带的与转子同轴的风扇来形成内风路循环或外风路循环，通过风扇产生的足够风量带走电机所产生的热量。介质为驱动电机周围的空气，空气被直接送入电机内，吸收热量后向周围环境排出。

强制风冷式驱动电机的结构相对简单，电机冷却成本较低，适用于成本较低且功率较小的纯电动汽车；但受环境因素的制约，在恶劣的工业环境中，如高温、粉尘、污垢和恶劣的天气下无法使用。图 5-1-4 为采用强制风冷系统的驱动单元总成。

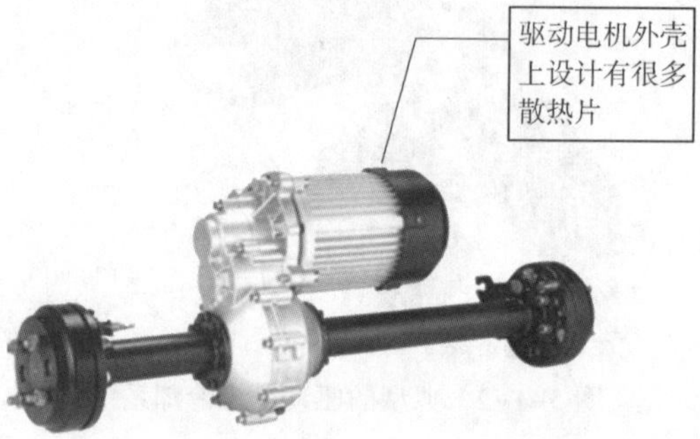

图 5-1-4　采用强制风冷系统的驱动单元总成

电机控制器的冷却也有采用强制风冷的，这种电机控制器采用电动风扇散热。图 5-1-5 为采用风扇冷却的电机控制器。

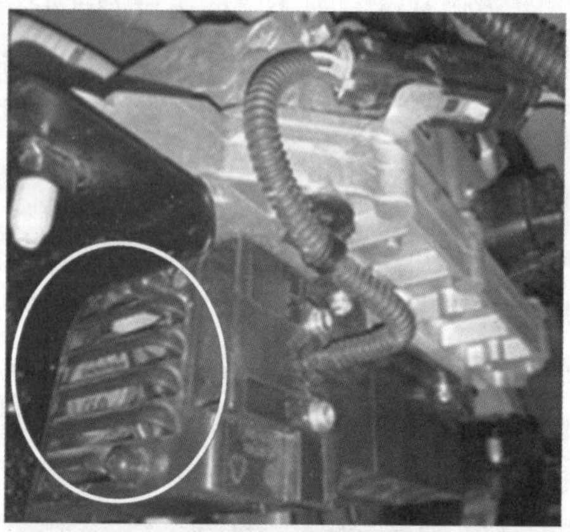

图 5-1-5　采用风扇冷却的电机控制器

2. 水冷式驱动电机冷却系统

水冷是将水（冷却液）通过管道和通路引入定子或转子空心导体内部，通过循环水的不断流动，带走电机转子或定子产生的热量，实现对电机的冷却功能。

水冷的冷却效果比风冷更显著，无热量散发到环境中，但是需要良好的机械密封装置。水循环系统结构复杂，存在渗漏隐患。如果发生水渗漏，会造成电机绝缘破坏，可能烧毁电机。此外水质需要处理，其电导率、硬度和 pH 都应满足一定的要求。如上所述，水冷适用于功率较大的新能源汽车驱动电机。

5.1.3　驱动电机冷却系统的组成

以下介绍水冷式驱动电机冷却系统的组成。

新能源汽车驱动电机冷却系统的结构和传统燃油车相比，冷却系统部件得到简化，去掉了节温器，保留了散热器、冷却水泵、冷却风扇、水道、膨胀水壶、温度传感器等器件，主要依靠冷却水泵带动冷却液在冷却管道中循环流动，通过在散热器的热交换等物理过程，冷却液带走驱动电机与控制器产生的热量。为使散热器热量散发得更充分，通常还在散热器后方设置风扇。温度传感器的主要作用是采集散热器出口的温度信息，然后提供给整车控制器，整车控制器经过处理后输出对冷却风扇的控制。驱动电机水冷系统的组成和冷却液循环路线如图 5-1-6 所示，需要注意的是，不同车型的冷却液循环路线可能会不一样。

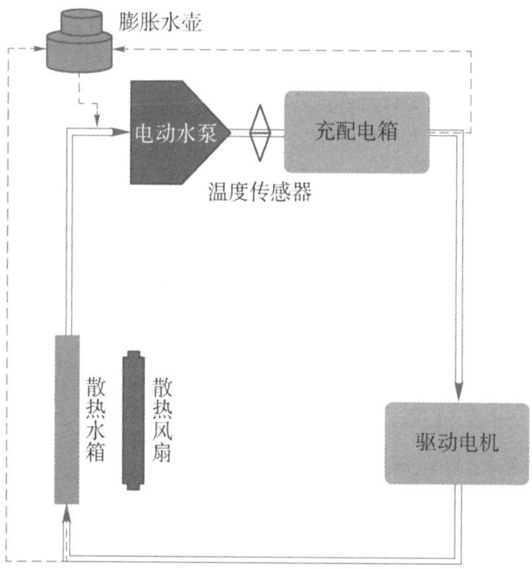

图 5-1-6　水冷式驱动电机冷却系统结构图

1）电动水泵

水冷式驱动电机冷却系统中的冷却水泵一般采用电动水泵，整车控制器监测到驱动电机或电机控制器温度过高时会控制电动水泵工作。电动水泵结构如图 5-1-7 所示，它主要由水泵、驱动电机和控制模块、供电插头等组成。水泵运转后，对冷却液加压，保证其在冷却系统中循环流动。

图 5-1-8 为某新能源汽车电动水泵供电插头，表 5-1-2 为针脚定义。由图 5-1-8 可以看出，控制电动水泵除了要有电源正极线和负极线外，还需要有控制信号线。整车控制模块通过 PWM 信号控制水泵的转速，PWM 占空比越大，水泵转速越高。水泵也通过 PWM 信号将转速信号反馈给整车控制模块。

图 5-1-7　电动水泵结构图

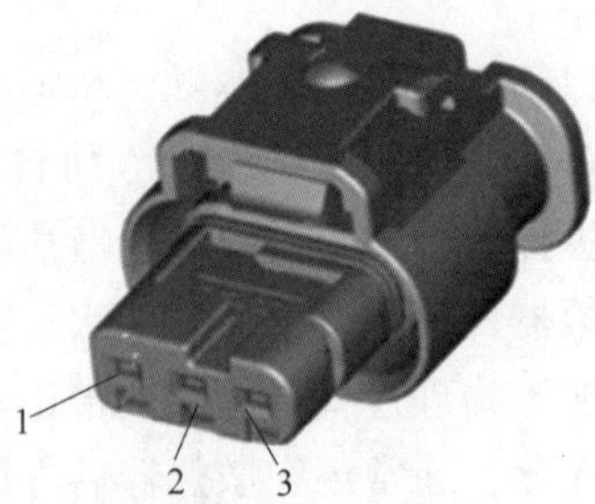

图 5-1-8　某新能源汽车电动水泵供电插头

表 5-1-2　电动水泵供电插头针脚定义

针脚序号	功能	信号类型	最大工作电流
1	接电源负极	电源负极	6 A
2	接收整车控制模块控制信号和反馈占空比信号	PWM/FG	10 mA
3	接电源正极	电源正极	6 A

整车控制模块控制电动水泵的转速，在得到电动水泵的转速反馈信号后，为了保护电动水泵，需要采取一定的策略对电动水泵进行控制。表 5-1-3 为某款新能源汽车电动水泵的特殊功能及控制策略，同样地，不同车型的控制策略会有所差别。

表 5-1-3　某款新能源汽车电动水泵的特殊功能及控制策略

序号	特殊功能	控制策略
1	功率限制	当输入电压大于（13±1）V 时，水泵的工作电流自动调整，其最大功率、最大流量和最大扬程基本维持不变
2	防空转保护	当泵内无液体时，水泵会在 5 s 内进入空转保护状态，同时将全速运行。若一直维持空转状态，水泵工作超过 5 s 后停机，停机后再过 5 s 左右水泵重新起动。如此连续循环工作 10 次后，水泵将停机不再工作，此时需断电重启才能恢复正常工作状态。若水泵在空转停机前恢复正常抽水，水泵将恢复正常工作状态
3	电压保护	过压保护值为（20±1）V，当输入电源电压大于保护值时，水泵在 2 s 内停止工作
4	堵转保护	当输入电源电压小于保护值时，水泵在 2 s 内恢复工作； 当水泵转子卡死时，水泵会自动停止工作，5 s 左右再重新起动；若水泵转子持续卡死，重启 5 次后，重启时间将延长至 15 s 左右
5	防反接保护	水泵正、负极反向接入电源，水泵不会工作，也不会产生不可恢复故障

2）散热水箱

散热水箱位于车辆前部空调冷凝器前面，和空调冷凝器共用风扇，图 5-1-9 为散热水箱和空调冷凝器。散热水箱的作用是增大散热面积，加速水的冷却。散热水箱由进水室、出水室、散热器芯组成。冷却液在散热器内流动，利用周围空气将冷却液中的热量带走。当冷却液温度过高时，冷却风扇起动，加快冷却液的散热。

图 5-1-9 散热水箱和空调冷凝器

3）散热风扇

在驱动电机和电机控制器的内部都设有温度传感器。驱动电机内的温度传感器用以检测电机定子绕组的温度，电机控制器内的温度传感器用以检测 IGBT 模块温度和控制器温度。驱动电机的温度信息导线直接传给电机控制器的控制主板，控制主板对输入的温度信号进行处理，通过 CAN 网络发送给整车控制器，用于对散热风扇进行控制。图 5-1-10 为驱动电机系统温度检测线路。

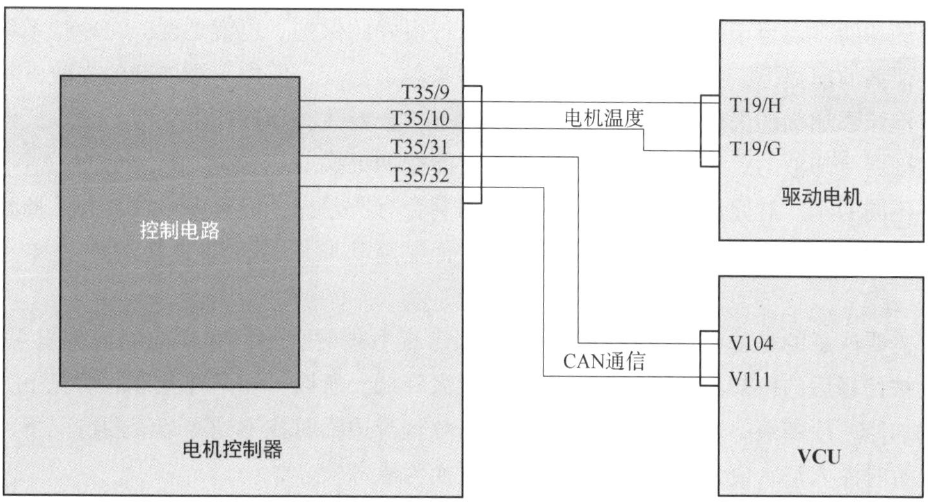

图 5-1-10 驱动电机系统温度检测线路

4）膨胀水壶

冷却系统的膨胀水壶位于车辆前舱室，如图 5-1-11 所示。膨胀水壶的作用是储存冷却液和平衡系统内的压力。当冷却液温度升高时，储存因膨胀而从散热器溢出的冷却液；当冷却液温度降低时，冷却系统内冷却液体积减小，此时膨胀水壶向散热器补偿冷却液。

图 5-1-11　膨胀水壶

5）冷却液

为了降低冰点，通过在水里添加防冻剂来获得冷却液，所以冷却液也叫防冻液。现在使用较多的冷却液是乙二醇型冷却液，它是用乙二醇作防冻剂，并添加少量的抗泡沫、防腐蚀等综合添加剂配制而成的。乙二醇具有一定的毒性，在使用过程中应注意避免直接接触和进入人体。需要注意的是，冷却液的使用有一定的周期要求。

（1）冷却液的更换周期。

在冷却液中含有防冻剂和抗泡沫添加剂，这些添加剂会在使用过程中逐渐地丧失应有的功能，以至于无法对冷却系统内部进行很好的保护。也就是说，在冷却系统不发生泄漏的前提下，冷却液对于温度的控制基本不会变，但由于添加剂的失效，特别是抗泡沫添加剂的失效，在水泵叶轮的搅动下，会导致冷却液产生气泡，这些气泡会大大削弱冷却液的效果。所以，冷却液最好能按期更换。

不同的车厂对原厂冷却液的建议更换周期会有所差异，但其中绝大部分厂商建议车主每两年更换一次冷却液，也有部分厂商规定其原厂冷却液更换周期为 4 年或 5 年。

需要注意的是，当冷却液因渗漏等原因出现亏损时，不能直接向储液罐里兑水，因为被稀释后的冷却液的沸点和冰点都会大大降低，所以，在条件允许的情况下，尽量添加原厂冷却液。当然，如果是在非常紧急且身边临时找不到冷却液的情况下，也可以暂时注入清水应急，但事后需要尽快更换为冷却液。

注意：为了降低冷却液的冰点，汽车的冷却液中往往添加有乙二醇。乙二醇具有一定的毒性，在操作时应避免嘴巴和眼睛接触到。

（2）冷却液的检查及添加。

透明的冷却液储液罐位于前机舱内。在冷却液处于冷状态时，罐内冷却液的液位应保持在 MAX 和 MIN 两条标记线之间。若冷却液液位在储液罐上的低位线之下，则需添加冷却液。由于冷却系统是密封的，所以正常情况下冷却液的损耗是非常少的。

如果添加冷却液后在短时间内液位出现下降，则说明冷却系统可能有泄漏，需检查散热器、软管、加热器盖、散热器旋塞及水泵等部位是否存在泄漏。如果没有发现泄漏点，则要对冷却系统进行加压测试。

5.1.4 驱动电机冷却系统的工作原理

驱动电机冷却系统的工作原理

车辆行驶时，驱动电机和电机控制器的热量通过冷却水套传递给冷却液，热的冷却液流到散热器中，在散热器上的迎风面完成与空气对流，实现降温，同时，整车控制模块控制冷却风扇工作，作用在散热器上，加速冷却液的降温。图 5-1-12 为驱动电机冷却系统的工作原理图。

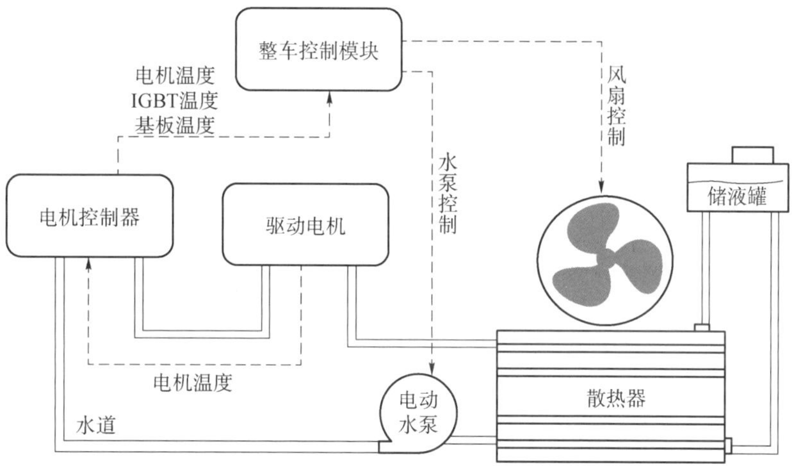

图 5-1-12 驱动电机冷却系统的工作原理图

电动水泵由整车控制模块驱动，图 5-1-13 为某新能源汽车电动水泵的控制电路。在这个电路中，电机控制器集成于充配电模块中，电动水泵由整车控制模块控制。整车控制模块通过 CAN 网络接收电机控制器发送的温度信号，当温度上升到阈值时，整车控制模块通过图 5-1-13 中圆圈处线路控制水泵开始工作，对电机控制器进行冷却。当电机控制器监测到电机及其控制器温度超过规定阈值时，整车控制模块发送占空比信号给电动水泵内部的控制器。电动水泵内部的控制器负责控制水泵转速。如前面所述，整车控制模块输出的占空比信号不同，电动水泵电机转速不同。

当电动水泵出现故障时，电动水泵内部的控制器还会发送占空比信号给整车控制模块，整车控制模块会根据故障类型设置相应的故障码。

当冷却液温度达到冷却风扇开启阈值时，整车控制模块将驱动风扇工作进行散热。驱动电机冷却系统的冷却风扇与空调共用，图 5-1-14 为某新能源汽车的冷却风扇控制电路。当整车控制模块判断需要打开风扇时，通过控制风扇继电器的线圈端接地，控制冷却风扇工作。

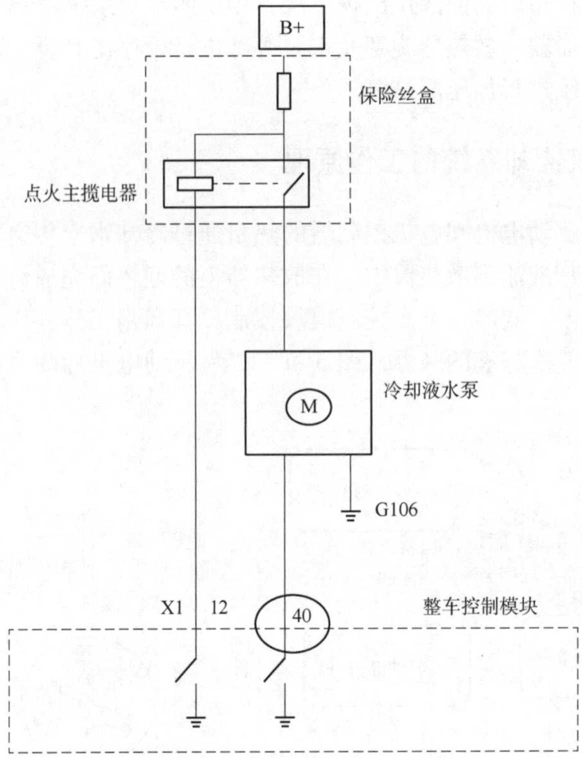

图 5-1-13　某新能源汽车的电动水泵控制电路

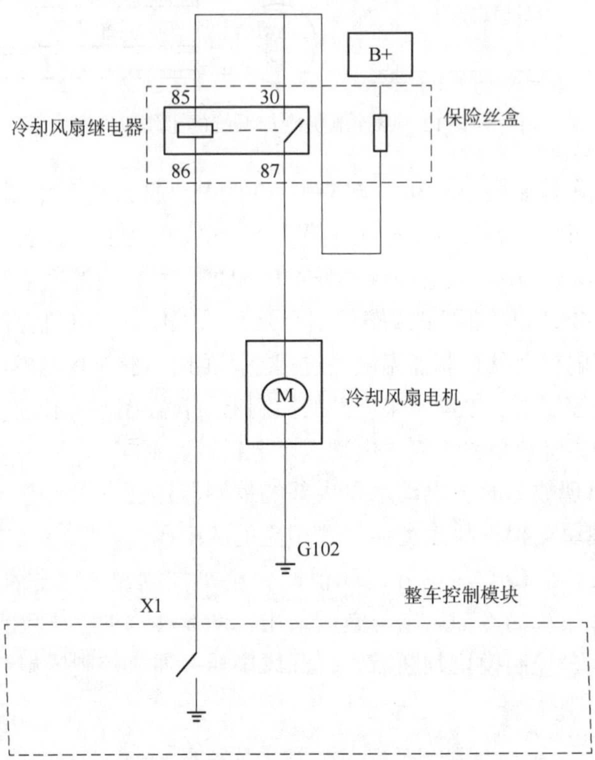

图 5-1-14　某新能源汽车的冷却风扇控制电路

知识小结

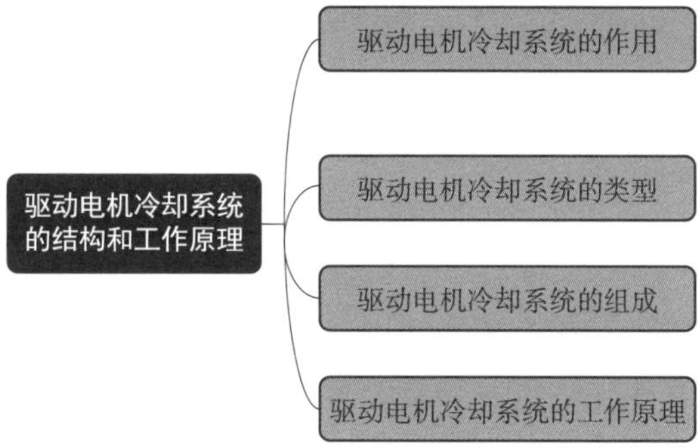
驱动电机冷却系统的结构和工作原理
驱动电机冷却系统的作用
驱动电机冷却系统的类型
驱动电机冷却系统的组成
驱动电机冷却系统的工作原理

学习笔记

任务 5.2 驱动电机冷却系统检修〔赛证〕

任务目标

※知识目标

- 了解新能源汽车冷却液的添加和排空气的方法。
- 掌握新能源汽车驱动电机冷却系统常见故障的排除方法。

※技能目标

- 能够完成新能源汽车冷却液的添加和排空气；
- 能够排除新能源汽车驱动电机冷却系统常见故障。

※素质目标

- 培养严谨的工作态度；
- 培养良好的职业行为和习惯。

知识准备

1. 电动水泵拆装

（1）选用 10 mm 扳手拧松蓄电池负极线固定螺栓，取下负极线，并对负极端子做好防护，图 5-2-1 为辅助蓄电池端子防护。

图 5-2-1 辅助蓄电池端子防护

注意：在拆卸蓄电池负极前，必须确保点火开关处于关闭状态，并将车钥匙妥善保管。

（2）拧下储液罐盖，如图 5-2-2 所示。在拆下储液罐盖时，需要注意车辆的水温是否有过高的情况。如水温过高，应等待水温降低后再操作。

（3）举升车辆至一定高度。

（4）拆卸散热器排放螺栓，排空冷却液，如图 5-2-3 所示。冷却液排空后，安装散热器排放螺栓，并使用干净抹布清洁排放螺栓处。

图 5-2-2 拧下储液罐盖

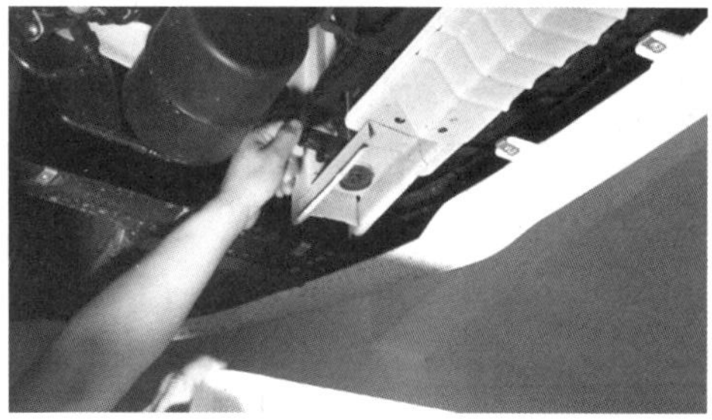

图 5-2-3 拆卸散热器排放螺栓

（5）拔下电动水泵电机插接器，如图 5-2-4 所示。这里需要注意插接器锁扣的锁止方式，避免损坏插接器。

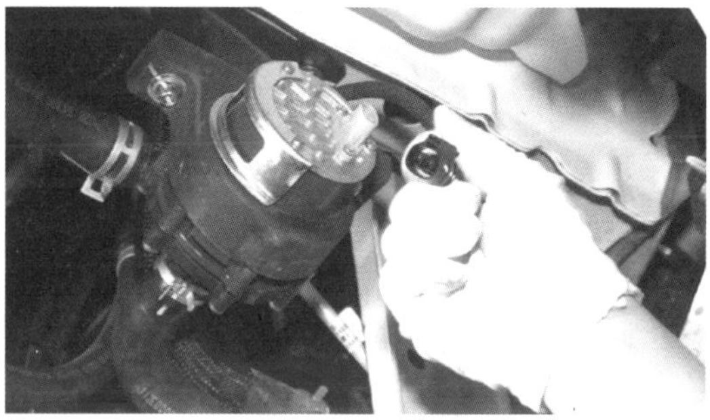

图 5-2-4 拔下电动水泵电机插接器

（6）使用鲤鱼钳脱开电动水泵进水管卡箍，拔出水泵的进水管，如图 5-2-5 所示。再使用鲤鱼钳脱开水泵出水管卡箍，拔出水泵的出水管。

（7）选用棘轮扳手、接杆和 8 mm 套筒拆卸电动水泵的两颗固定螺栓后，取下电动水泵，如图 5-2-6 所示。

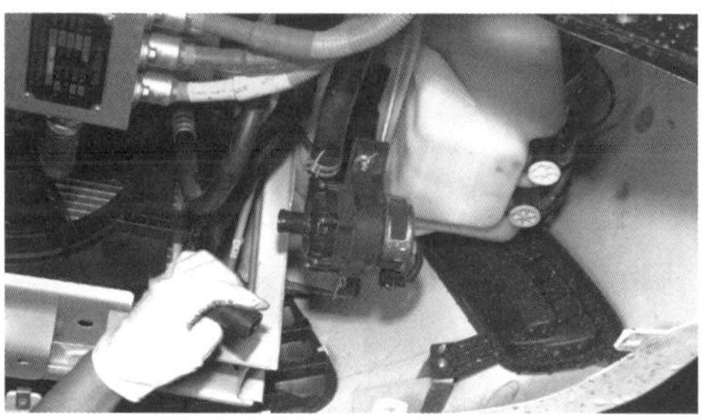

图 5-2-5 拔出电动水泵的进水管

图 5-2-6 取下电动水泵

注意：在拆卸电动水泵时，应防止电动水泵坠落发生意外，拆卸时必须用手扶着电动水泵。

电动水泵的安装以相反顺序进行，在安装时严禁在未加注冷却液前上电使电动水泵运转，避免造成电动水泵的损坏。

2. 冷却系统排空气

在安装好电动水泵并加注冷却液后，为了防止因冷却系统内有空气而导致冷却能力不足，需要对冷却系统执行排空气。部分新能源汽车如未排空气，会产生水泵堵转或水泵空转等故障码。下面以某款新能源汽车为例，介绍冷却系统排空气的方法。

第 1 步：加满冷却液后，打开膨胀水壶盖，然后插入钥匙，接通点火开关。

第 2 步：连接故障诊断仪，在基础诊断中单击“整车控制器（VCU）”，如图 5-2-7所示。

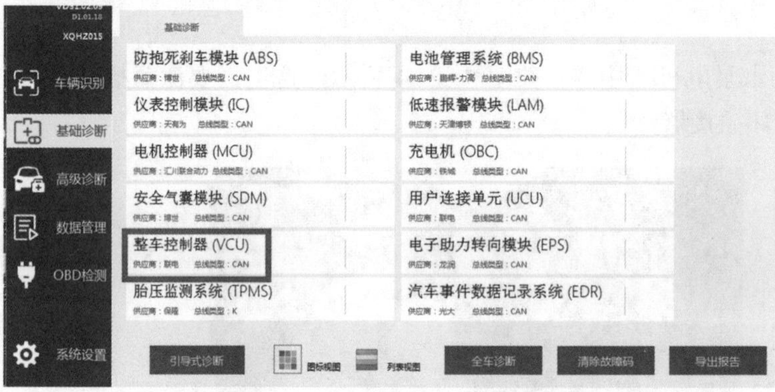

冷却系统
排空气

图 5-2-7　选择“整车控制器（VCU）”

第 3 步：选择“动作测试”，如图 5-2-8 所示。

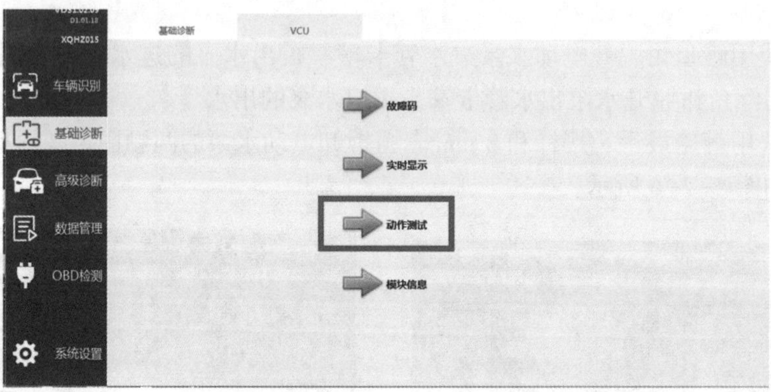

图 5-2-8　选择“动作测试”

第 4 步：选择“水泵”，如图 5-2-9 所示。

第 5 步：选择“冷却水泵控制输出测试开”，单击“执行”按钮，如图 5-2-10 所示，水泵工作。

第 6 步：在冷却水泵工作的同时，观察膨胀水壶中有无气泡冒出。如果有气泡冒出，说明系统内有空气。保持水泵工作一直到膨胀水壶中无气泡冒出或膨胀水壶内液面不再下降，再选择“冷却水泵控制输出测试关”，单击“执行”按钮，排空气结束。

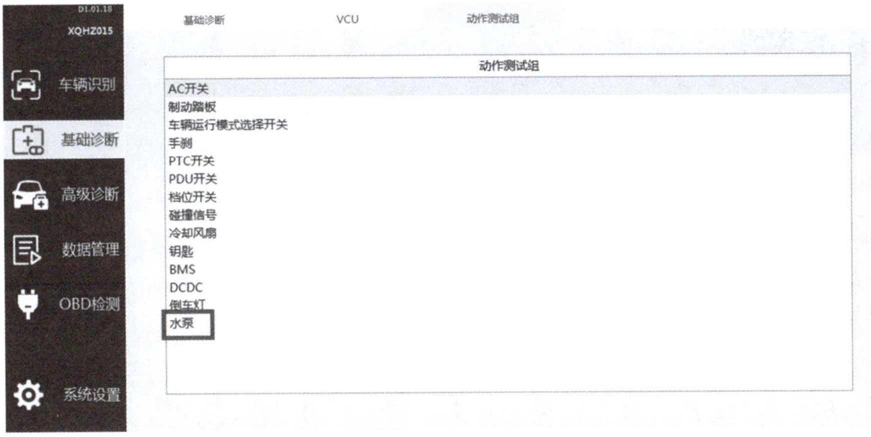

图 5-2-9 选择“水泵”

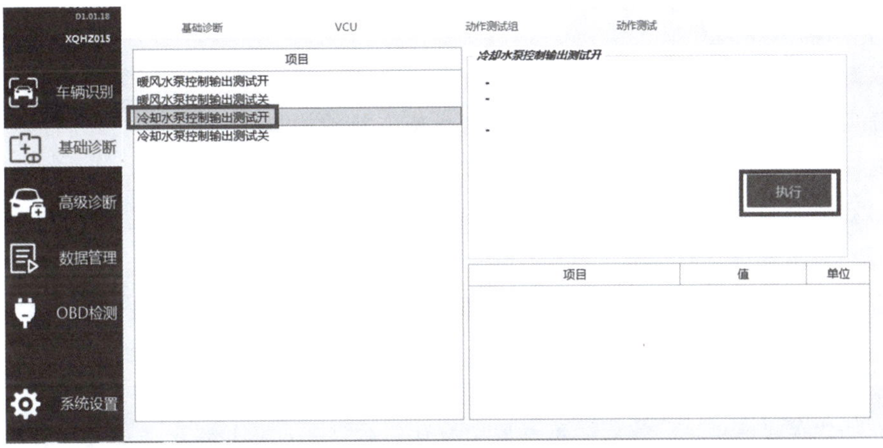

图 5-2-10 选择“冷却水泵控制输出测试开”

注意：

（1）在上述排空气过程中，储液罐的液面水平可能会下降，需要注意添加至合适的液面。

（2）有些新能源汽车的电动水泵，一上高压电就开始工作，这种车型在添加冷却液后无须进行以上的指令操作，只需要在高压上电时观察储液罐，直到无气泡冒出或液面不再下降，补充至合适的液面，再拧紧储液罐盖即可。

知识小结

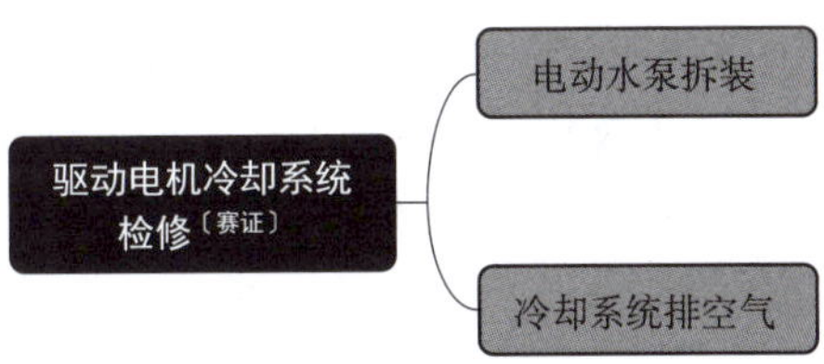

任务实施

1. 实施准备

“1+X”证书考核内容、技能大赛考点

(1) 防护装备：防护用品一套（工作服、绝缘鞋、护目镜、绝缘头盔、绝缘手套）。

(2) 车辆、台架、总成：新能源汽车一辆。

(3) 专用工具、设备：拆装专用工具。

(4) 手工工具：新能源汽车维修组合工具。

(5) 辅助材料：高压电维修警示牌和设备、绝缘地胶、二氧化碳灭火器、清洁剂。

2. 故障分析

1) 确认故障现象

以案例 5.1 中所述的故障为例，根据驾驶员描述、故障现象及读取的故障码基本可以确定，车辆在行驶过程中存在驱动电机或电机控制器过热故障。在进行排查时，应完成以下测试作为判断故障原因的依据。

(1) 记录整车上电后的仪表信息数据。

(2) 利用故障诊断仪进行快速测试，读取并记录当前故障码。

(3) 利用故障诊断仪读取驱动电机冷却系统数据流（驱动电机及电机控制器温度），并记录数据。

2) 故障原因分析

电机过热故障指示灯点亮的主要原因包括：驱动电机冷却系统的冷却液或电动水泵有问题；驱动电机温度大于 130 ℃；电机控制器温度大于 80 ℃；驱动电机温度传感器故障；电机控制器温度传感器故障。

注意：不同的车型，驱动电机及电机控制器的温度控制策略会有所不同。

3. 故障检查

在排查此类故障时，如果读得故障码为驱动电机或电机控制器温度过高的故障码，并无报温度传感器故障的故障码，应首先确认整车是否刚经历过长时间高速行驶或持续大功率输出（如爬坡）或制动有拖刹抱死等情况。在排除上述情况后，可按以下步骤做进一步排查。

(1) 先排查是否为冷却液不足，若冷却液不足，应及时加注冷却液。

(2) 若冷却液量正常，则排查冷却管路是否存在堵塞的情况。

(3) 若无上述情况，接下来应排查冷却风扇、电动水泵及其驱动电路故障。

(4) 检查驱动电机温度传感器电阻值及线路是否正常，如不正常，应更换驱动电机温度传感器或修复线路。

(5) 待电机控制器冷却后，用故障诊断仪读取其温度值，将读到的温度值与实际环境温度值进行比对，判断其是否正常。正常情况下两个温度值应基本一致，如相差较大，应为电机控制器内温度传感器故障。

在案例5.1所述的故障中，经检查发现膨胀水壶冷却液并不缺少，冷却风扇正常旋转，但电动水泵不工作。所以，此故障为冷却水泵不工作导致的驱动电机过热故障。

4. 故障总结

本故障表面现象为驱动电机温度过高，类似的故障在前面已有所介绍。但通过对比不难看出，故障现象相同，但其故障原因是完全不一样的：一个是驱动电机、电机控制器或温度传感器故障，另一个却是驱动电机热管理故障。所以，在汽车驱动电机控制系统的检修中有这样的一个说法，我们应该要记住，即：故障现象相同，故障原因不一定相同；故障原因相同，导致的故障现象也不一定相同。

课后练习

一、判断题

1. 驱动电机冷却系统的功能是将驱动电机、电机控制器产生的热量及时散发出去，保证它们在要求的温度范围内稳定、高效地工作。 (　　)

2. 新能源汽车的关键零部件驱动电机、电机控制器在工作过程中会产生大量的热量，产生的这些热量如果不能及时散发出去，将导致车辆限扭运行甚至导致零件损坏。因此驱动电机、电机控制器需要有冷却装置。 (　　)

3. 新能源汽车在驱动与回收能量的工作过程中，驱动电机定子铁芯、定子绕组在运动过程中都会产生损耗，这些损耗以热量的形式向外发散，需要有效的冷却介质及冷却方式来带走热量，保证驱动电机在一个稳定的冷热循环平衡的通风系统中安全可靠运行。 (　　)

4. 新能源汽车驱动电机冷却方式只有风冷和水冷。 (　　)

5. 水冷的冷却效果比风冷更显著，无热量散发到环境中但是需要良好的机械密封装置。水冷系统结构复杂，存在渗漏隐患，且维护成本高。 (　　)

6. 新能源汽车驱动电机冷却系统主要依靠冷却水泵带动冷却液在冷却管道中循环流动，通过在散热器内的热交换等物理过程，冷却液带走驱动电机与电机控制器产生的热量。 (　　)

7. 驱动电机冷却系统的冷却水泵一般都采用电动水泵，整车控制器在监控到驱动电机和电机控制器温度过高时，会自动打开冷却水泵。 (　　)

8. 拆下蓄电池负极端子后，需要对负极端子做好防护，防止负极端子接触到蓄电池的负极。 (　　)

二、单项选择题

1. 下列说法中有误的是（　　）。

A. 自然风冷即依靠电机铁芯自身的热传递散去电机产生的热量，热量通过封闭的机壳表面传递给周围介质，其散热面积为机壳的表面面积，为增加散热面积，机壳表面可加冷却筋

B. 自然风冷式驱动电机结构简单，不需要辅助设施就能实现冷却，但自然冷却效率差，因此自然风冷仅适用于转速低、负载转矩小、电机发热量较小的小型电机

C. 水冷是将水（冷却液）通过管道和通路引入定子或转子空心导体内部，通过循环水的不断流动带走电机转子和定子产生的热量，达到对电机的冷却功能

D. 水冷适用于功率较大的纯电动汽车

2. 拆装卡箍使用的适合工具是（　　）。

A. 尖嘴钳　　B. 鲤鱼钳　　C. 老虎钳　　D. 大力钳

3. 冷却液的成分不会包括以下哪一项？（　　）

A. 乙醇　　B. 乙二醇　　C. 甲醇　　D. 水

学习笔记

任务工单

任务工单1 电动水泵拆装

1. 按规范完成整车高压下电。
2. 请放出冷却系统中的冷却液，拆卸电机控制器的进、出水管。

<table>
<tr><td rowspan="3"></td><td rowspan="3">（1）拧下储液罐盖。</td><td>更换周期</td><td>____年</td></tr>
<tr><td>冷却液状态</td><td>□冷 □热</td></tr>
<tr><td colspan="2">注意事项：</td></tr>
<tr><td rowspan="3">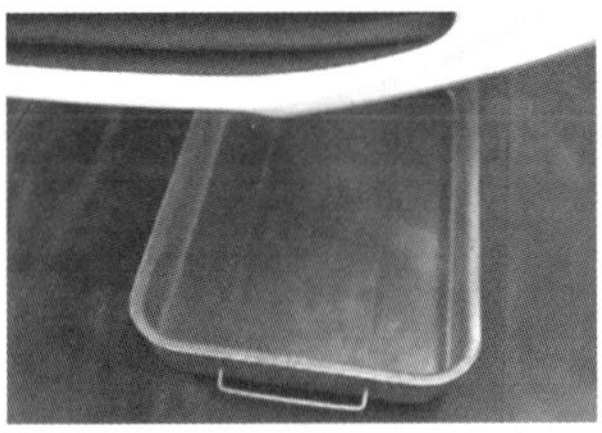</td><td rowspan="3">（2）举升车辆并将废液收集盘置于车下。</td><td>车辆状态</td><td></td></tr>
<tr><td>举升高度</td><td></td></tr>
<tr><td colspan="2">注意事项：</td></tr>
<tr><td rowspan="2"></td><td rowspan="2">（3）松开散热器冷却液排放螺栓。</td><td>螺栓旋转方向</td><td></td></tr>
<tr><td colspan="2">注意事项：</td></tr>
<tr><td rowspan="2"></td><td rowspan="2">（4）排放出系统中的冷却液。</td><td>可否再次使用</td><td>□是 □否</td></tr>
<tr><td colspan="2">注意事项：</td></tr>
<tr><td rowspan="3">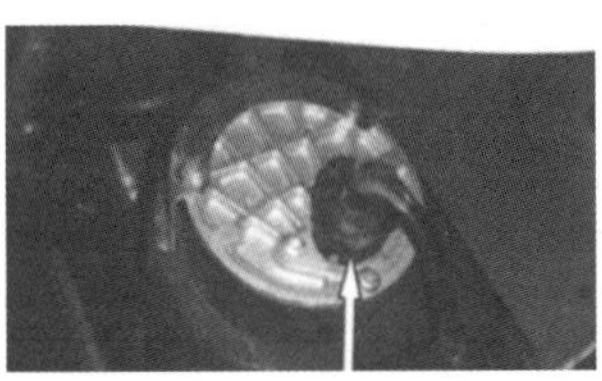</td><td rowspan="3">（5）拔下电动水泵电机插接器。</td><td>插接器数量</td><td></td></tr>
<tr><td>操作结果</td><td></td></tr>
<tr><td colspan="2">注意事项：</td></tr>
</table>

续表

<table>
<tr><td rowspan="3"></td><td rowspan="3">（6）拆卸电动水泵的进、出水管。</td><td>弹性软管夹箍数量</td><td></td></tr>
<tr><td>拆卸方法</td><td></td></tr>
<tr><td colspan="2">注意事项：</td></tr>
<tr><td rowspan="3"></td><td rowspan="3">（7）拆下电动水泵的固定螺栓。</td><td>螺栓数量</td><td></td></tr>
<tr><td>螺栓大小</td><td></td></tr>
<tr><td colspan="2">注意事项：</td></tr>
</table>

3. 请以倒序安装电动水泵并恢复连接水管。

<table>
<tr><td rowspan="5"></td><td rowspan="2">安装固定螺栓</td><td>紧固力矩</td><td></td></tr>
<tr><td colspan="2">□安装正常　□安装异常</td></tr>
<tr><td rowspan="2">安装水管</td><td>夹箍紧固程度</td><td></td></tr>
<tr><td colspan="2">□安装正常　□安装异常</td></tr>
<tr><td>安装电机插接器</td><td colspan="2">□安装正常　□安装异常</td></tr>
</table>

4. 请加注冷却液至规定液位。

<table>
<tr><td rowspan="4"></td><td>加注截至位置</td><td>冷却液液面与 MAX 线平齐</td></tr>
<tr><td>可否混合使用</td><td>□是 □否</td></tr>
<tr><td>总加注量</td><td>6 L</td></tr>
<tr><td colspan="2">加注方法：</td></tr>
</table>

5. 请给冷却系统排空气，并记录过程。

<table>
<tr><td></td></tr>
</table>

任务工单 2 车辆行驶过程中电机过热故障排除

1. 确认故障现象

（1）记录整车上电仪表信息数据。

<table>
<tr><td rowspan="5">
</td><td colspan="3">点火钥匙位置：□Start □On □Acc □Lock</td></tr>
<tr><td colspan="2">READY 指示灯：□熄灭 □点亮</td><td>续航里程：____km</td></tr>
<tr><td colspan="2">档位情况：□R □N □D □E</td><td>动力蓄电池电压值：____V</td></tr>
<tr><td rowspan="2">仪表显示</td><td colspan="2">提示语：________________</td></tr>
<tr><td colspan="2">故障灯：________________</td></tr>
</table>

（2）请利用故障诊断仪进行快速测试，读取并记录当前故障码。

<table>
<tr><td rowspan="4"></td><td>故障码</td><td>描述</td></tr>
<tr><td></td><td></td></tr>
<tr><td></td><td></td></tr>
<tr><td></td><td></td></tr>
</table>

（3）请利用故障诊断仪读取驱动电机控制系统数据流，并记录数据。

<table>
<tr><td rowspan="6">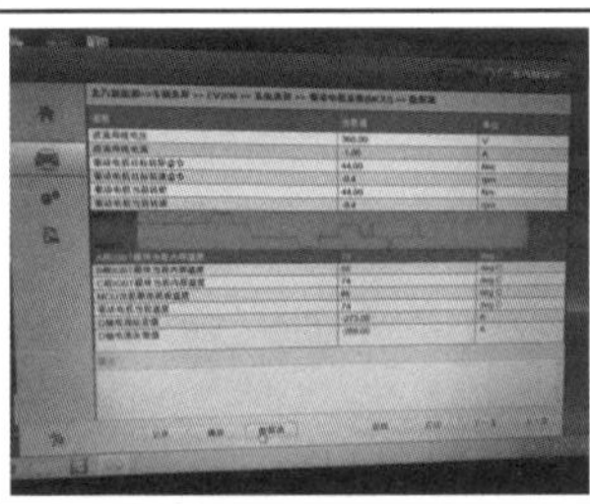</td><td>MCU 使能命令：<u>使能关</u></td><td>MCU 初始化状态：<u>已完成</u></td></tr>
<tr><td colspan="2">A 相 IGBT 模块当前内部温度：________℃</td></tr>
<tr><td colspan="2">B 相 IGBT 模块当前内部温度：________℃</td></tr>
<tr><td colspan="2">C 相 IGBT 模块当前内部温度：________℃</td></tr>
<tr><td colspan="2">驱动电机当前温度：________℃</td></tr>
<tr><td colspan="2">MCU 当前散热底板温度：________℃</td></tr>
</table>

2. 故障验证结论

结论：____

____

____

____

参考文献

[1] 罗旭，李娟. 纯电动汽车动力系统原理与维修. 北京：机械工业出版社，2018.

[2] 何忆斌，侯志华. 新能源汽车驱动电机技术. 2 版. 北京：机械工业出版社，2021.

[3] 王毅，巩航军. 新能源汽车电机驱动系统检修. 北京：机械工业出版社，2019.

[4] 朱小春，贺萍. 驱动电机及控制技术. 2 版. 北京：清华大学出版社，2021.